Sabine Becht
Sven Talaron

101 Wien

Geheimtipps und Top-Ziele

IWANOWSKI'S REISEBUCHVERLAG

Im Internet:

www.iwanowski.de

Hier finden Sie aktuelle Infos zu allen Titeln, interessante Links – und vieles mehr!

Einfach anklicken!

Schreiben Sie uns, wenn sich etwas verändert hat. Wir sind bei der Aktualisierung unserer Bücher auf Ihre Mithilfe angewiesen:
info@iwanowski.de

101 Wien – Geheimtipps und Top-Ziele
2. Auflage 2019

Salm-Reifferscheidt-Allee 37 • 41540 Dormagen
Telefon 0 21 33/26 03 11 • Fax 0 21 33/26 03 34
info@iwanowski.de
www.iwanowski.de

Titelfoto: Hundertwasserhaus © Olimpio Fantuz/Huber-Images
Alle anderen Farbabbildungen: siehe Bildnachweis Seite 250
Layout: Monika Golombek, Köln
Karten: Klaus-Peter Lawall, Unterensingen
Titelgestaltung: Point of Media, www.pom-online.de
Redaktionelles Copyright, Konzeption und deren ständige Überarbeitung:
Michael Iwanowski

Gesamtherstellung: Typos, Pilsen, Tschechische Republik

ISBN: 978-3-86197-222-8

Inhalt

Kartenmaterial

Dieses Buch enthält folgende Karten:	
Stadtplan Wien	Faltkarte zum Herausnehmen
Wien Innenstadt	vordere Umschlagklappe
Schnellverbindungsplan	hintere Umschlagklappe/ Rückseite Faltkarte
Wien Umgebung	Rückseite Faltkarte
Schloss und Park Schönbrunn	Rückseite Faltkarte

Einleitung

Wien – ein Lebensgefühl

Willkommen in der lebenswertesten Großstadt der Welt! Das finden nicht nur wir, das ist sogar amtlich bzw. in Umfragen so ermittelt. Damit liegt die Donaumetropole noch vor Städten wie Sydney, Vancouver oder Zürich. Den Wienern wird so ein Ranking letztlich wurscht sein, weil's eh klar ist.

Wer Wien kennt, weiß, wie es sich zu leben lohnt – allem vielbesungenen Tod, der ja ein Wiener sein soll, zum Trotz – oder vielleicht sogar wegen des morbiden Charmes, der aber selbst schon ein wenig verblichen ist. Ein Weltreich wurde einst von Wien aus gelenkt! Passé. Vergangen ist all die habsburgische Macht. Die Pracht ist geblieben, an allen Ecken und Enden der Stadt – und eine gewisse Langmut mit den Zeitläuften. Auch das Fin de Siècle ist schließlich schon über hundert Jahre her.

Längst ist Wien eine moderne, weltgewandte Stadt, eine internationale Metropole, eine Drehscheibe nach Osteuropa und in den Nahen Osten, ein europäisches Scharnier, eine junge Stadt mit einem aufregenden Nachtleben und ein Paradies für Genießer. Und natürlich ist Wien die Welthauptstadt der Musik und ein Epizentrum der deutschsprachigen Bühnenwelt – wer zum Ensemble des Burgtheaters gehört, hat es geschafft in diesem Schauspielerleben.

Wer sich für Kunst interessiert, kann sich in Wien verlieren, geradezu verschollen gehen zwischen Kunsthistorischem Museum, Gemäldegalerie und Leopold Museum, traumwandeln zwischen Secession, Oberem Belvedere und Kirche am Steinhof oder geradewegs in die Albertina oder ins Museum für angewandte Kunst (MAK) marschieren. Nicht zu vergessen der Inbegriff des Wiener Lebensgefühls schlechthin: das Kaffeehaus. Auch hier ist es durchaus denkbar, sich über Stunden zu verlieren, einfach dazusitzen und zu schauen, Zeit zu haben. Wenn man sich umguckt, sind es doch beneidenswert viele Wiener, die genau das tun.

Und wenn man an einem heißen Sommertag am Beckenrand des Krapfenwaldlbads sitzt und über die flimmernde Stadt sieht, wenn man sich nach der größten Hitze aufmacht, hinunter nach Grinzing zu schlendern, und wenn man dort im Heurigen einkehrt, um sich bei dem ein oder anderen Achterl von den Strapazen des Tages zu erholen, dann weiß man sich nahe am Paradies.

Von vielen Klischees freilich muss man sich verabschieden. Wien ist weit mehr als Sisi und Fiaker, Sachertorte, Walzer und Mehlspeise. Und doch geht es nicht ohne. Dieses Buch möchte Sie zu den großartigen Sehenswürdigkeiten führen und auch ein wenig abseits, zu Stephansdom und Hofburg-Pracht, aber auch in die nicht ganz so prominenten Bezirke jenseits der Inneren Stadt.

Wir wünschen viel Vergnügen!

Sabine Becht und Sven Talaron

PS: Derzeit wird in Wien viel renoviert und gebaut, man könnte meinen, die ganze Stadt soll erneuert werden, so viele Baukräne, Gerüste und Absperrungen bestimmen das Bild. Leider sind deshalb einige Sehenswürdigkeiten – darunter das Parlament, das Wien-Museum, das Freud-Museum und die Gemäldegalerie der Akademie der bildenden Künste – in den Jahren 2019 und teils auch 2020 nicht oder nur eingeschränkt zugänglich (teilweise gibt es Ausweichquartiere).

Wien entdecken

Ein Wochenende in Wien

Zum ersten Mal in Wien?

Beim erstmaligen Besuch der österreichischen Hauptstadt steht einiges auf dem Programm. Es gibt viel zu sehen. Starten Sie in der Mitte, am Stephansdom (S. 54) und kreiseln Sie sich erst einmal zum Ring: ein Bummel durch die Innere Stadt (S. 14, 16), wahlweise eine kleine Rundfahrt im Fiaker (S. 190), führt zum Michaelerplatz und zur Hofburg (S. 18), anschließend geht es mit der Straßenbahn den Ring (S. 22) entlang – und weiter zum Prater, also zum Riesenrad (S. 38). Zwischendrin den Kaffeehausbesuch (S. 20, 158) nicht vergessen!

Wien für die Kunst

Wie viel Zeit haben Sie mitgebracht? Erste Anlaufstelle ist das MuseumsQuartier (S. 30): Vor allem das Leopold Museum (S. 118) sollte man nicht verpassen. Klassische Moderne bieten die Ausstellungen der Albertina (S. 116). Für den Besuch im weltberühmten Kunsthistorischen Museum (S. 122) ist ein halber Tag eher knapp kalkuliert. Die Gemäldegalerie (S. 140) birgt weitere Meister. Ein Tempel des Jugendstils ist die Secession (S. 126), noch mehr Klimt hängt im Oberen Belvedere (S. 134), auch hierfür sollte man ausreichend Zeit einplanen. Abends geht es natürlich ins Theater: ins Theater in der Josefstadt (S. 33), idealerweise in ein Nestroy-Stück, oder gleich ins Burgtheater (S. 32).

Wien Imperial

Die Imperiale Tour pendelt wie einst Maria Theresia von der Hofburg (S. 18) nach Schloss Schönbrunn (S. 96), wo man mit der Besichtigung von Schloss und Park locker einen halben Tag verbringen kann. Wer in der Innenstadt bleibt, kann ins Sisi-Museum (S. 60) und die Hofreitschule (S. 80), dann Mittagessen im Burggarten und das Kunsthistorische Museum (S. 122) besuchen, dort geht es auch ins Café (oder ins Landtmann). Abschließend kann man von den Habsburgern noch Abschied nehmen: in der Kapuzinergruft (S. 172).

Wien entspannt

Erstmal ins Kaffeehaus Ihrer Wahl – zum Frühstück, ausgiebig. Sie sind schließlich in der Welthauptstadt des Kaffeehauses (S. 20, 158). Danach empfiehlt sich ein Spaziergang, im Stadtpark (S. 110) oder im grünen Prater (S. 38), Baden in der Donau (Gänsehäufel, S. 196) oder mit Aussicht (Krapfenwaldlbad, S. 197) oder bei schlechtem Wetter im denkmalgeschützten 1920er-Jahre-Arbeiterbad (S. 194).

Wien mit Kindern

Der Prater (S. 38) scheint fast unumgänglich: Riesenrad, Kettenkarussell, Autoscooter, Ponyreiten und andere Attraktionen – und im Winter geht es zum Eislaufen auf den Rathausplatz (S. 198). Aber auch zahlreiche Museen haben ihr Angebot kindgerecht erweitert. Ob Quadrilletanzen im Kindermuseum von Schloss Schönbrunn oder die Mitmachprogramme im ZOOM Kindermuseum (S. 31) im MuseumsQuartier; nicht zu vergessen – Dinos! – das Naturhistorische Museum (S. 124).

Stadtviertel und Stadtansichten

1 Wiener Lebenswelten – Wo reiche, arme, kreative und bürgerliche Wiener wohnen

Die österreichische Bundeshauptstadt ist eine vielseitige und internationale Metropole, in der die unterschiedlichsten Menschen verschiedenster Herkunft eine Heimat gefunden haben. Zurzeit sind dies knapp 1,9 Millionen, und Wien wächst – jährlich um etwa 25.000 neue Bürger. Als Kapitale der über sechs Jahrhunderte währenden Donaumonarchie ist die Stadt rasantes Wachstum gewohnt. Während zu Habsburger Zeiten die Einwanderer aus Böhmen und Mähren, Galizien und der Bukowina kamen, waren es im 20. Jh. Türken und Zuwanderer aus dem ehemaligen Jugoslawien. In jüngster Zeit finden vor allem auch Deutsche in Wien eine (Wahl-) Heimat. Und: Wien ist das Tor zum (Süd-)Osten und zum Nahen Osten. Die Stadt ist Drehscheibe zwischen Europa und der arabischen Welt, Organisationen wie die OPEC und die UNO haben hier ihren Sitz.

Über die heutigen österreichischen Wiener – immerhin rund 70 % aller Bewohner der Donaumetropole – kann man sagen, dass die meisten irgendwann aus irgendeinem Teil des österreichisch-ungarischen Vielvölkerstaates nach Wien gekommen sind, worauf allein schon die vielen slawischen, ungarischen, böhmischen, mährischen und sonstigen Nachnamen schließen lassen. Wien ist eine Einwanderungsstadt – und das schon seit Jahrhunderten.

Die meisten Wiener lieben ihren Bezirk, in dem sie wohnen, und besonders ihr **Grätzl** (was sich am ehesten mit dem Berliner Kiez oder Veedel in Köln gleichsetzen lässt), aus dem man nur ungern in ein anderes Grätzl oder gar einen anderen Bezirk umsiedeln würde. Eine Wiener Besonderheit ist der **Gemeindebau** (sozialer Wohnungsbau), der heute etwa 220.000 Wohnungen in der Stadt zählt. Rund eine halbe Million Wiener wohnt in den subventionierten Wohnungen, was die andernorts so viel beklagte Gentrifizierung in Wien zumindest in Grenzen hält. Was auffällt, sind die zahlreichen und häufig sehr noblen Dachaufbauten auf mehrstöckigen Häusern: Luxuspenthouses mit Blick über die Stadt und dennoch mittendrin.

Die **Innere Stadt**, der 1. von 23 Bezirken, ist der teuerste, aber auch der am wenigsten bewohnte Bezirk. Hier wird eher gearbeitet als gewohnt, was sich ohnehin nur die wenigsten leisten können – laut Statistik nur etwa 16.500 Menschen. Ministerien, Unternehmen, Kanzleien, Arztpraxen, aber auch Museen und Hotels besiedeln diesen Bezirk. Reiche Wiener residieren hier vereinzelt in den stilvollen Altbauetagen, bevorzugt aber in den grünen Wiener Bezirken: im vornehmen **Hietzing** (13.) am Rand des Wienerwalds oder aber im nicht minder vornehmen **Währinger** bzw. **Döblinger Cottageviertel** um den Türkenschanzpark (im Norden von Wien im 18./19. Bezirk). Mindestens genauso exklusiv lebt es sich in **Grinzing** (19.) in den Villen am Fuß der Weinberge.

Wer in der bunt gemischten **Leopoldstadt** (2. Bezirk) auf der anderen Seite des Donaukanals oder im 3. bis 9. Wiener Gemeindebezirk – also zwischen Ring und Gürtel – lebt, zählt vielleicht nicht zu den reichen, in der Regel aber auch nicht zu den armen Wienern. Kreative leben im **Freihausviertel** und rundum auf der

Wieden (4. Bezirk), zunehmend auch im angrenzenden **Margareten** (5. Bezirk) und am **Neubau** (7. Bezirk). Etwas bürgerlicher geht es in den feinen Altbauten der **Josefstadt** (8. Bezirk), dem kleinsten aller 23 Wiener Bezirke zu, der gemeinsam mit dem Neubau auch „Boboville" genannt wird – hier sind die bourgeoisen Bohemiens zu Hause. Noch akademischer und auch bürgerlicher ist der **Alsergrund** (9. Bezirk), in dem dank des neuen Allgemeinen Krankenhauses AKH (des größten Österreichs) und des Unicampus im Alten AKH eine besonders hohe Dichte an Hochschulabsolventen anzutreffen ist. Begehrte Wohngegend am Alsergrund ist das **Servitenviertel** um die Servitenstraße.

Außerhalb des Gürtels wohnen in den klassischen Arbeiterbezirken **Favoriten** (10.), **Simmering** (11.) und Teilen von **Meidling** (12.) sowie in **Ottakring** (16.) die nicht ganz so reichen Wiener, wobei einige Ecken wie das **Yppenviertel** in Ottakring zu neuen In-Vierteln avancierten. Die meisten Migranten leben in **Rudolfsheim-Fünfhaus** (15. Bezirk) und in **Favoriten**, dem mit über 200.000 Menschen einwohnerstärksten aller Bezirke.

Heute dehnt sich Wien in Richtung Osten aus, **Donaustadt** (22.) und **Floridsdorf** (21.) sind die größten Wiener Wohngebiete in „Transdanubien" – also jenseits der Donau. Riesige Neubauprojekte wie die Seestadt Aspern (Donaustadt) mit rund 240 Hektar Fläche, das Sonnwendviertel (Favoriten) oder das Nordbahnhofsgelände (Leopoldstadt) schaffen neuen Wohnraum in der stetig wachsenden Stadt.

Die Wiener nutzen ihren Burggarten im Sommer gerne zum Entspannen und geselligen Beisammensein

2 Das Herz der Stadt – die Gassen und Plätze in der Inneren Stadt (I. Bezirk)

Die Wiener Altstadt lässt sich idealerweise zu Fuß erkunden, ein relativ kleiner, aber gehaltvoller Spaziergang führt zu einigen der schönsten Plätze der Stadt. Als Ausgangspunkt eignet sich bestens der **Hohe Markt**: Hier befand sich im – noch recht kleinen – römischen und dann mittelalterlichen Wien das Herz der Stadt, mit Markt, Schranne (Gerichtsgebäude), Pranger und Galgen. Heute erhebt sich hier der barocke **Vermählungsbrunnen** (der Hohepriester vermählt Josef und Maria). In der Ecke steht die berühmte **Ankeruhr**, die als Meisterwerk des Jugendstils gilt. Zwölf Figuren der Zeitgeschichte durchlaufen die Zeit jede Stunde, um 12 Uhr mittags erscheinen sie nacheinander zu verschiedenen Spielweisen.

Juwel des Jugendstils: die Ankeruhr am Hohen Markt

Vom Hohen Markt in nordwestliche Richtung sind es auf der Wipplinger Straße nur wenige Minuten zum **Alten Rathaus**, das heute im hochbarocken Stil glänzt, in seinen Ursprüngen jedoch viel älter ist und bis 1883 das Rathaus der Stadt war. Wiederum wenige Schritte sind es zur **Hohen Brücke**, deren volle Jugendstilpracht sich allerdings erst erschließt, wenn man sie von unten vom Tiefen Graben aus betrachtet (am schnellsten zu erreichen über die Schwertgasse und bei Maria am Gestade die Treppen hinunter). Von der Hohen Brücke ist es nur ein Katzensprung zum Börseplatz mit dem mächtigen, 1877 von Theophil Hansen erbauten **Börsengebäude** im Neorenaissancestil. Die heutige Börse befindet sich im Barockpalais Caprara-Geymüller in der Wallnerstraße.

Retour von der Hohen Brücke geht es nach rechts durch die Färbergasse zum Platz **Am Hof**, dem größten Innenstadtplatz und ehemals römischen Heereslager mit dem heute noch genutzten barocken Zeughaus der Wiener Feuerwache und der zentralen Mariensäule (Mitte 17. Jh.). Dann wendet man sich von der Wipplinger Straße nach links in die Schwertgasse. Hier trifft man auf die sehenswerte Kirche **Maria am Gestade**, deren Name daher rührt, dass es einst an dieser Stelle vor der Donaubegradigung ein steiles Ufer über dem Fluss gab. Eine erste Kirche entstand hier bereits im Jahr 1154, später wurde gotisch umgebaut.

Über Salvatorgasse, Fischerstiege und Sterngasse gelangt man linkerhand zum Ruprechtsplatz mit der ältesten Kirche der Stadt, **St. Ruprecht** aus dem 8./9. Jh. (gotischer Anbau aus dem 11. Jh.). Das winzige Kirchlein hoch über dem Donaukanal geht heute ein wenig unter im allgemeinen Nightlifetrubel des **Bermudadreiecks**. Am Platz befand sich bis 1824 auch das alte Wiener Salzamt, in dem das wertvolle Konservierungsmittel mit hohen Steuern belegt wurde. Über die Sei-

Der „Donnerbrunnen" (Providentia-Brunnen von Georg Raphael Donner), wie er nach Bau der Tiefgarage wieder aussehen soll ...

tenstettengasse (hinter Haus Nr. 4 verbirgt sich die Wiener Synagoge) und Rabensteig gelangt man in die Griechengasse im ehemaligen Griechenviertel: einst ein bedeutender Handelsplatz in Wien. Das **Griechenbeisl** kennt jeder in Wien, ein paar Häuser weiter hat die griechisch-orthodoxe Gemeinde ihre prachtvoll ausgeschmückte Kirche. Wenn sie geöffnet ist, kann man ruhig einen Blick hineinwerfen.

Die nahe gelegene **Schönlaterngasse** zählt zu den schönsten in der Altstadt. Der schönste Platz ist für viele der ein Stück südlich gelegene, wunderbar beschauliche **Franziskanerplatz** mit seinen kleinen Lokalen. An der parallelen Himmelpfortgasse beachte man das mächtige barocke **Winterpalais** von Prinz Eugen – heute Museumsstandort des Belvedere. Durch sie gelangt man geradewegs, die Kärntner Straße überquerend, zum **Neuen Markt**: Schon im 13. Jh. gab es hier einen Markt, ab dem 14. Jh. befand sich hier ein großer Getreidespeicher, daher auch der Beiname Mehlmarkt. Der **Providentia-Brunnen** von Georg Raphael Donner (auch: Donnerbrunnen) aus dem Jahr 1739 zählt zu den schönsten und bedeutendsten Barockbrunnen der Stadt (er wurde zuletzt aber abgebaut und wird erst 2022 nach Vollendung der Tiefgarage am Platz wieder aufgestellt).

Info

Hinkommen: U 1/U 3 bis Stephansplatz, Bus 1 A und 3 A bis Hoher Markt.
Essen & Trinken: Griechenbeisl, Griechengasse 9/Fleischmarkt 11, Tel. 01/5331977, www.griechenbeisl.at, tgl. durchgehend 11–1 Uhr geöffnet.

Das Griechenbeisl ist ein historisches Beisl und rühmt sich, das älteste Gasthaus Wiens zu sein. Der berühmte Augustin (S. 78) war hier Stammgast, aber auch alle anderen, die in der Stadt Rang und Namen hatten.

3 Flaniermeilen der Inneren Stadt – Kärntner Straße, Graben, Kohlmarkt, Tuchlauben

Die **Kärntner Straße** zwischen Staatsoper und Stephansplatz ist die Shoppingmeile Nummer eins in Wien. Die Schlucht zwischen den hoch aufragenden, eleganten Stadtpalais wurde schon in den 1970er-Jahren zur Fußgängerzone umfunktioniert. Historische Erwähnung fand sie als „*Strata Carinthianorum*" erstmals 1257 – als Straße nach Kärnten (und weiter Richtung Triest und Venedig). 1776 wird erstmals von der „Kärnthnerstraße" berichtet. Heute sind hier große Modekaufhäuser wie auch die repräsentative Kristallwelt von Swarovski ansässig – und natürlich auch viele internationale Ketten wie Benetton, Douglas, Peek & Cloppenburg, H&M, Mango, Wolford und Palmer – an sich nicht viel anders als in jeder Fußgängerzone einer beliebigen europäischen Großstadt. Ins Auge fällt aber dennoch das **Nobelkaufhaus Steffl**, das auf acht Stockwerken Mode, Accessoires, Schuhe und Kosmetik vieler bekannter Designer anbietet – nicht gerade günstig allerdings. Bar und Restaurant im siebten Stock bieten Entspannung mit Ausblick.

Wer Richtung Stephansdom geht, wird auf der linken Seite die auffällige Fassade der „Niederlage" von **J. & L. Lobmeyr** kaum übersehen. Das 1823 gegründete Unternehmen, Hoflieferant für verschiedene Königshäuser, bietet in seinem eleganten Firmensitz in der Kärntner Straße 26 edelstes Kristallglas, Porzellan und beeindruckende Kronleuchter, entworfen von den größten Designern ihrer Zeit – darunter Adolf Loos, Josef Hoffmann und Helmut Lang. Man traut sich kaum hinein aus Angst, die filigranen Glaswerke versehentlich anzustoßen oder gar zu Fall zu bringen. Schließlich sind 25.000 Euro für einen der großen Kristallluster durchaus Respekt einflößend.

Ein Stück weiter auf der gleichen Seite erreicht man die 1948 gegründeten **Österreichischen Werkstätten** (Kärntner Straße 6), die aus der berühmten Wiener Werkstätte von 1903 (gegründet u. a. von Josef Hoffmann und Koloman Moser) hervorgehen: Porzellan und Gläser, u. a. nach Entwürfen von Josef Hoffmann, auch Schmuck und Accessoires.

Blickfang auf der Kärntner Straße: die „Niederlage" von J. & L. Lobmeyr

„Sehen und gesehen werden" ist das Motto am **Graben** wie kaum anderswo in der Stadt, entsprechend hoch sind die Heels, im Winter trägt man fast selbstverständlich Pelz und ganzjährig großes Make-up. Ins Haas-Haus am Eck zum Stephansdom ist jüngst eine Nobelversion von „Zara" eingezogen und auch sonst herrscht an edlen Geschäften kein Mangel (das edelste ist vielleicht: „Knize", S. 152). Ursprünglich römischer Festungsgraben, befand sich hier im Mittelalter ein Markt, später war der Graben Fest- und Prozessionsplatz. Zahlreiche eindrucksvolle Palais flankieren den lang gezogenen Platz mit der mächtigen Pestsäule (S. 78). Heute ist der Graben eine der bekanntesten und wichtigsten Shoppingmeilen Wiens.

Tipp

Von der schicken **Sky Bar** im **Kaufhaus Steffl** genießt man einen schönen Blick auf die Stadt und den Stephansdom, Panoramalift beim Eingang hinauf in den 7. Stock (s. auch unter „Wien von oben", S. 40, und „Wiener Barleben", S. 164).

Übrigens: Wer mal „muss", kann am Graben die sehenswerte öffentliche **Jugendstiltoilette** aus dem Jahr 1905 aufsuchen.

Der **Kohlmarkt** (im Mittelalter Holzkohlenmarkt) zwischen Graben und Michaelerplatz vollendet das sogenannte „**Goldene U**", das der Straßenverlauf Kärntner Straße, Graben und Kohlmarkt beschreiben. Hier werden die höchsten Mieten Wiens gezahlt, folgerichtig reihen sich hier die großen Luxuslabels aneinander: von Armani bis Zegna, dazu Nobeljuweliere wie Cartier und Tiffany.

In entgegengesetzte Richtung ab Graben schließt sich mit **Tuchlauben**, Bogner- und Seitzergasse (dem sogenannten „Goldenen Quartier") und der modernen Passage zwischen den beiden Letzteren ein weiteres Nobelshoppingareal an.

Shoppingvergnügen rund um den Stephansplatz

Info

Hinkommen: U 1 und U 3 bis Stephansplatz, die Straßenbahnen D, 1, 2 und 71 bis Opernring/Kärntner Ring.

Information:

Öffnungszeiten: Die Wiener Innenstadtgeschäfte haben in der Regel Mo–Fr 9–18.30, Sa bis 17 bzw. 18 Uhr geöffnet, Kaufhäuser (z. B. Steffl, P & C) Mo–Fr 10–20, Sa 9.30–18 Uhr, Shoppingcenter wie die Ringstraßen-Galerien Mo–Fr 10–19, Sa 10–18 Uhr.

Essen & Trinken: Die Gegend um den Graben ist ein kulinarisches Paradies, wenn auch ein eher teures, Näheres hierzu S. 148.

In der Nähe: Pestsäule am Graben (S. 78), Stephansdom (S. 54), Hofburg (S. 18)

4 Die Wiener Hofburg – Zentrum einer Weltmacht

Eine ewige Baustelle. Ewig wie die Dynastie der Habsburger. Vom gotischen Burgkern bis zum secessionistischen Palmenhaus verging kaum ein Jahrhundert, ohne dass an der Hofburg gebaut wurde, kaum eine Generation, die nicht ihren architektonischen Fingerabdruck hinterlassen wollte. Doch bekanntlich endete auch die Herrschaft der Habsburger, und mit ihr erlag die Bautätigkeit an der Herrschaftszentrale.

Man muss sich erst einmal einen Überblick verschaffen über dieses vielgestaltige architektonische Ungetüm. Von der Albertina bis zur Amalienburg, von der Hofreitschule bis zum Ring erstrecken sich in 18 unterschiedlichen Trakten und um 19 Höfe insgesamt mehr als 2.600 Räume – das ergibt unüberschaubare 240.000 Quadratmeter. Über 600 Jahre lang lebte hier (und ließ bauen) eine regierende Dynastie, deren jeweiliges Oberhaupt die Geschicke des Landes, nach 1438 auch des Heiligen Römischen Reiches und nach dessen Untergang des Österreichischen Kaiserreichs lenkte.

Die Baugeschichte ist so verworren, wie sie lang ist. Zwar gab es immer wieder Pläne, die Heimstatt der Habsburger in eine baulich einheitliche Residenz umzuformen, doch auf Wien marschierende Türken und der ständige Geldmangel verhin-

Besonders prachtvoll: die Michaelerkuppel der Wiener Hofburg

derten einen geschlossenen Ausbau. Also wurde in nahezu jedem Jahrhundert angefügt und abgerissen, über-, um- und ausgebaut.

Der erste Stein wurde wahrscheinlich bereits in der ersten Hälfte des 13. Jh. unter den Babenbergern gesetzt. Die Wehrburg von Herzog Friedrich II., dem Streitbaren, ist der gotische Kern der **Alten Burg**, die heute **Schweizertrakt** genannt wird – übrigens nicht als Reminiszenz an die schweizerische Herkunft der Habsburger, sondern weil die Schweizergarde im 18. Jh. hier Wachdienst versah. Diese Alte Burg machte der Habsburger Herzog Albrecht II. 1339 zu seiner Residenz. 1449 wurde auf den Grundmauern einer gotischen Kapelle die **Hofburgkapelle** errichtet. Unter Ferdinand I. wurde Mitte des 16. Jh. die mittelalterliche Burg ausgebaut. Der Schweizertrakt verlor seine Ecktürme und erhielt dafür ein Antlitz im Renaissancestil, namentlich das Schweizertor, die heute **Stallburg** genannte fürstliche Wohnanlage wurde errichtet – auch dieser Name wurde im 18. Jh. vergeben, als die berühmt-beliebten Lipizzaner einzogen (Hofreitschule, S. 80) – und kurze Zeit später die **Amalienburg**. Letztere wurde im 17. Jh. unter Leopold I. mit dem Schweizertrakt verbunden: durch den frühbarocken **Leopoldinischen Flügel**, heute residiert darin der Bundespräsident.

Im 18. Jh. begann eine üppige barocke Bauphase, dank des kunstsinnigen Kaisers Karl VI.: Es entstanden grandiose Bauten wie die **Hofbibliothek** mit dem Prunksaal (S. 138) und die **Winterreitschule** (S. 80) sowie der **Reichskanzleitrakt**, darin befinden sich heute das **Sisi-Museum** und die **Kaiserappartements**, die bis in den **Amalienburgtrakt** reichen (S. 60). Maßgebliche Baumeister dieser Epoche waren Vater (Johann Emanuel) und Sohn (Joseph Emanuel) Fischer von Erlach. Von dem Jüngeren stammen auch die Pläne für den fotogenen **Michaelertrakt**, der aber erst Ende des 19. Jh. realisiert wurde. Stallburg und Hofreitschule wurden unter Maria Theresia mit dem Schweizertrakt verbunden, mittels des **Redoutensaaltrakts**. Dieser umfasst mit der Hofbibliothek und dem ebenfalls Mitte des 18. Jh. errichteten **Augustinertrakt** (der seinerseits Augustinerkloster und damit auch die Albertina an die Hofburg anschließt) den schmucken **Josefsplatz** samt **Augustinerkirche**, der Traukirche der Habsburger mit ihrer „Herzgruft" (s. auch S. 173).

Der baufreudige Kaiser Franz Joseph I. schließlich hatte ganz Großes mit der Hofburg vor. Kolossal sollte das Kaiserforum werden, das Juwel des Rings (S. 22). Doch entstanden ist „lediglich" die **Neue Burg**, der zweite Flügel wurde nicht mehr realisiert (s. auch Heldenplatz, S. 64). Auch das letzte Gebäude, das der Hofburg angefügt wurde, stammt aus der Zeit des Fin de Siècle: das Jugendstil-Palmenhaus im Burggarten (S. 92). Die Zeit der Habsburger neigte sich dem Ende zu und mit ihr die gestaltreiche Baugeschichte der Hofburg.

Info

Hinkommen: U 2 bis MuseumsQuartier, U 3 bis Herrengasse, Straßenbahn D, 1, 2 und 71 bis Burgring oder Karl-Renner-Ring.
In der Hofburg: Sisi-Museum, Kaiserappartements, Silberkammer (S. 60), Spanische Hofreitschule (S. 80), Schatzkammer (S. 128), Österreichische Nationalbibliothek mit Prunksaal (S. 138), Albertina (S. 116), Burggarten (S. 92).

5 Das Kaffeehaus – ein Wiener Lebensgefühl

200.000 Melanges werden in Wiener Kaffeehäusern getrunken – und das jeden Tag! Dazu kommen natürlich noch die vielen anderen Kaffeespezialitäten, die in den rund 2.500 Wiener Kaffeehäusern konsumiert werden. 2011 wurde die **Wiener Kaffeehauskultur** zum Immateriellen Kulturerbe der UNESCO erklärt, ein lebendiges Erbe, dessen einzigartige Atmosphäre Wiener, Wahlwiener und Touristen täglich ausführlich genießen.

Ein erstes Wiener Kaffeehaus wurde 1685 in der Rotenturmstraße 14 eröffnet. Ab etwa 1750 gehörte das Kaffeehaus zum Stadtbild, der Mythos darum entstand aber erst gegen Ende des 19. Jh., als Literaten und sonstige Geistesgrößen Wiens – von denen es in jener Zeit wahrlich nicht wenige gab – damit begannen, hier ihre Tage zu verbringen. Das heute leider nicht mehr existierende **Café Griensteidl** am Michaelerplatz war der sicherlich beliebteste Treffpunkt, hierher kamen u.a. Arthur Schnitzler, Karl Kraus, Hugo von Hofmannsthal und Arnold Schönberg – aufgrund der weltbewegenden Gespräche wurde es bald in „Café Größenwahn" umbenannt. Als das Griensteidl 1897 geschlossen wurde, ging man ins **Café Central** im Palais Ferstel, ins **Café Herrenhof** (gibt es nicht mehr) und ab 1899 in das nach Plänen von Adolf Loos gestaltete **Café Museum** 5f in der Operngasse: Hier trafen sich Gustav Klimt, Egon Schiele, Oskar Kokoschka, aber auch Otto Wagner sowie bedeutende Schriftsteller und Komponisten der Wende zum 20. Jh. Der damals so purististischen Einrichtung verdankte es seinen Beinamen „Café Nihilismus". Das **Café Sperl** in der Gumpendorfer Straße gilt hingegen als Geburtsort der Wiener Secession. In den 1950er- und 1960er-Jahren kam das traditionelle Kaffeehaus zwischenzeitlich ein wenig aus der Mode, man wollte zeitgemäßer sein, die Espresso-Bars kamen auf. Doch die Lust am gepflegten Herumsitzen wurde längst wiederentdeckt und ist seither ungebrochen.

Noch immer gibt es in den Kaffeehäusern Tische, die ausschließlich für eine bestimmte Person reserviert sind. Bewerbungsgespräche werden hier genauso geführt wie geschäftliche Unterredungen. Man trifft sich zum Kaffeeklatsch oder liest Zeitung. Fast jeder Wiener hat sein Lieblingscafé, nicht zwingend in den noblen Etablissements der Inneren Stadt, sondern oft auch im eigenen Viertel. Denn einige Kaffeehaus-Perlen liegen gerade nicht in der Inneren Stadt.

Über die vielen Wiener Kaffeehäuser kann man nur eines mit Bestimmtheit sagen, nämlich dass keines dem anderen gleicht. Doch gibt es durchaus Indizien für das „typische" Kaffeehaus: Es geht über Eck, hat eine ehrwürdig historische (oft sorgfältig renovierte) Einrichtung und wird von Obern/-rinnen der alten Schule in entsprechender Berufsklei-

Eine Melange im Café Schwarzenberg

Von Nihilismus ist kaum noch etwas zu sehen im Café Museum

dung regiert. Neben den hervorragenden Kaffeespezialitäten und der einladenden Vitrine mit frischen Kuchen und Torten wird auch eine vielseitige (Wiener) Küche mit wechselnden Tagesgerichten und Mehlspeisen geboten, dazu ausgewählte Weine überwiegend aus Österreich. Oft, aber nicht immer, gibt es auch einen Billardtisch, manchmal auch ein Klavier, auf dem mehrmals wöchentlich ein Pianist spielt. Und ganz typisch für ein Wiener Kaffeehaus ist, dass man auch bei kleinem Verzehr stundenlang bleiben kann. Wer Zeit hat, den ganzen Tag.

Zu den berühmtesten Wiener Cafés zählt heute das **Café Sacher** hinter der Staatsoper (Philharmonikerstraße 4), dessen prachtvolles Hotel seit fast 150 Jahren die Mächtigen und Illustren dieser Welt beherbergt. Zu weltweitem Ruhm hat es die Original Sacher-Torte (s. dazu auch S. 148) gebracht und wo sonst, wenn nicht hier am Marmortischchen auf roter Samtbank, sollte man die köstliche Kalorienbombe stilecht (wenn auch nicht ganz günstig) mit einer Melange genießen? Ins Café Sacher kehrt fast jeder Tourist einmal ein, entsprechend voll und international ist es hier. Für seine gleichnamige Torte ist übrigens auch das sehr noble **Café Imperial** **5a** am Ring (Kärntner Ring 16) bekannt.

Das **Café Central** **5b** in der Herrengasse/Ecke Strauchgasse ist bei Touristen und Wienern immerwährend beliebt (obwohl Peter Altenberg aus Pappmaché nicht jedem gefällt). Am Ring zählt das Politiker- und Journalistencafé **Landtmann** **5c** zu den bekanntesten Adressen (Universitätsring 4), zudem das altehrwürdige **Café Schwarzenberg** **5d** vis-à-vis dem Schwarzenbergplatz (Kärntner Ring 17) und das **Café Prückel** **5e** mit einzigartigem 1950er-Jahre-Flair (Stubenring 24). Eine in die Jahre gekommene, aber vielleicht gerade deshalb auch bei Touristen so beliebte Institution ist das winzige **Café Hawelka**, ehemals ein bohemienhafter Künstler- und Musikertreff (Dorotheergasse 6). Als ältestes Wiener Kaffeehaus gilt das gediegene **Café Frauenhuber** (Himmelpfortgasse 6), in dem schon Mozart ein Konzert gegeben hat!

Weitere Wiener Kaffeehäuser s. S. 158.

6 Ein Hoch auf den Prachtboulevard – die Wiener Ringstraße

Selten hat sich eine einzelne Unterschrift nachhaltiger in ein Stadtbild eingegraben. Im Dezember 1857 unterzeichnete der noch junge Kaiser Franz Joseph einen Erlass, demzufolge das alte, militärtechnisch längst bedeutungslose Glacis zu schleifen – die letzte Türkenbelagerung war ja auch schon ein paar Jahre her – und stattdessen in grandioser Geste ein prachtvoller Boulevard rund um die Altstadt Wiens zu legen war. Dass der Ring nicht ausschließlich zu Repräsentationszwecken diente, sondern auch militärisch von Nutzen war, um dem renitenten Volk im Bedarfsfall geschwind Soldaten entgegenzustellen, sei nur am Rande erwähnt, schließlich war die Revolution von 1848 nicht einmal zehn Jahre her.

Also wurde gebaut. Angefangen bei der **Staatsoper**, dem „ersten Haus am Ring" von August Sicard von Sicardsburg und Eduard van der Nüll, die 1861–1869 als Neorenaissancebau entstand (S. 243). Die Infrastruktur war um 1870 weitgehend fertiggestellt: ein weiter Straßenzug, der sich ringförmig um die Altstadt legt. Ein erstes Teilstück war bereits 1865 eröffnet worden. An den Bauwerken, die den einzigartigen Prachtboulevard zieren, wurde bis zur Jahrhundertwende gebaut. Die Krönung des Rings hätte das Kaiserforum werden sollen, aber daraus wurde ja bekanntlich nichts (s. Hofburg, S. 18 und Heldenplatz, S. 64).

Für Architekturstudenten, die sich am **Historismus** abarbeiten, ist die Ringstraße ein Fest. Aber auch der Laie kann entlang des grandiosen, gekrümmten Straßenzugs leicht erkennen, dass Wiens Stararchitekten des 19. Jh. keineswegs beliebig in die Formkiste historischer Baustile griffen. Vielmehr wollten sie die Funktion des Bauwerks in der architektonischen Ausgestaltung widergespiegelt sehen. Für seinen „Ringstraßendom", die **Votivkirche**, bediente sich Heinrich Ferstel natürlich

Gottfried Semper ist der Architekt des Burgtheaters, das 1874–1888 erbaut wurde

bei der französischen Kathedralengotik. Auch das **Rathaus** gestaltete Friedrich Schmidt im Stil der (flämischen) Neogotik, um auf den Aufstieg städtischer Freiheit im Mittelalter zu verweisen, während Theophil Hansen mit seinem (spät-)klassizistischen **Parlament** auf die attische Demokratie anspielte. Auf der anderen Seite des Rathausparks ist Ferstels **Universität**, die im Grundriss einer barocken Klosteranlage nachempfunden ist, in ihrer Fassadengestaltung von der italienischen Renaissance inspiriert – stellte doch die Renaissance den Menschen in den Mittelpunkt des Denkens und damit Kunst und Wissenschaft auf neue Beine. Aus diesem Grund sind auch die **Zwillingsmuseen** zur Kunst- und Naturgeschichte von Gottfried Semper und Carl von Hasenauer als Neorenaissancebauten inszeniert. Beide Architekten zeichneten ebenfalls für das **Burgtheater** verantwortlich, dessen Anlage (Semper) der Neorenaissance verpflichtet ist und im Dekor (Hasenauer) üppig neobarocke Formen trägt. Auch die **Börse**, ebenfalls von Theophil Hansen, ist als Neorenaissancebau gestaltet, um daran zu erinnern, wann Geldflüsse das Zirkulieren lernten.

Parlament nach attischem Vorbild

Und damit sind nur die Juwelen in der Wiener Ringstraßenarchitektur genannt. Doch es sind gerade auch Kettenglieder – all die Bürgerpalais und Adelspaläste (auch: Palazzi prozzi) mit ihren Hotels, Cafés und Ladengeschäften –, die nicht nur den Glanz zusammenhalten, sondern den opulenten Prachtboulevard mit Leben füllen. Mit dem 1859 angelegten **Schwarzenbergplatz** schuf man die Verbindung zum Gartenpalais Schwarzenberg: mit mächtigem Reiterstandbild des gleichnamigen Feldmarschalls und flankiert von prächtigen Palais. Der Hochstrahlbrunnen am Ende des Platzes wurde 1873 anlässlich der Eröffnung der ersten Wiener Hochquellwasserleitung zur Versorgung der Stadt mit, noch heute, hervorragendem Trinkwasser gebaut. Dahinter befindet sich heute das Befreiungsdenkmal der Roten Armee (1945).

Info

Tipp: Mit den historischen gelben Wagen der **Vienna Ring Tram** kann man einmal den Ring komplett umrunden (Fahrtdauer 25 Min.), inkl. Audioguide, tgl. 10–17.30 Uhr alle 30 Min. Abfahrt am Schwedenplatz, 9 €, unter 15 Jahren 4 €, unter 6 Jahren frei. Die günstigere Variante: **Straßenbahn 1** ab Schwedenplatz (Richtung Stefan-Fadinger-Platz) bis Kärntner Ring, hier Umsteigen in die **Straßenbahn 2** (Richtung Friedrich-Engels-Platz) und zum Schwedenplatz (2,40 €), jedoch ohne Erläuterungen und Sitzplatzgarantie.

In der Nähe: Votivkirche (S. 84), Rathaus (S. 100), Parlament (S. 62), Maria-Theresien-Platz (S. 94), Naturhistorisches Museum (S. 124), Kunsthistorisches Museum (S. 122), Hofburg (S. 18), Heldenplatz (S. 64), Burggarten (S. 92), MAK (S. 132)

7 Wiener Jugendstil und Aufbruch in die Moderne – auf den Spuren von Otto Wagner

Es ist quasi nicht möglich, Otto Wagner (1841–1918) in Wien nicht zu begegnen. Man muss nur einmal mit den U-Bahnlinien U4 oder U6 fahren, die Linke Wienzeile (Naschmarkt) entlangschlendern und sich Hausnummer 38 mit seinen goldenen Ornamenten und die Hausnummer 40, das „Majolikahaus" gleich daneben, anschauen, am Karlsplatz zu den Stadtbahnpavillons (einer davon übrigens mit einer sehenswerten Otto-Wagner-Ausstellung, S. 73) gehen oder aber den Weg zur Baumgartnerhöhe mit der Kirche am Steinhof (S. 102) finden, zum eigens für den Kaiser errichteten Hofpavillon vor dem Schloss Schönbrunn. Oder aber, etwas aufwendiger, man steuert die weit draußen gelegene Schleuse nach Nußdorf oder die beiden Wagner-Villen in der Hüttelbergstraße in Penzing an.

Schon zu Zeiten des Ringstraßenbaus war Otto Wagner als Architekt und Bauunternehmer tätig, zunächst noch dem konventionellen Stil verhaftet. Seine radikal neue Jugendstilarchitektur prägte die Stadt Wien spätestens ab 1893, als er die Ausschreibung der Stadt Wien zum „Generalregulierungsplan" der **Wiener Verkehrsanlagen** und des **Donaukanals** gewann, woraus das bis 1901 andauernde Stadtbahnprojekt und das Nußdorfer Donauwehr (1894–1898) hervorgingen. 1894 wurde Wagner zum Professor für Architektur an der Akademie der bildenden Künste berufen, zu seinen Schülern zählten u.a. Josef Hoffmann und Joseph Maria Olbrich, der spätere Architekt des Secessionsgebäudes (S. 126). Der 1897 gegründeten Künstlerbewegung der „Secession" trat Wagner 1899 bei.

Die Stadtbahnpavillons am Karlsplatz schuf Otto Wagner Ende des 19. Jahrhunderts mit dem Bau der Wiener Stadtbahn

Doch schon bald wandte sich Wagner vom üppig-spielerischen Dekor des Jugendstils ab und machte sich – wiederum handelte es sich um einen öffentlichen Auftrag (von 1903) – an sein Schlüsselwerk: die **Postsparkasse**, die mit Unterbrechung in den Jahren 1904–1912 entstand. Sie galt seinerzeit als eines der modernsten Gebäude Europas. Hier konnte Wagner seine nun radikal moderne Auffassung *„artis sola domina necessitas"* („die einzige Meisterin der Kunst ist die Notwendigkeit") ausleben, von der Außenfassade bis hin zu Bürostuhl und Warmluftgebläse stammte alles aus seiner Hand. Revolutionär ist die helle, mit Glasdach und Glasboden versehene Schalterhalle. Dem Thronfolger Franz Ferdinand gefiel das Bauwerk nicht so sehr, generell konnte der erzkonservative Habsburger mit den modernen Ideen dieser Zeit wenig anfangen. Spätestens bei der Eröffnung der Kirche am Steinhof 1907 (S. 102) durch eben jenen Franz Ferdinand (der Wagner hier komplett überging) wurde klar, dass die Zeit der großen öffentlichen Aufträge für Otto Wagner vorbei war.

„Ornament und Verbrechen" – Adolf Loos' Gegenentwurf

Der Architekt **Adolf Loos** (1870–1933) brachte Anfang des 20. Jh. den radikalen Gegenentwurf zum Jugendstil – und vor allem zum von ihm so verachteten Ornament – nach Wien. Beeinflusst war er durch seinen USA-Aufenthalt 1893–1896 von der „Chicago School" und ihrer rationalen Schlichtheit, die Loos 1908 in seinem berühmten Vortrag „Ornament und Verbrechen" hervorhebt. Zu bewundern sind seine Entwürfe z. B. am **Looshaus** am Michaelerplatz (wegen der fehlenden Fassadenzier auch „Haus ohne Augenbrauen" genannt) von 1911 oder aber in den Innenrichtungen der **Loos American Bar** (1908) im Kärntner Durchgang (bei der Kärntner Straße) sowie bei **Knize** am Graben (S. 152). Heute gilt Adolf Loos – wie auch Otto Wagner – als Vordenker der Architektur der Moderne.

Das der Postsparkasse gegenüberliegende **Kriegsministerium** (1909–1913) gibt im schönen Kontrast den Geschmack des Thronfolgers wieder. Seit 1945 Regierungsgebäude genannt, beherbergt der Bau seither verschiedene Ministerien.

Info

Hinkommen: Im Prinzip muss man nur U-Bahn fahren: z. B. ab „Stadtpark", „Kettenbrückengasse", „Margaretengürtel", „Gumpendorfer Straße" oder „Schönbrunn" (U 4) – alles Stationen, die nach Entwürfen Otto Wagners gebaut wurden. Auf der Linie U 6 wird die Stadtbahn zur Hochbahn auf der Gürteltrasse, die ebenfalls von Wagner konzipiert und gestaltet wurde. Zur Wagner-Ausstellung in der **Postsparkasse** gelangt man besten mit der Straßenbahn 1 oder 2 bis Julius-Raab-Platz.

Information: Wagner: Werk – Museum Postsparkasse, Eingang bei Schalter 13 (hier auch ein kleiner Museumsshop), Georg-Coch-Platz 2, www.ottowagner.com, Mo–Fr 10–17.30 Uhr, Eintritt frei.

Essen & Trinken: Das **Café Engländer** 70c in der Postgasse 2 eignet sich wie auch das **Café Prückel** 5e am Stubenring 24 zu jeder Tageszeit für eine Pause, Näheres s. dazu S. 158 bzw. S. 21.

8 Wien kulinarisch und multikulturell – der Naschmarkt

Wiens größter Markt erstreckt sich in einem langen Schlauch über 2,3 Hektar Fläche zwischen Rechter und Linker Wienzeile. In zwei schmalen Gassen zwängt man sich zwischen den festen Ständen hindurch, viele davon heute Restaurants (vor allem im vorderen Bereich). Dazwischen Obst- und Gemüsestände in üppigster, bunter Pracht, Fleisch- und Fischverkäufer, kleine Vinotheken und schicke Käseläden, Buden mit einer gigantischen Auswahl an vermutlich allen Gewürzen dieser Welt, ganz heimisch dagegen das eingelegte Sauerkraut im Holzfass und die Wiener Gurken aus eigener Produktion, feinster Essig, die ganze Palette von auf Honig basierendem orientalischem Naschwerk, Falafel-Stände und Stehimbisse mit der breiten Wurstvielfalt Österreichs. Je weiter man nach hinten geht, desto schlichter, aber auch etwas leerer wird es. Doch voll ist es auf dem Naschmarkt fast immer, besonders aber am Samstag.

Einen Markt gab es in der Gegend bereits Ende des 18. Jh., allerdings ein Stück weiter vorne am heutigen Karlsplatz. Dieser hieß „Aschenmarkt" – vermutlich nach der „Asch", dem hölzernen Milcheimer, in dem man die hier verkaufte Milch transportierte, oder aber vom ehemaligen Aschen- und Mistplatz (also eine Art Müllhalde) an dieser Stelle. Aus Aschenmarkt wurde irgendwann „Naschmarkt". Mit der Wienflussverbauung bzw. der unterirdischen Kanalisierung der Wien zum Schutz vor Hochwasser entstand dann um die Jahrhundertwende das große Areal, auf das der Naschmarkt umziehen konnte. Vor Kurzem wurde der Markt umfassend saniert und erstrahlt heute wieder in neuem bzw. altem Glanz.

Der Naschmarkt erfreut sich heute bei Touristen und bei Wienern gleichermaßen großer Beliebtheit, wobei sich in den vergangenen Jahren die Kritik häufte: Zur bloßen Fressmeile sei er geworden, dazu die hohen Preise

Der Naschmarkt hält allerlei bunte und appetitanregende Fotomotive bereit

an den wenigen noch übrig gebliebenen Marktständen.

Der Naschmarkt ist in der Tat mehr als nur ein Lebensmittelmarkt, in den Sommermonaten kann man es in einem der vielen kleinen Restaurants stundenlang aushalten, mit gekühltem weißem Spritzer und abwechslungsreicher, oft mediterran inspirierter Küche. Am besten schaut man selbst einmal vorbei! Samstagmittag ist so eine ideale Naschmarktzeit, wenn die Sonne scheint, man aber dennoch einen schattigen Platz mit guter Sicht auf das Geschehen hat. Immer samstags findet im hinteren Bereich des Naschmarktes der **Bauernmarkt** statt, ebenso der **Flohmarkt**, für Letzteren gilt es aber sehr früh aufzustehen, wenn man hier ein Schnäppchen machen will.

Zu einer Pause gibt es am Naschmarkt reichlich Gelegenheit: ob auf ein Getränk, einen Snack oder eine ausgiebige Mahlzeit

Info

Hinkommen: U 1, U 2 und U 4 bis Karlsplatz, zum Flohmarkt U 4 bis Kettenbrückengasse.

Information: Die **Marktstände** sind Mo–Fr mind. 9–18.30 Uhr, teilweise auch 6–19.30 Uhr geöffnet sowie Sa 6–18 Uhr, die **Gastronomie** Mo–Sa bis 23 Uhr, teilweise bis 24 Uhr.
Bauernmarkt Sa 6–17 Uhr,
Flohmarkt Sa 6.30–18 Uhr (etwa ab Höhe U-Bahnstation Kettenbrückengasse).

Essen & Trinken: Die Auswahl ist endlos und auch der exotischste Geschmack wird hier seine kulinarische Heimat finden. Als ausgezeichneter Fischhändler (Stand 38–39) und sehr gutes Fischrestaurant gilt **Umar** relativ am Anfang der Fressmeile (Stand 76–79, Tel. 01/5870456, www.umarfisch.at). Jung und hip ist das **Naschmarkt Deli:** Frühstück bis 16 Uhr, ansonsten mediterran-orientalische Küche mit vielen Salaten und Vegetarischem, Fleisch und Fisch, Hauptgerichte 9,50–16,50 €, ab 17.30 Uhr und Sa ganztägig mit DJ (Stand 421–436, Tel. 01/5850823, www.naschmarkt-deli.at). Konstrastprogramm dazu ist das Beisl **Zur Eisernen Zeit**, ein Wirtshaus-Urgestein aus den Gründungstagen von 1916 am rundum immer moderner werdenden Naschmarkt. Auf den Tisch kommt selbstverständlich Wiener Küche – Gulasch, Schnitzel, Krautfleisch und Palatschinken –, dazu heimische Weine und Bier (Stand 316–320, Tel. 01/5870331, www.zureisernenzeit.at).

9 Jüdisches Wien

Wer das heutige jüdische Wien erleben möchte, muss in die **Leopoldstadt**, in den auf der anderen Seite des Donaukanals gelegenen 2. Bezirk gehen. Hier lebt die Mehrheit der ca. 30.000 jüdischen Wiener, hier befinden sich Synagogen und Bethäuser (u. a. in der Lilienbrunngasse), hier kann man koscher einkaufen und essen gehen. Die Leopoldstadt ist traditionell ein Einwandererbezirk. Viele jüdische Immigranten kamen einst aus dem (Süd-)Osten des riesigen Habsburgerreiches am prachtvollen Nordbahnhof am Praterstern an, der leider im Zweiten Weltkrieg zerstört wurde. Auch heute bietet die Leopoldstadt jüdischen Einwanderern aus Südosteuropa eine Heimat – und ist darüber hinaus ein angesagtes multikulturelles Viertel.

Die erste Erwähnung von Juden in Wien datiert aus dem Jahr 1192, eine erste jüdische Gemeinde gab es hier 1230. Herzog Friedrich II. sicherte den Juden 1238 Privilegien zu – freie Religionsausübung, autonome Gerichtsbarkeit etc. –, zwischen Hof und Wipplinger Straße in der heutigen Inneren Stadt (1. Bezirk) entstand die „Judenstadt" mit einer Synagoge und etwa 800 Bewohnern. Auf Anordnung von Herzog Albrecht V. wurden die Juden 1421 jedoch brutal vertrieben, viele auch ermordet. Dieser Vorgang ging als „Wiener Geserah" in die Geschichte ein. Eine zweite jüdische Gemeinde, das sogenannte Ghetto, entstand 1624/1625 im Gebiet des Unteren Werd (heute Leopoldstadt), bis es 1670 geräumt und seine Bewohner vertrieben wurden – Anlass war ein Brand der Hofburg, für den man die Juden verantwortlich machte. Bis Mitte des 19. Jh. war es den Juden nicht erlaubt, eine neue Gemeinde zu gründen, sie wurden aber gegen Zahlung hoher Beträge („Toleranzgelder") an die Habsburger weiterhin in Wien geduldet. Das *Toleranzpatent* (1781) Josephs II. ermöglichte den Bau der Synagoge in einem Innenhof in der Seitenstettengasse 4 (diese überstand als einzige die Pogromnacht vom 9./10. November 1938).

1852 genehmigten die Habsburger eine neue jüdische Gemeinde, 1858 wurde der Leopoldstädter Tempel, die größte Synagoge Wiens, in der heutigen Tempelgasse im 2. Bezirk eröffnet, 1867 wurde die Gleichstellung aller Untertanen beschlossen. Das jüdische Leben in Wien erfuhr fortan einen enormen Aufschwung, schon 1880 zählte die jüdische Gemeinde 72.000 Mitglieder (etwa 10 % der Stadtbevölkerung), viele von ihnen wohnten in der Leopoldstadt (der „Mazzesinsel"), am Alsergrund und in der Inneren Stadt. Um 1900 war Wien die drittgrößte jüdische Gemeinde Europas, zum prosperierenden Wiener Bürgertum zählten viele jüdische Intellektuelle und Kulturschaffende, orthodoxe Juden aus Galizien (Ukraine) zogen in die Stadt. Zugleich erstarkte erneut der Antisemitismus in der Bevölkerung, nicht erst mit dem Bürgermeister Karl Lueger (1897–1910), der antisemitische Äußerungen

Nachguss des originalen Lessing-Denkmals

Shoah-Mahnmal vor dem Jüdischen Museum

systematisch zur politischen Agitation nutzte. Beim Pogrom am 10. November 1938 frühmorgens wurden 60 Synagogen/Bethäuser und jüdische Einrichtungen in Brand gesetzt. Ab Februar 1941 fanden Deportationen statt. 120.000 Wiener Juden konnten fliehen, 66.500 wurden ermordet.

Der **Judenplatz** in der Inneren Stadt ist einer der schönsten Plätze in ganz Wien, harmonisch geschlossen, autofrei und herrlich ruhig. Hier befand sich die erste Synagoge Wiens (bis 1421), heute erinnert das von Simon Wiesenthal initiierte **Shoah-Mahnmal** der britischen Bildhauerin Rachel Whiteread an die ermordeten österreichischen Juden. Das Mahnmal aus dem Jahr 2000 zeigt eine Bibliothek mit verschlossenen Türen und umgedrehten Büchern aus Stein, deren Buchrücken nach innen stehen – also „namenlos" sind: Sie symbolisieren die kulturelle Leere nach der Shoah. Das **Denkmal für Gotthold Ephraim Lessing**, den aufklärerischen Verfechter der Toleranz, schuf 1935 der Bildhauer Siegfried Charoux – 1939 wurde es von den Nationalsozialisten eingeschmolzen. Zu sehen ist heute ein Nachguss von 1968.

Das **Jüdische Museum Wien** 9b ist auf zwei Standorte in der Innenstadt verteilt. Im **Museum Judenplatz** 9a (Misrachi-Haus) kann man im Untergeschoss die Fundamente der 1421 zerstörten Synagoge sehen, außerdem befindet sich hier eine Ausstellung zum jüdischen Wien im Mittelalter. Mehr Zeit sollte man für das **Museum Dorotheergasse** mitbringen: Auf vier Stockwerken erlebt man hier Geschichte und Kultur des jüdischen Wiens ab dem 15. Jahrhundert.

Info

Hinkommen: Zur Leopoldstadt mit U 1 (Nestroyplatz), U 2 (Taborstraße) oder Tram Nr. 2, zum Judenplatz mit U 1/U 3 bis Stephansplatz bzw. U 3 bis Herrengasse, Museum in der Dorotheergasse: U 1/U 3 bis Stephansplatz.

Information: **Jüdisches Museum Wien** 9b, Dorotheergasse 11, 1010 Wien, Tel. 01/5350431, www.jmw.at, So–Fr 10–18 Uhr;

Museum Judenplatz 9a, Judenplatz 8, 1010 Wien, So–Do 10–18, Fr 10–14 Uhr; Ticket für beide (4 Tage gültig) 12 €, erm. 10 €, Schüler/Studenten 8 €.

Essen & Trinken: Viele Cafés/Lokale gibt es um den Karmeliterplatz, besonders nett ist das **Café Ansari** in der Praterstraße 15, sehr gut essen kann man bei **Skopik & Lohn** 72b (S. 163). Im Museum in der Dorotheergasse bietet das **Café Eskeles** orientalische und jüdische Küche.

In der Nähe: Augarten (S. 112), Prater (S. 38), Karmelitermarkt (S. 151), Uhrenmuseum (S. 176), die Gassen der Innenstadt (S. 14), Dorotheum (S. 146)

10 Das MuseumsQuartier Wien – eine großartige urbane Kulturlandschaft

Aus einem Pferdestall – wenngleich einem üppigen, kaiserlich barocken – wurde eine einzigartige Kunst- und Kulturlandschaft geschaffen, ein kreatives Zentrum und ein Ort der Begegnung, aber auch ein öffentlicher Raum, in dem man sich einfach nur gerne aufhält.

Errichtet wurde die weitläufige Anlage Anfang des 18. Jh. unter Kaiser Karl VI. als barocke Hofstallungen von Vater und Sohn Fischer von Erlach. Mitte des 19. Jh. wurde mitten hinein die neobarocke Winterreithalle gestellt. Im 20. Jh. auch als Messe genutzt, erfolgte schließlich die Umstrukturierung des Areals zum großartigen MuseumsQuartier Wien, das 2001 eröffnet wurde.

Seither dominieren zwei komplementäre Museumsbauten das weite, barocke Rund: Das **Leopold Museum** (mit Werken von Schiele, Klimt und Kokoschka, S. 118) ist dank der hellen Muschelkalkfassade ein freundlicher Koloss. Kontrastierend wirkt das **mumok**, das **Museum moderner Kunst Stiftung Ludwig Wien** (S. 119), wie ein großer und düsterer Monolith, verkleidet mit Basalt in unterschiedlichen Schattierungen aus Anthrazit. Dazwischen stemmt sich genannte Winterreitschule mit ihrem rückwärtigen Anbau der Kunsthalle Wien (S. 59).

Im Trakt zum Volkstheater hin (Hof 7) liegt das **Architekturzentrum Wien** (**Az W**). Die Dauerausstellung a_schau widmet sich österreichischer Baukultur des 20. und 21. Jh., zudem gibt es eine Sonderausstellung, Präsenzfachbibliothek (im ehemaligen Reithallen-Oktogon) und Veranstaltungen. Der zentrale Prachtbau,

Jedes Jahr anders gestaltet: Die Enzis sind beliebte Sitz- und Liegegelegenheiten im MuseumsQuartier

die ehemalige Winterreithalle (heute recht nüchtern als **Halle E + G** zu finden) dient als multifunktionaler Veranstaltungsort (Konzerte, Tanz, Theater). Im Trakt hinter dem Leopold Museum ist das **Tanzquartier** beheimatet, das Zentrum für zeitgenössischen Tanz und Performance. Und um den Hof 2 findet sich kindgerechtes Kulturangebot: Der **Dschungel Wien**, Theater für junges Publikum, und das **ZOOM Kindermuseum**, ein Museum zum Mitmachen und Anfassen für Kinder verschiedener Altersgruppen – das vielfältige Angebot reicht vom Erlebnisspielplatz über Workshops bis hin zum Trickfilmstudio. Vornehmlich über die gesamte Vorderfront des MuseumsQuartiers entfaltet sich im **Q21** ein breites Panorama der gegenwärtigen Kunst- und Kulturlandschaft: Kulturinitiativen und Künstlergruppen, Ateliers und Galerien, Ausstellungsräume und Themenpassagen, Agenturen, Redaktionen etc. schaffen und zeigen u. a. Film, Fotografie, Klangkunst, Musik, Literatur, Typografie, Design sowie digitale und Medienkunst in der Electric Avenue.

Haltestelle MuseumsQuartier, dahinter das Volkstheater

Dank der kulturellen Vielfalt ist das MuseumsQuartier vor allem eine urbane Oase, ein Ort der Inspiration und Entspannung. Im Sommer laden die markanten MQ-Möbel, die **Enzis**, dazu ein, sich zu verabreden, sich mit einem Buch in die Sonne zu setzen, eine Pause einzulegen … Über die saisonale Farbe der Enzis lässt das MQ übrigens immer wieder öffentlich abstimmen.

Info

Hinkommen:
U 2 bis MuseumsQuartier sowie U 2 und U 3 bis Volkstheater, Straßenbahn D, 1, 2 und 71 bis Burgring oder Dr.-Karl-Renner-Ring.

Information:
MQ, Museumsplatz 1, 1070 Wien, www.mqw.at.
MQ Point, Tel. 0820/600600 (innerhalb Österreichs), sonst 01/5235881, www.mqpoint.at, tgl. 10–19 Uhr. **Leopold Museum** und **mumok** (S. 118). **Kunsthalle** (S. 59).
ZOOM Kindermuseum, Hof 2, Tel. 01/5247908, www.kindermuseum.at, Di–Fr 8.30–16, Sa/So 9.45–16 Uhr.
Architekturzentrum Wien, Hof 7, Tel. 01/5223115, www.azw.at, tgl. 10–19 Uhr (Bibliothek Mo, Mi, Fr 10–17.30, Sa/So 10–19 Uhr), Eintritt 9 €, erm. 7 €.
Q21, www.quartier21.at.

Infos zu Veranstaltungen:
Halle E + G, www.halleneg.at; **Tanzquartier**, www.tqw.at; **Dschungel Wien**, www.dschungelwien.at; alle Veranstaltungen im **MQ** unter www.mqw.at/programm.

II Wiener Theaterwelten – die „Burg“ und andere Bühnen

Das „K.K. Hofburgtheater“ IIa, so lange Jahre der offizielle Name, der noch heute über dem Eingang prangt, ist wahrscheinlich die wichtigste Theaterbühne des deutschsprachigen Raums. Wer es hier zu Ruhm gebracht hat, schafft es auch überall anders, so die überwiegende Meinung, und tatsächlich liest sich das Ensemble hier wie das „Who is who“ der österreichischen und gesamten deutschsprachigen Theaterwelt. Mit 1.111 Sitzplätzen und 85 Stehplätzen ist das Wiener Burgtheater das größte Sprechtheater Europas.

Ursprünglich befand sich das Hoftheater der Habsburger am Michaelerplatz, es musste aber einer Umgestaltung der Hofburg weichen, sodass man sich für einen Neubau an der Ringstraße entschied. Federführende Architekten waren Gottfried Semper – von ihm stammt die Gesamtplanung – und Carl von Hasenauer, der in weiten Teilen die Dekoration des Repräsentationsbaus im Neorenaissance- und Neobarockstil übernahm. Als Gegengewicht zum mächtigen Rathaus gegenüber sollte das Theater ein wenig breiter werden, was Semper durch die beiden symmetrischen Feststiegen (Kaiserstiege und Erzherzogstiege), die sich wie zwei Flügel vom Gebäude wegstrecken, umsetzte.

Deckengemälde, u.a. von Gustav Klimt, zieren die prunkvollen Treppenstiegen im Burgtheater Wien

Gebaut wurde 1874–1888, im Jahr 1886 bekam die „Maler Compagnie“ von Ernst und Gustav Klimt sowie Franz Matsch den Auftrag, zehn Deckengemälde für die Feststiegen zu fertigen, Thema: die Geschichte des Theaters von der Antike an. Die halbrunde Hauptfassade zieren Apoll und die Musen, das Fries darunter zeigt Bacchus und Ariadne. Im Inneren werden die Feststiegen von Büsten großer Theaterautoren flankiert, im Foyer sind Porträts berühmter Burgschauspieler und -schauspielerinnen zu sehen, darunter ist Katharina Schratt (1853–1940), die Dauergeliebte von Kaiser Franz Joseph, vielleicht die berühmteste.

Im April 1945 wurde das Hauptgebäude mit Bühne und Zuschauerraum von Bomben schwer getroffen, die Seitenflügel blieben unbeschädigt. Im Zuge jahrelanger Restaurierung wurde das Theater wiederhergestellt, am 14. Oktober 1955 war die Wiedereröffnung. Zur spektakulärsten Ära seitdem zählt sicherlich die Intendanz von Claus Peymann, der die „Burg“ von 1986 an 13 Jahre lang regierte und dem Publikum (Stichwort: Thomas Bernhard und der „Heldenplatz“, S. 64) einiges abverlangte. Heute ist er Ehrenmitglied des Ensembles.

Tipp

Der vielleicht wienerischste aller Bühnenautoren ist **Johann Nestroy** (1801–1862), dessen Stücke – z. B. „Lumpazivagabundus“, „Der Zerrissene“ sowie „Liebesgeschichten und Heiratssachen“ – zum Repertoire u. a. des Burgtheaters und des Theaters in der Josefstadt gehören.

Auch wenn das Burgtheater die Nummer eins in der Stadt ist, bieten u. a. auch das bereits 1788 eröffnete **Theater in der Josefstadt** 11b (Josefstädter Straße 26, 1080 Wien) und das **Volkstheater** 11c (Neustiftgasse 1, 1070 Wien) allerhöchsten Theatergenuss. Das Theater in der Josefstadt ist die älteste noch bespielte Bühne der Stadt. Das Volkstheater wurde 1889 „fürs Volk“ (als Gegenentwurf zum kaiserlichen Burgtheater) eröffnet und ist mit 970 Sitzplätzen eine der größten Bühnen der Stadt. Nähere Infos zu den Wiener Bühnen s. S. 243.

Das Theater in der Josefstadt

Info

Hinkommen: Straßenbahn D, 1 und 71 bis Rathausplatz/Burgtheater.

Information: **Burgtheater Wien** 11a, Universitätsring 2, 1010 Wien, Tel. 01/514444440 (Tageskasse), www.burgtheater.at. **Karten** zu bekommen, stellt i. d. R. kein Problem dar, der Vorverkauf startet jeweils am 20. für den Folgemonat (im Juli/Aug. Sommerpause). Verkauf an der Tageskasse (Mo–Fr 8–18, Sa/So 9–12 Uhr), telefonisch mit Kreditkarte (tgl. 10–19 Uhr unter Tel. 01/5131513) oder im Internet. Die Preise halten sich in erfreulichem Rahmen: Theater hat in Wien einen Bildungsauftrag (Stehplatz ab 3,50 €, Sitzplatz ab 7 €).

Führungen: Im Burgtheater mal auf der Bühne stehen? Dies ist im Rahmen einer Führung meist möglich, ganzjährig tgl. um 15 Uhr, Dauer ca. 50 Min., Eintritt 7 €, erm. 6 €, Kinder/Studenten 3,50 €. Treffpunkt in der Kassenhalle am Haupteingang.

Essen & Trinken: Getränke und Brötchen in der Pause, wer es nobler mag, geht ins angeschlossene Restaurant **Vestibül**, Universitätsring 2, 1010 Wien, Tel. 01/5324999, www.vestibuel.at, Mo–Fr 11–24, Sa 18–24 Uhr. Gehobenes Preisniveau.

Einkaufen: **Vestibül** heißt auch der Buchladen des Burgtheaters, der aber leider nur eine Stunde vor der Vorstellung geöffnet hat (auch sonntags).

In der Nähe: Rathaus (S. 100), der Ring (S. 22)

12 Cooles Wien – am Neubau (7. Bezirk)

Der **Neubau** erstreckt sich zwischen Mariahilfer und Lerchenfelder Straße, zum Ring hin bildet der mächtige Komplex des MuseumsQuartiers die Grenze, nach Westen ist es der Gürtel zwischen Westbahnhof und Thaliastraße. Der Neubau zählt zu den kleinsten Wiener Bezirken, seine Bewohner sind oft Kreative und/oder Akademiker bzw. wollen es gerade werden und kommen oft von überall her. Man wählt in der Mehrheit grün, es geht lässig und auch ein wenig alternativ zu – gemeinsam mit dem 8. Bezirk, der Josefstadt, wird die Gegend hier auch „Boboville" genannt. Als in der zweiten Hälfte des 19. Jh. die Erweiterung der Stadt massiv vorangetrieben wurde, hat man auch hier „neu gebaut" – daher der Name. 1861 wurde der Neubau mit seinen Unterbezirken als 7. Wiener Bezirk eingemeindet.

Ganz so prächtig wie in anderen Ecken Wiens – z. B. der benachbarten Josefstadt mit ihren feinen Bürgerhäusern – ist es am Neubau nicht, die Häuser sind gemeinhin etwas grauer, dazwischen Gemeindebau (tendenziell auch eher grau) und hin und wieder etwas Biedermeier-Romantik. Doch bietet der 7. Bezirk einige interessante Shoppingstraßen, z. B. die **Lindengasse** mit vielen interessanten Modeläden (z. B. „elke freytag" in der Lindengasse 14 oder der Taschenladen „ozelot", Lindengasse 43), ebenso die **Kirchengasse** (z. B. die fair produzierte Mode von „zerum" in der Kirchengasse 13 oder die Kreationen von „ulliKo" in der Kirchengasse 7) und die **Neubaugasse**. Designliebhaber sollten einen Abstecher in die Kirchengasse 44 und schräg gegenüber in die Burggasse 47 zur „Galerie Zeitloos" mit original Wohndesign hauptsächlich aus den 1940ern bis 1980ern unternehmen. Apropos: In der Döbler Gasse 4/Ecke Neustiftgasse 40 steht recht unscheinbar das letzte von Otto Wagner (S. 73) entworfene Haus, in dem er bis zu seinem Tod lebte, ein Stück weiter unten soll angeblich der Augustin (am heute gleichnamigen Platz) seinen Rausch ausgeschlafen haben (S. 78). Auch **Siebensterngasse/Westbahnstraße**, **Burggasse** und **Neustiftgasse** sind durchsetzt von interessanten Läden, hier wird der Spaß am Bummel jedoch ein wenig durch den starken Verkehr getrübt.

Hübsche Häuser am Spittelberg

Hauptanziehungspunkt am Abend ist der idyllische **Spittelberg** mit seinen niedrigen Biedermeierhäuschen, für viele eine der schönsten Ecken Wiens. Auf drei autofreie Gassen verteilt sich das Geschehen – kleine Geschäfte und Galerien, das Theater am Spittelberg sowie eine enorme Dichte an Restaurants und Kneipen. Besonders nett ist es, sich hier an einem lauen Sommerabend durch die Gassen treiben zu lassen und vielleicht irgendwo

Trödelmarkt im Bezirk Neubau

auf ein „Achterl" zu bleiben. Dass es hier so schön ist, haben natürlich auch schon andere gemerkt, entsprechend voll ist es am Abend, fliegende Händler verkaufen Schmuck und Esoterisches. Tagsüber scheint der Spittelberg dagegen noch zu schlafen. Einer der schönsten Wiener Weihnachtsmärkte findet übrigens hier in den Gassen statt (S. 157). Seinen Namen hat der Spittelberg von einem Spital, das sich hier befunden hat, später herrschte an gleicher Stelle buntes Treiben: Theater und Gaukler, Sänger und Dirnen, und der Wein floss in Strömen. Bis zum Ersten Weltkrieg war der Spittelberg Rotlichtviertel, später verfielen die kleinen Häuschen zusehends, meist alte Menschen lebten hier noch. Beinahe hätte man den Spittelberg abgerissen, entsann sich aber eines besseren und sanierte – zum Glück.

Tipp

Nördlich an den Neubau grenzt die **Josefstadt**, der etwas bürgerlichere 8. Bezirk hinter dem Rathaus, mit zahlreichen schönen Restaurants und Cafés.

Info

Hinkommen: U 3 bis Volkstheater oder Neubaugasse, Straßenbahn 49 ab Karl-Renner-Ring bis Siebensterngasse (Spittelberg) und dann die Westbahnstraße hinauf mit mehreren Haltestellen, Bus 48 A die Neustiftgasse Richtung Gürtel mit mehreren Haltestellen.

Essen & Trinken: **Gasthaus Grünauer**, Hermanngasse 32, 1070 Wien, Tel. 01/5264080 (Reservierung ratsam!), www.gasthaus-gruenauer.com, Mo–Fr 18–24 Uhr, Küche bis 22.30 Uhr. Ein wunderbares Gasthaus, versteckt gelegen und urgemütlich, hervorragende Wiener Küche und ebensolche Weine, super Service, Menü um 30 bis 35 € (3 Gänge).

In der Nähe: MuseumsQuartier (S. 30), Kunsthistorisches Museum (S. 122), Naturhistorisches Museum (S. 124), Shoppingmeilen Gumpendorfer und Mariahilfer Straße (S. 154)

13 Schöner Wohnen im 9. Bezirk – der schicke Alsergrund

Alsergrund – das ist der noble Bezirk der Künstler und Intellektuellen, hier lebte Sigmund Freud (S. 66) und verewigte Heimito von Doderer die berühmte „Strudlhofstiege", hier wurde Franz Schubert geboren (in der Nußdorfer Straße), ebenso wie der Schriftsteller Friedrich Torberg (in der Porzellangasse). Der Alsergrund ist einer der kleineren Bezirke Wiens. Seinen Namen hat er vom Alserbach, der heute allerdings kanalisiert und unterirdisch in den Donaukanal fließt. Bereits im Mittelalter war die Gegend besiedelt, einen Boom erlebte sie aber erst Ende des

Essen, Trinken, Shoppen im 9. Bezirk

Café Weimar: Es geht die Währinger Straße hoch, dann trifft man kurz vor der Volksoper am Eck auf dieses wunderbare Wiener Kaffeehaus (seit 1900), im schönsten Sinne altmodisch und bestens besucht, abends Pianomusik. Mittagsgerichte 8–9 €. Währinger Str. 68, 1090 Wien, Tel. 01/3171206, www.cafeweimar.at, Mo–Fr 8–23.30, Sa/So 8.30–23.30 Uhr.

die Serviette: Im Ausgehviertel Servitengasse, sehr kleines, lebhaftes und gemütliches Restaurant, moderne österreichische Küche, die Weine sind hervorragend, leicht gehobene Preise. Servitengasse 4, 1090 Wien, Tel. 01/3102683, www.dieserviette.at, Di–Sa 12–22.30 Uhr (für abends reservieren), So 11–16 Uhr.

La Pasteria: Ebenfalls in der angesagten Servitengasse. Italienische Feinkost und frische Pasta in der Vitrine, kleines Mittagsmenü im angeschlossenen Restaurant 11 €. Servitengasse 10, 1090 Wien, Tel. 01/3102736, www.lapasteria.at, Mo–Fr 11–23 Uhr geöffnet.

Kim kocht: Und zwar hervorragend! In ihrem kleinen, schlauchförmigen Restaurant in der Währinger Straße gibt es fantastische koreanische Küche, Tagesgerichte um 10–12 €, abends etwas teurer. Währinger Str. 46, 1090 Wien, Tel. 0664/4258866, www.kim.wien, Mo–Fr 12–15 sowie Mi–Fr 18–23 Uhr. Shop quasi nebenan (Hausnr. 42), Mo–Fr 11–18 Uhr.

Pizzeria Riva: Original neapolitanische Pizza aus dem Holzofen, überaus beliebt, daher auch hier für abends besser reservieren, Pizza 8–12,50 €. Türkenstraße/Ecke Schlickgasse, 1090 Wien, Tel. 01/ 3102088, www.riva.pizza, Mo–Fr 11.30–14.30, 17.30–23 Uhr, Sa/So nur abends geöffnet.

Hartliebs Bücher: Eine wundervolle Buchhandlung, klein und bestens sortiert. Porzellangasse 36, www.hartliebs.at, Mo–Fr 9–18, Sa 9–13 Uhr.

Xocolat: Bekannter Chocolatier mit Filiale in der noblen Ferstel-Passage an der Freyung. In der Servitengasse befindet sich aber das Stammhaus mit der Schokoladenmanufaktur (auch Workshops) und Verkaufsraum. Servitengasse 5, www.xocolat.at, Mo–Fr 10–18, Sa 10–13 Uhr.

Penguinfactory: Sabine Berchtold kreiert wunderbare Pinguine aus Porzellan, das Stück ab 45 €, auch andere Figuren. Berggasse 29, www.penguinfactory.at, Mo–Fr 14–18 Uhr.

Und sonst noch abends: Von Mai bis September erstreckt sich an der Roßauer Lände (am Donaukanal) die Gastro-Meile **Summerstage** mit diversen Restaurants und immer wieder kostenlosen Konzerten. U 4 bis Roßauer Lände, Näheres unter: www.summerstage.at.

Das barocke Gartenpalais Liechtenstein

18. Jh. durch Joseph II. mit den Bauten des Allgemeinen Krankenhauses – kurz (altes) AKH und heute Uni-Campus, dem Narrenturm (S. 174) und dem Josephinum in der Währinger Straße. 1850 wurde der Alsergrund in Wien eingemeindet. Heute prägen repräsentative Bürgerpalais aus der zweiten Hälfte des 19. Jh. das Bild. Kultureller Glanzpunkt ist das prachtvolle **Gartenpalais Liechtenstein** aus der Zeit um 1700 mit schönem öffentlichem Park (7–20.30 Uhr, im Winter abends kürzer). Es beherbergt die private Kunstsammlung Alter Meister des Fürsten von und zu Liechtenstein, die nur im Rahmen einer Führung zu besichtigen ist.

Ein Bummel durch den Alsergrund führt beispielsweise von der berühmten Berggasse (der Hinweis auf Freud ist nicht zu übersehen) in die nicht minder einladende Servitengasse mit ihren vielen Restaurants und netten kleinen Geschäften und der hübschen Barockkirche am Platz – eine der schönsten Ecken am Alsergrund. Die Porzellangasse, in der sich im 18. und 19. Jh. eine Porzellanfabrik befand, ist eine weitere dieser schönen Straßen, bis zu ihrem Ende zu gehen, muss man sich allerdings nicht unbedingt antun: Hier baut sich nämlich unvermittelt der Franz-Josefs-Bahnhof auf, ein Werk von 1978 und nicht gerade schön (wie auch der Vorplatz). Dann lieber vor dem Gartenpalais Liechtenstein links abbiegen und auf der anderen Seite die romantische **Strudlhofstiege** hinaufsteigen, die gleichnamige Gasse entlang und dann die Währinger Straße hinauf bis zur berühmten **Volksoper** (Näheres s. dazu S. 243).

Info

Hinkommen: Straßenbahn D ab Kärntner Ring/Oper bis Schlickgasse oder Bauernfeldplatz, Bus 40 A ab Schottentor bis Berggasse oder Bauernfeldplatz (fährt weiter zur Volksoper).
Information: Im **Gartenpalais Liechtenstein** zweimal im Monat Führungen, Fr jeweils um 15 Uhr, Termine unter www.palaisliechtenstein.com, Eintritt 22 € (!), Anmeldung obligatorisch unter Tel. 01/31957670 oder online.
In der Nähe: Sigmund Freud Museum (S. 66), Votivkirche (S. 84), Narrenturm (S. 174)

14 Wiener Naherholung – der Prater

Der Prater hat zwei Gesichter – und beide sind vergnügt. Das eine aufgeregt, laut und ein wenig atemlos, das andere entspannt, erholsam und grün.

„Herrrreinspaziert!" Basilio Calafati der Ältere, der legendäre Schausteller und Zauberkünstler, begrüßt mit einladender Geste die Besucher des aufgeregten Teils des Praters. Will man die Inschrift des Denkmals auf dem Riesenradplatz lesen, muss man mehrmals um den Calafati herumgehen und bekommt seinen ersten Drehwurm – es wird vielleicht nicht der letzte bleiben. Hier dreht sich auch das berühmte **Riesenrad** und **Madame Tussauds** lädt ins Wachsfigurenkabinett ein. Von hier erstreckt sich ein weites Feld aus Attraktionen: Ringelspiele (Karussells) und Achterbahnen von nostalgisch beschaulich bis schwindelerregend – der **Praterturm**, bis vor einigen Jahren das welthöchste Kettenkarussell, kreiselt hinauf auf eine Höhe von 117 Metern – und andere Hochgeschwindigkeitszentrifugen, Geisterbahnen, Spiegelkabinette, Autoscooter und allerlei Wurf-, Schieß-, Los- und Fressbuden. Wem das zu viel Rummel ist, dem sei der richtige, herrlich erholsame grüne Prater empfohlen.

Prater und Riesenrad gehören zusammen

Der Name *Prater* selbst kommt aus dem Lateinischen *(pratum)* und bedeutet schlicht „Wiese". Hat man den Rummel erst hinter sich gelassen, kommt man dieser ursprünglichen Bestimmung schon näher. Mehr noch als für lautstarke Belustigung steht der Prater für einen der schönsten Stadtparks in ganz Europa. Die „Wiese" war einstmals ein Auwald und kaiserliches Jagdrevier, bis der Prater 1766 von Joseph II. den Wienern zugänglich gemacht wurde. Es kamen Kaffeesieder und die ersten Karussellbetreiber – und mit ihnen die Wiener Bürger. Ein beliebter Ort der leichten Unterhaltung und Zerstreuung, der später „Wurstelprater" heißen sollte – so genannt nicht ob des feilgebotenen Grillguts, sondern wegen der Puppentheater und ihrem beliebten Hauptakteur „Hanswurst". Zur besseren Erreichbarkeit der kaiserlichen Jagdgründe wurde bereits im 16. Jh. die Hauptallee angelegt, die bis heute über etwa 4,5 kerzengerade Kilometer vom Praterstern zum Lusthaus führt, ehedem Jagdhaus, Ende des 18. Jh. neu erbaut, heute ein beliebtes Café.

Heute bietet der herrliche Prater mit seinen weitläufigen Lager- (also Liege-) Wiesen, lichten Waldstücken

Das Riesenrad

Es gehört zweifelsohne zu den Wahrzeichen Wiens und darf auf keiner noch so skizzenhaften Stadtsilhouette fehlen (und auf keiner noch so kurzen Stadtvisite): das Riesenrad. 1897 eröffnet und 1945 wiederaufgebaut, gondelt man gemächlich hinauf auf eine Höhe von fast 65 Metern. Die Waggons kann man auch mieten, etwa für ein romantisches Dinner, Kindergeburtstage oder sonstige Anlässe.

Grünes Naherholungsgebiet Prater

und alten Donauarmen ein vielfältiges Sport-, Spiel- und Spazierangebot, mithin ein wundervolles Erholungsgebiet. Inlineskater, Radler und auch Traber mit ihren Sulkys befahren die Allee, Kinder toben auf Spielwiesen und -plätzen, in ausgewiesenen Zonen jagen Hunde Stöckchen oder einander, Jogger ziehen ihre Runden oder man liegt einfach nur entspannt in der Sonne. Flankiert wird der Prater von der Wirtschaftsuni (S. 109) und der Messe, der Trabrennbahn, dem Ernst-Happel-Stadion und dem Stadionbad.

Die Liliputbahn

Ein putziges Verkehrsmittel schnaubt nostalgisch durch den Prater: die Liliputbahn. Die Gleise der Kleinbahn verlaufen vom „Prater Hauptbahnhof" in etwa parallel zur Hauptallee zur Rotunde. Von dort ist es nicht weit zur Straßenbahnhaltestelle „Prater Hauptallee" (Linie 1) und weiter bis zum Ernst-Happel-Stadion (Rundtour 4 km, ca. 20 Min., in Betrieb Mitte März bis Mitte Okt. tgl. ab 11 Uhr, Tickets 4 €, Kinder 2,50 €).

Info

Hinkommen: U 1 und U 2, S-Bahn 1, 2, 3 und 7, Straßenbahn O und 5, Bus 5 B, 80 A und 82 A alle bis Praterstern. Straßenbahn 1 bis Prater Hauptallee.
Information: **Wiener Riesenrad**, Riesenradplatz 1, Tel. 01/7295430, www.wienerriesenrad.com, Mai–Aug. 9–23.45, Sept. 9–22.45, März/April/Okt. 10–21.45, Nov.–Feb. 10–19.45 Uhr, Eintritt 12 €, Kinder 3–14 Jahren 5 €.
Pratermuseum, Nostalgisches und Kurioses aus der Pratergeschichte, Oswald-Thomas-Platz 1 (im Planetarium), 1020 Wien, Tel. 01/7267683, www.wienmuseum.at, Fr–So 10–13, 14–18 Uhr, Eintritt 5 €, erm. 4 €.
Essen & Trinken: **Altes Jägerhaus**, Freudenau 255, Tel. 01/7289577, geöffnet 10–23 Uhr, Mo Ruhetag (in der Nebensaison Mo, Di Ruhetag, Jan./Feb. nur bis 18 Uhr). Freundliche Gastwirtschaft im ehemaligen kaiserlichen Gesindehaus, schöner Gastgarten, deftige Küche.
In der Nähe: Wirtschaftsuniversität (S. 109)

15 Wien von oben – die schönsten Aussichtspunkte der Stadt

Um einen weitsichtigen Rundumblick zu erhalten, ist bekanntlich nicht nur eine erhöhte Position förderlich, sondern im Idealfall auch eine zentrale. Mitten in Wien und über allen Dächern – wer diese Aussicht genießen will, kommt um den **Steffl** 15a nicht herum. Der **Südturm** des Stephansdoms, der sich in seiner ganzen Herrlichkeit 137 Meter hoch erhebt, kann über eine enge Wendeltreppe erklommen werden. 343 kräftezehrende Stufen sind es bis auf eine Höhe von 67 Metern bis in die **Türmerstube**, einen geschlossenen Raum mit Fenstern in alle Himmelsrichtungen. Doch die brennenden Oberschenkel und der kurze Atem werden belohnt: Überwältigend weit schweift der Blick vom charakteristischen Zackenmuster der Dombedachung über ganz Wien und die Stadtgrenzen hinaus. In der Türmerstube befindet sich auch ein kleiner Devotionalienladen. Ob die Andachtsdinge aber eine größere Wirkung erzeugen, wenn sie dem Himmel näher erworben werden, sei dahingestellt.

Nicht ganz so weitsichtig, dafür aber auch nicht schweißtreibend gestaltet sich der Besuch des **Nordturms** des Stephansdoms. Ein Aufzug führt aus dem Inneren des Doms hinauf zur „Pummerin", der wuchtigen Glocke von St. Stephan, die 1711 symbolträchtig aus türkischen Kanonen gegossen wurde.

Neben dem Steffl gibt es noch einen weiteren Aussichtsklassiker, der zu Wien gehört wie Sachertorte und Fiaker: Das berühmte, viel fotografierte und gerne besuchte **Riesenrad** 15b auf dem Prater. Nostalgisch und gemütlich kreiselt man hinauf auf eine Höhe von fast 65 Metern.

Wer dagegen städtische Fernsichten mit einem eisgekühlten Drink in der Hand zu genießen pflegt, hat dazu in diversen **Rooftop-Bars** Gelegenheit, die meist große (und hoch geratene) Hotels krönen. So etwa die minimalistisch-elegante Bar **Das Loft** des Hotels SO/ Vienna (S. 239) – spektakulär nicht nur die umlaufende Glasfassade, sondern vor allem die weithin sichtbare, farbenprächtige Lichtinstallation an der Decke. Zentral liegen die **Sky Bar** (auch Café, S. 164) auf dem Dach des Kaufhauses Steffl in der Kärntner Straße und die stylische **Onyx Bar** (S. 164) im Haas-Haus gegenüber dem Stephansdom, deren Auswahl an hochprozentigen Drinks sich sehen lassen kann.

Und wer ganz hoch hinaus will, der muss in die Donau City, genauer gesagt in den Donaupark pilgern. Und sich auf die Aussichtterrasse des höchsten Bauwerks Österreichs begeben, den **Donau-**

Hoch hinaus auf den Donauturm

Überwältigender Ausblick vom Steffl

turm 15c (S. 107). Weitblick bietet auch einer der riesigen Flaktürme Wiens. Dem Hochbunker im Esterházypark (Haus des Meeres) ist ein Glaskasten mit Café und umlaufender Aussichtsterrasse aufgesetzt (S. 105).

Und zum Abschluss noch ein besonderer Panoramatipp für heiße Sommertage: Das **Krapfenwaldlbad** (S. 197). Wenn die Hitze in der Stadt steht, ein Aufstieg auf den Turm des Stephansdoms unmöglich und selbst die Fahrt mit dem Riesenrad zur Tortur wird, kann der Blick nicht entspannter in die Ferne schweifen als vom Beckenrand eines Schwimmbades aus …

Info

Hinkommen: Stephansdom, Skybar, Onyxbar: U 1/U 3 bis Stephansplatz; Riesenrad: U 1 und U 2 bis Praterstern, Straßenbahn O und 5 bis Praterstern; Das Loft im Hotel SO/ Vienna: U 1 und U 4 bis Schwedenplatz, Straßenbahn 1 und 2 bis Schwedenplatz.

Information: **Stephansdom** (S. 54), Südturm des Stephansdoms: tgl. 9–17.30 Uhr, Erw. 5 €, Kinder 2 €. Nordturm des Stephansdoms: tgl. 9–17.30 Uhr, Erw. 6 €, Kinder 2,50 €. **Wiener Riesenrad**, Riesenradplatz 1, Tel. 01/7295430, www.wienerriesenrad.com. Mai–Aug. 9–23.45, Sept. 9–22.45, März/April/Okt. 10–21.45, Nov.–Feb. 10–19.45 Uhr, Eintritt 12 €, Kinder 3–14 Jahren 5 € (Kombiticket mit Donauturm, S. 107).

Essen & Trinken: **Das Loft im Hotel SO/ Vienna**, Praterstraße 1, 1020 Wien, Tel. 01/906168110; **Sky Bar**, Kärntner Straße 19, 1010 Wien, Tel. 01/5131712; **Onyx Bar**, Stephansplatz 12 (Hotel Do & Co), 1010 Wien, www.docohotel.com.

Baden (mit Aussicht): Das **Krapfenwaldlbad** (S. 197).

16 Hippes Wien – das Freihausviertel

„Auf der Wieden" heißt der **4. Bezirk**, in dessen Zentrum zwischen Naschmarkt und Wiedner Hauptstraße – und hier im Besonderen in der Schleifmühlgasse – sich ein großer Teil des kulturellen, kulinarischen und nächtlichen Lebens abspielt. Das **Freihaus** selbst, von dem das Viertel seinen Namen hat, gibt es nicht mehr: Im 18. Jh. befand sich hier das größte Mietshaus Wiens, das sich (mit mehreren Innenhöfen) über ganze Straßenzüge erstreckte und bis zu 1.000 Bewohner zählte. Kurz vor dem Ersten Weltkrieg erfuhr das Viertel mit der Umsiedlung des Naschmarkts (S. 26) und der Wienflussverbauung ohnehin einen immensen Wandel. Damals ging man auch daran, das baufällige Freihaus abzureißen, die letzten Reste des Gebäudekomplexes wurden aber erst 1970 abgetragen. Mit Sehenswürdigkeiten ist der 4. Bezirk – sieht man einmal von Karlskirche (S. 58) und Wien Museum (S. 72) ab – nicht gerade gesegnet. Immerhin: In der Kettenbrückengasse 6 tat Franz Schubert am 19. November 1828 seinen letzten Atemzug. Und der berühmte Naschmarkt liegt gleich daneben.

Das Freihausviertel zählt heute zu den kreativsten und szenigsten Ecken der Stadt. Urban und international geht es hier zu, es hat sich herumgesprochen, dass man hier super shoppen, essen und ausgehen kann. Und natürlich, wie überall, spielt auch die Nähe zur Uni (TU) beim Karlsplatz/Wiedner Hauptstraße in Sachen jung und hip eine nicht unerhebliche Rolle, viele kleine Lokale befinden sich rundum.

Im szenigen Freihausviertel

Die **Schleifmühlgasse** ist eindeutig der Kern des Geschehens, hier gibt es – vor allem im Abschnitt zwischen Margaretenstraße und Wiedner Hauptstraße – eine ganze Reihe an Galerien mit zeitgenössischer Kunst. Designläden wie „Pregenzer" (Schleifmühlgasse 4) mit ausgewählter Damenmode oder aber das berühmte „Flo Vintage" (Schleifmühlgasse 15a), in dem man mit etwas Glück etwa ein original Diane-von-Fürstenberg-Wickelkleid oder Gucci-Pumps mit Schnalle finden kann, sind nur einige Shopping-Spots, dazwischen gibt es eine bunte Mischung aus Kaffeerösterei, Kochbuchladen und Weinhandlung, einen kunstvoll dekorierten Blumen-

Essen, Trinken, Ausgehen im Freihausviertel und rundum

Zum Alten Fassl: Hier in der Ziegelofengasse war Falco zu Hause. Im Sommer hübscher Innenhofgarten, in den Gasträumen Wirtshaus-Patina im schönsten Sinne. Immer voll, viel junges Publikum, hervorragende Küche zu leicht gehobenen Preisen, für abends reservieren! Ziegelofengasse 37, 1050 Wien, Tel. 01/5444298, www.zum-alten-fassl.at, mittags und abends geöffnet, Sa nur abends.

Gasthaus Ubl: Gasthaus über Eck mit dunkler Holzvertäfelung, viel gelobte Küche, nicht ganz günstig. Pressgasse 26, Tel. 01/5876437, Mi–So 12–14 Uhr (Zeitig kommen!) und 18–24 Uhr.

Café Anzengruber: Eigentlich kein richtiges Café, da es erst um 16 Uhr öffnet (dafür aber bis 2 Uhr aufbleibt), hier kann man günstig essen, Bier trinken und Fußball gucken, immer voll. Schleifmühlgasse 19, Tel. 01/5878297, So geschl.

Café Amacord: An der Ecke zur Wienzeile im Souterrain, hier kann man „richtig" essen oder nur zum Frühstück, Kaffee oder auf ein Glas Wein und einen Snack kommen. Günstige Mittagsgerichte. Rechte Wienzeile 15, 1040 Wien, Tel. 01/5874709, www.amacord-cafe.at, Mo–Fr 11.30–14.30 und 17–24, Sa/So 10–1 Uhr.

laden und vieles mehr. Für die Shoppingpause oder den abendlichen Drink hat man die Qual der Wahl zwischen Pub, Frühstücks-Café, derber Kneipe und Champagner-Bar.

Falco bzw. Hans Hölzel war wohl der prominenteste Sohn des angrenzenden **5. Bezirks** (Margareten). Ein Abstecher dorthin führt z.B. über die Margaretenstraße zum altehrwürdigen Wirtshaus **Zum Alten Fassl** (s. oben) und wenige Schritte entfernt zum **Filmcasino** (Margaretenstraße 78) mit seinem einzigartigen Ambiente der 1950er-Jahre, das allein schon einen Besuch wert ist, aber auch Cineastenherzen auf der Suche nach dem Besonderen höherschlagen lässt: Mainstream läuft hier nicht, dafür alle Filme OmU (Programm unter www.filmcasino.at, Karten unter Tel. 01/5879062). Und vom Filmcasino sind es wiederum nur wenige Schritte bis zum **Margaretenplatz** mit seinen Innenhoflokalen am sogenannten Schlossquadrat.

Die alte Schleifmühle gab der Schleifmühlgasse ihren Namen

Info

Hinkommen: U 1, U 2, U 4 bis Karlsplatz, Bus Nr. 59 A ab Kärntner Ring/ Oper bis Schleifmühlgasse.

In der Nähe: Naschmarkt (S. 26), Karlskirche und Karlsplatz (S. 58), Wien Museum (S. 72)

17 Wohnen zwischen Touristenattraktionen und Diplomatenviertel – der 3. Bezirk

Das Wasser der Wien und des Donaukanals sowie die Prinz Eugen-Straße begrenzen Wiens 3. Gemeindebezirk **Landstraße**. Mitten hindurch führen der Rennweg und die Landstraßer Hauptstraße. Sehenswürdigkeit Nummer eins im Dritten ist natürlich das **Belvedere** (S. 98), doch das barocke Prachtensemble ist derart herausragend, dass es eher als eigenständig wahrgenommen wird. Der 3. Bezirk, das sind der Rochusmarkt und der supermoderne Verkehrsknotenpunkt Wien Mitte, die Sofiensäle und das Hundertwasserhaus.

Überdurchschnittlich viele Konsulate und Botschaften sind hier beheimatet, vor allem zwischen Heumarkt und Belvedere, und machen den Dritten zu einer Art Diplomatenviertel. Auch die Wohnlage zwischen der Inneren Stadt und dem Prater ist überaus attraktiv. Zumal auch die Einkaufsmöglichkeiten nichts zu wünschen übrig lassen, vom traditionsreichen **Rochusmarkt** bis zur hypermodernen Mall Wien Mitte. Der Rochusmarkt (S. 151) ist uralt, ein erster Markt soll sich hier bereits Ende des 18. Jh. befunden haben. Heute ist dieser vergleichsweise klein, aber überaus beliebt.

Einen kommerziellen Gegenentwurf stellt das riesige Einkaufszentrum **Wien Mitte – The Mall** dar. Dazwischen finden sich natürlich auch zahllose Läden, Cafés und

Die Sofiensäle – ein Ballsaal mit Geschichte

Die Sofiensäle in der Marxergasse 17, benannt übrigens nach der Mutter von Kaiser Franz Joseph, haben eine wechselvolle Geschichte hinter sich: 1846 eröffnet, im Sommer Schwimmhalle, im Winter größter öffentlicher Ballsaal der Stadt, in dem Johann Strauss Vater dirigierte und nach dem Zweiten Weltkrieg Herbert von Karajan und Leonard Bernstein mit den Wiener Philharmonikern Plattenaufnahmen machten – die Akustik des Saals war hervorragend. Im Ersten Weltkrieg war der Ballsaal Lazarett, 1926 wurde in den Sofiensälen die NSDAP Österreichs gegründet. Später hat man von hier Wiener Juden deportiert. 1948 Wiedereröffnung als Ballsaal, dann waren die Sofiensäle Bühne für Popkonzerte, 2001 brannte das Gebäude ab. 2011 bis 2013 fand der Wiederaufbau nach historischem Vorbild und aufwendig in neuem Glanz statt – heute sind die Säle wieder Veranstaltungsort (mit dem Ruby Sofie Hotel und dem Restaurant The Room mit Bar sowie Tiefgarage, www.sofiensaele.com).

Die gerade Linie ist gottlos – Hundertwasser und das Kunst Haus Wien

Gut, irgendwann hat man sich schon satt gesehen an all dem farbflächigen Gekrümme und Gewölbe, und so mancher sehnt sich vielleicht nach der Struktur schaffenden Ordnung der geraden Linie. Doch die sucht man bei dem Maler und Architekt **Friedensreich Hundertwasser** (1928–2000) bekanntlich vergebens. Der berühmte, in den 1980er-Jahren entstandene Gemeindebau an der Löwengasse/Kegelgasse ist mittlerweile etwas vergilbt und angestoßen, aber nach wie vor ein Publikumsmagnet. Wer sich für das Werk Hundertwassers interessiert, wird das nahe gelegene **Kunst Haus Wien** ansteuern. Die ehemalige Möbelfabrik Thonet wurde ebenfalls im Hundertwasserschen Stil umgebaut, mit kunterbunter Fassade, buckligen Fußböden, integrierten Baumnischen und Brunnen. Im darin befindlichen **Museum Hundertwasser** ist eine umfassende Werkschau des Künstlers untergebracht. Ausgehend von sehr frühen Aquarellen und dem Einfluss Schieles lässt sich gut verfolgen, wie sich bereits in den 1950er-Jahren Hundertwassers charakteristische Bildsprache ausprägte. Zu sehen sind Gemälde, Drucke und architektonische Modelle aus der gesamten Schaffenszeit Hundertwassers. Im oberen Stockwerk finden wechselnde Ausstellungen statt.

Beisl in den Straßen und Gassen. Beispielsweise: kulinarisch wie der **Stadtwirt**, eines der besten Beisl der Stadt (Untere Viaduktgasse 45, S. 161), kalorisch wie die Schwedenbomben aus der traditionsreichen Zuckerbäckerei **Niemetz** (Rennweg 65A, www.niemetz.at) oder kurios wie **Mikes Werkstatt** (Rasumofskygasse 24/Ecke Siegelgasse, www.mikeswerkstatt.at). Kulturelle Zentren sind die **Sofiensäle** und natürlich die farbigen Fassadenrundungen von **Friedensreich Hundertwasser** in der Kegelgasse.

Ein Blickfang: das Hundertwasserhaus

Info

Hinkommen: U 3 und U 4 bis Wien Mitte, die Straßenbahn 1 vom Ring (fährt weiter zum Prater); Straßenbahn O vom Praterstern zum Hauptbahnhof.
Information: **Kunst Haus Wien**, **Museum Hundertwasser**, Untere Weißgerberstraße 13, 1030 Wien, Tel. 01/7120491, www.kunsthauswien.com, tgl. 10–19, im Winter bis 18 Uhr, Eintritt 12 €. **Fälschermuseum**, gegenüber dem Hundertwasserhaus, s. S. 180.
Essen & Trinken: **Stadtwirt** 71d (S. 161), Rochusmarkt.
Einkaufen: **Rochusmarkt** 66c (S. 151); **Wien Mitte – The Mall**, Landstraßer Hauptstraße 1b, www.wienmitte-themall.at, Mo–Mi 9–20, Do/Fr bis 21, Sa bis 18 Uhr.

18 Weinstadt Wien

Kleines Wiener Weinglossar

Ein **Achterl** und ein **Vierterl** sind die gängigen Maßeinheiten für den Ausschank von offenem Wein, 0,125 l bzw. 0,25 l. Der **Heurige** (von *heuer:* diesjährig) ist beides, der aktuelle Weinjahrgang und die Gastwirtschaft der Weingüter (auch Buschenschank, s. auch S. 211). **Ausg'steckt** werden die (meist Föhren-) Zweige am Heurigen und zeigen an, dass geöffnet ist. **Schilcher** ist ein Rosé aus der Steiermark, **Grüner Veltliner** und **Wiener Gemischter Satz** (s. unten) sind die wichtigsten Weißweine, die in Wien produziert werden, **Sturm** ein gärender Traubenmost (vergleichbar mit dem Federweißen oder -roten). Ein **Flucht-Achterl** schließlich ist das letzte Glas vor dem Aufbruch.

Wien und der Wein: Mit einem Achterl im Kaffeehaus oder im Heurigen beginnt der gemütliche Teil des Tages – sei es nach dem Sightseeing oder auch nach Feierabend. Da bietet es sich an, ein Glas der hiesigen Weine zu bestellen, denn: Wien ist die einzige Weltstadt mit Weinbergen im Stadtbild und einem eigenen Weinanbaugebiet innerhalb der Stadtgrenzen sowie einem stadteigenen Weingut und sogar einem eigenen Wein.

190 Winzer, in Österreich auch *Weinhauer* genannt, gibt es in Wien. Sie kultivieren eine Rebfläche von 660 Hektar auf dem Wiener Stadtgebiet und produzierten zuletzt weit über zwei Millionen Liter Wein. Malerisch erstrecken sich die meisten Weingärten im Norden und Nordwesten der Stadt, an den Hängen des Nussbergs und des Kahlenbergs sowie auf der anderen Seite der Donau an den südlichen Ausläufern des Bisambergs. Grinzing, Nussdorf, Heiligenstadt und Neustift am Walde im 19. Bezirk (Döbling) sowie Stammersdorf, Jedlersdorf und Strebersdorf im 21. Bezirk (Floridsdorf) sind die wichtigsten Weinbauorte. Wien ist sogar mit einem stadteigenen Weinanbaubetrieb gesegnet. Das Weingut Cobenzl thront in herrlicher Lage auf dem gleichnamigen Berg hoch über der Stadt und bewirtschaftet stattliche 60 Hektar Weingärten.

Der Föhrenbusch signalisiert: „Ausg'steckt is"

Die Bedingungen für den Weinstandort Wien sind denkbar gut: Die Lagen sind geschützt von den Ausläufern des Wienerwalds, das Klima ist pannonisch warm, die Reben aber dennoch von frischem Wind umspielt. Über 80 % der Wiener Weine sind natürlich weiß: Allen voran der pfeffrige Grüne Veltliner, dazu der fruchtige Riesling, Traminer und Gelber Muskateller sowie natürlich die obligatorischen Rebsorten Chardonnay und Weißburgunder. Die Roten sind vornehmlich Zweigelt und Blauer Burgunder.

Ein Wiener Original ist der **Wiener Gemischte Satz**. Nach einer langen Durststrecke der Randständigkeit begann der Wiener Wein erst in den vergangenen Jahrzehnten wieder ins Interesse der Genießer und in die Regale der Vinotheken zu rücken. Der Wiener Gemischte Satz ist ein Weißwein, der aus mehreren Rebsorten besteht – mindestens drei und bis zu 20, wobei der größte Anteil nicht mehr als 50 % betragen darf und der drittgrößte Anteil mindestens 10 %. Anders aber als beim Cuvée werden die verschiedenen Rebsorten bereits im Weingarten gemeinsam gesetzt und werden auch gemeinsam gelesen und gekeltert. Ursprünglich zur Ertragssicherung gedacht, begeistert der Wiener Gemischte Satz heute vor allem durch seine fruchtige, reiche Vielschichtigkeit.

Natürlich lässt sich die Weinstadt am besten mit dem einen oder anderen **Besuch eines Weinguts** erkunden. Aber auch die Weinberge sind ein pittoreskes Ausflugsziel mit oftmals fantastischen Ausblicken über die Stadt. Wenn dann aber schließlich „ausg'steckt" ist, dann genießt man das Achterl Wein am besten in einem der Heurigen (S. 210, 218) mit lauschigem Gastgarten.

Österreichs ältestes Weingut

... liegt ganz in der Nähe von Wien. Im **Stift Klosterneuburg** werden seit dessen Gründung im Jahr 1114 Rebstöcke kultiviert und Wein gekeltert. Mit Weinverkostung und -verkauf (S. 220).

Weinberge rund um Wien – ein malerisches Ausflugsziel

Info

Einkehren und Einkaufen: Eine kleine Auswahl an Weingütern:
Weingut Wien Cobenzl, Am Cobenzl 96, 1190 Wien, Tel. 01/3205805, www.weingutcobenzl.at.
Weingut Mayer am Pfarrplatz, Pfarrplatz 2, 1190 Wien, Tel. 01/3360197, www.pfarrplatz.at.
Weingut Fuhrgassl-Huber, Neustift am Walde 68, 1190 Wien, Tel. 01/4401405, www.fuhrgassl-huber.at.
Weingut Christ, Amtsstraße 10–14, 1210 Wien, Tel. 01/2925152, www.weingut-christ.at.
Weingut Karl Lentner, Amtsstraße 44, 1210 Wien, Tel. 01/2925123, www.karl-lentner.at.
Weingut Wieninger, Stammersdorfer Straße 31, 1210 Wien, Tel. 01/2901012, www.wieninger.at.
Weingut Edlmoser, Mauer-Lange-Gasse 123, 1230 Wien, Tel. 01/8898680, www.edlmoser.com.

Geschichte erleben

19 Das Römermuseum – der Legionsstandort Vindobona

Warum die Germanen und Kelten jenseits von Rhein und Donau freiwillig auf die Annehmlichkeiten der römischen Zivilisation verzichteten, ihre zugigen Lehmhütten und das schale Met der Fußbodenheizung, den komfortablen Thermen, festen Straßen oder auch dem vollen Bouquet südländischen Weins vorzogen, wird ein Geheimnis der Geschichte bleiben. Die „frühen Wiener" hatten es besser. Sie waren, recht randständig zwar, aber immerhin Teil des Römischen Reiches.

Als die schier nimmersatte Expansion des Römischen Reiches an ihre Grenzen stieß (man erinnere sich an Varus' militärisch misslungene Expedition in den Teutoburger Wald), zog das mächtige Rom eben diese lange Grenze von Britannien bis in den Nahen Osten und seine Legionen dahinter zurück. Zur Sicherung der Grenzprovinz *Pannonia* (später *Pannonia Superior*) diente ein Militärstützpunkt an der Donau, der 97 n. Chr. sogar einer von 30 Legionsstandorten des Imperium Romanum wurde: *Vindobona.*

Aus heutiger Sicht erstreckte sich der akkurat symmetrische Grundriss des **Legionslagers** in etwa zwischen Schwedenplatz und Graben, Am Hof und Stephansplatz, die **Lagervorstadt** bedeckte (in etwa) das übrige Gebiet des heutigen I. Bezirks und eine **romano-keltische Zivilstadt** befand sich im heutigen 3. Bezirk.

Sorgte bei den Römern für wohlige Wärme: die Hypokaustheizung

Aus dem Militärstützpunkt wurde schnell eine blühende Vielvölkerstadt: In den Gassen von Vindobona lebten, arbeiteten und marschierten alteingesessene, bald romanisierte Kelten sowie Händler und Handwerker, die es aus nahen und fernen Provinzen an den Donaulimes zog, und natürlich die Legionäre. Bis zu 6.000 Soldaten aus allen Teilen des Imperiums, von Ägypten bis Britannien, waren im Legionslager stationiert (seit 114 n. Chr. die X. Legion, die *legio X Gemina*). Im 2. und Anfang des 3. Jh. lebten bis zu 30.000 Menschen in Vindobona. Die Stadt bot durchaus Annehmlichkeiten: Ein Aquädukt brachte Frischwasser aus dem Wienerwald, die Kanalisation beseitigte das Abwasser. Theater sorgten für Kurzweil, Thermen für Entspannung. Und auf den Märkten Vindobonas wurden Waren aus allen Ecken des Imperiums feilgeboten: andalusisches Olivenöl, toskanischer Wein, norisches Silber und, und, und ...

Weitere römische Ausgrabungen

Während die Reste des Kanalsystems des Legionslagers (Am Hof) zuletzt geschlossen waren, sind die Mauerreste bei der Hofburg, die bei der Umgestaltung des **Michaelerplatzes** freigelegt wurden, stets frei einsehbar.

Eine dieser Annehmlichkeiten römischer Zivilisiertheit stellt das Herzstück des **Römermuseums** Wien dar: die Hypokaustheizung in den Tribunenhäusern. 1948 wurden bei Kanalarbeiten am Hohen Markt Überreste von Offiziershäusern entdeckt. Deutlich erkennbar sind darin Teile der komfortablen Warmluftheizung, die heute im Untergeschoss des Museums besichtigt werden können.

Die Außenstelle des Wien Museums (S. 72), die sich ganz der römischen Vergangenheit der Stadt widmet, ist klein, aber überaus ansprechend gestaltet. Über die ganze Wandhöhe der Stiege, die die drei Stockwerke des Museums verbindet, sind Karten, Pläne und Erläuterungen platziert. Die Exponate in den Vitrinen sind, vor allem im ersten Stock, thematisch geordnet und mit interessanten Erläuterungen versehen. Fundiert und anschaulich wird man über den Legionsstandort Vindobona informiert, den Alltag der Soldaten, Handwerk und Handel, religiöse Praktiken und vieles mehr. Kindgerechte Ausstellungsstücke (Wie kleideten sich die Menschen in Vindobona? Oder auch: Werkzeuge von damals und heute im Vergleich), interaktive Sektionen, Filme und Animationen begleiten die gelungene kleine Ausstellung.

Mit ein wenig Glück übrigens kommt man in den Ruinen der Tribunenhäuser in den Genuss eines besonderen Klangerlebnisses. Diese liegen heute nämlich direkt unter der Straße Hoher Markt. Wenn zufällig Fiakerpferde in gleichmäßiger Gangart über den Asphalt traben, klingt es, als würden die eisenbeschlagenen Sandalen einer Kohorte Legionäre durch die Straßen Vindobonas marschieren …

Info

Hinkommen: Mit U 1 und U 3 bis Stephansplatz, U 1 und U 4 bis Schwedenplatz, Bus 1 A und 3 A bis Hoher Markt.

Information:
Römermuseum, Hoher Markt 3, 1010 Wien, Tel. 01/5355606, www.wienmuseum.at, Di–So 9–18 Uhr, Eintritt 7 €, erm. 5 €, unter 19 Jahren frei.

In der Nähe: Stephansdom (S. 54), Neidhart Fresken (S. 56), Jüdisches Museum (S. 29), Uhrenmuseum (S. 176)

20 Das älteste Kloster der Stadt – das Schottenstift an der Freyung

Iro-schottische Benediktiner gründeten einst das Schottenstift

Eigentlich waren es ja Iren. Keine Schotten. Der Babenberger mit dem schönen Namen Heinrich II. Jasomirgott, in dessen Regierungszeit Österreich zum Herzogtum befördert wurde (1156), wünschte, seine neu gewählte Residenzstadt Wien mit einem Kloster zu zieren. Dazu rief er irische Mönche aus dem Kloster St. Jakob her, dem Zentrum der iro-schottischen Benediktiner in Regensburg, die 1155 das Schottenstift gründeten. Es entstand eine reiche Abtei samt Kirche vor den Toren des mittelalterlichen Wien, genauer gesagt vor dem Tor im Nordwesten, von dem heute nur der Name erhalten ist: das **Schottentor**. 1418 verließen die irischen Mönche das *Monasterium Beatae Maria Virginis ad Scotos Vienna* und Benediktiner aus Stift Melk nahmen ihren Platz ein. Die Benediktinerabtei **Unserer Lieben Frau zu den Schotten**, kurz das **Schottenstift**, besteht bis heute und kann nunmehr auf eine über 850-jährige Geschichte zurückblicken. Das älteste Kloster der Stadt ist eine der bedeutendsten Benediktinerabteien des Landes. Die **Klosterkirche** erhielt ihr heutiges barockes Erscheinungsbild Mitte des 17. Jh., die Klostergebäude wurden in der ersten Hälfte des 19. Jh. umgestaltet.

Das Kunstforum

Im neoklassizistischen Bankhaus der ehemaligen *Österreichischen Creditanstalt für Handel und Gewerbe* an der Freyung richtete eine (zeitgenössische) österreichische Bank 1989 ein Kunsthaus von internationalem Rang ein. Zwei- bis dreimal im Jahr wechseln die oft namhaften, meist sehr gut besuchten, stets inspirierten Ausstellungen – vornehmlich Malerei und Fotografie von der Klassischen Moderne und deren einflussreichen Vorläufern bis zu zeitgenössischer Kunst.

Das **Museum im Schottenstift** beherbergt eine abwechslungsreiche Sammlung von Gemälden, historischen Möbeln und Gegenständen des klösterlichen Bedarfs wie liturgisches Gerät oder Handschriften. In den ehemaligen Wohn- und Arbeitsräumen des Prälaten finden sich u. a. Tierstillleben und Landschaftsgemälde aus dem 17./18. Jh., natürlich sakrale Kunst, etwas deplatziert ein kleines naturhistorisches Kabinett sowie ein Biedermeierzimmer, das ehemalige Arbeitszimmer. Herzstück ist zweifellos der eindrucksvolle Altar des „Wiener Schottenmeisters“ im Tafelzimmer: Die Tafeln des spätgotischen Flügelaltars zeigen auf der Werktagsseite die Passion Christi und auf der Sonntagsseite Szenen aus dem Leben Mariens, ausdrucksstark, detailreich und mitunter überraschend. Bei der Flucht der Heiligen Familie nach Ägypten beispielsweise ist im Hintergrund eine wirklichkeitsnahe Darstellung der Stadt Wien zu sehen, auch für den Laien unverkennbar anhand der markanten Silhouette des Stephansdoms. Bemerkenswertes ist auch im Schlafzimmer des Prälaten zu bestaunen. Bei der Ansicht Venedigs, dem Turiner Palazzo Madama, dem Lateran und der Engelsburg in Rom handelt es sich nicht um Gemälde, sondern um kunstvolle Intarsien!

Stimmungsvoll und beschaulich: der Altwiener Weihnachtsmarkt auf der Freyung

Auch die **Freyung** verdankt ihren Namen dem Kloster: Deren Grund nämlich war von der städtischen Gerichtsbarkeit ausgenommen, somit auch „befreit", Asylrecht zu gewähren – ein uraltes, vornehmes Gut, was heute allzu oft vergessen wird. Der Austriabrunnen auf der Freyung wurde 1848 errichtet.

Zur Adventszeit findet auf dem schönen Platz ein kleiner, gemütlicher **Weihnachtsmarkt** (S. 156) statt, sicherlich einer der schönsten Wiens, und zu Ostern der beliebte **Ostermarkt**.

Info

Hinkommen: U 2 bis Schottentor, U 3 bis Herrengasse, Straßenbahn D, 1, 37, 38 und 40 bis Schottentor, Bus 1 A bis Teinfaltstraße.
Information: **Museum im Schottenstift**, Freyung 6, 1010 Wien (Zugang über den Klosterladen), Tel. 01/53498600, www.schotten.wien, Di–Fr 11–17, Sa 11–16.30 Uhr, Eintritt 8 €, erm. 4–6 €.
Stiftsführungen, Sa um 14.30 Uhr, Treffpunkt im Klosterladen.
Bank Austria Kunstforum Wien, Freyung 8, 1010 Wien, Tel. 01/5373326, www.kunstforumwien.at, tgl. 10–19, Fr bis 21 Uhr, bei Ausstellungswechsel geschl., Eintritt 11 €, erm. 6–8,50 €, Kinder 4 €,
Einkaufen: **Klosterladen im Schottenstift**, Mo–Fr 10–18, Sa 10–17 Uhr (Juli/Aug. Mo geschl.). Klösterlicher Hofladen und Klostermuseumsshop. Hier gibt es für Körper und Seele das Passende, Spirituosen und Spirituelles, Delikatessen und Devotionalien.
Essen & Trinken: **Minoritenstüberl** (S. 179).
In der Nähe: Burgtheater (S. 32), Votivkirche (S. 84), Uhrenmuseum (S. 176)

21 Der Stephansdom – gotische Hochkultur

Blick von unten auf den Steffl

Detail aus dem Ober St. Veiter Altar

Wöge man alle Wahrzeichen Wiens gegeneinander ab, Sisi und Sachertorte, Fiaker und Riesenrad etc., so könnte letztlich nur eines Bestand haben. Weithin sichtbar, erhaben und ehrwürdig, das Herz der Stadt: der Stephansdom.

Ein erster Bau wurde Mitte des 12. Jh. begonnen, der nach 1220 von einem spätromanischen Neubau ersetzt wurde. Teile der Westfassade und das Riesentor (das Hauptportal) stammen aus dieser Zeit. Doch kaum war die neue Kirche eingeweiht (1263), wurde sie auch wieder vergrößert. Zwischen 1304 und 1340 entstand der gotische Chor, **Albertinischer Chor** genannt, da es sich bei den Bauherren um die Herzöge Albrecht I. und Albrecht II. handelte. Deren Nachfolger, der umtriebige Rudolf IV., genannt „der Stifter", initiierte 1359 weitere Bauvergrößerungen, namentlich das gotische Langhaus und das Wahrzeichen des Wahrzeichens: den **Steffl**, den **Südturm**, dessen Grundstein Rudolf höchstselbst gelegt haben soll. Um 1360 entstanden auch die meisterlich gestalteten gotischen Seitenportale: Das **Singertor** (vom Riesentor aus rechts um die Ecke) und das **Bischofstor** (links). Die Großbaustelle sollte Wien über 100 Jahre erhalten bleiben. Dem Steffl wurde 1433 die Turmspitze in 137 Metern Höhe aufgesetzt, 1474 war das Dach gedeckt – mit glasierten Dachziegeln im markant gezackten Farbmuster. Mittlerweile aber war die nächste Hochbaustelle eröffnet: der Grundstein für den **Nordturm** wurde 1450 von Kaiser Friedrich III. gelegt. Doch wurden die Arbeiten, den Wirren der Zeit geschuldet, 1511 wieder eingestellt. In dieser Form hat sich der Stephansdom weitgehend bis heute erhalten: als Meisterwerk gotischer Baukunst.

Auch im erhabenen Innenraum haben sich zahlreiche bemerkenswerte Kunstschätze erhalten, allen voran die sensationell feingliedrige **Kanzel** mit den vier Kirchenlehrern, die sich aus dem Kanzelkorb herauslehnen, und dem berühmten **„Fenstergucker"**, dem Selbstporträt des Baumeisters – bemerkenswert auch die Balustrade:

Das Böse kriecht mit allerlei Getier den Handlauf hinauf, an dessen Ende ein kleiner Hund darüber wacht, dass es nicht auf die Kanzel gelangt. Unweit der Kanzel lastet im **Frauenschiff** der geradezu leicht gestaltete Orgelfuß sichtlich schwer auf dem Dombaumeister Anton Pilgram. Im Chor des Frauenschiffs steht der gotische **Wiener Neustädter Altar** (1447), der Hochaltar ist ein frühbarockes Meisterwerk. Im Chor des Apostelschiffs findet sich das kunstvoll gestaltete Grabmal Friedrichs III. und in der Katharinenkapelle schließlich ein prächtiger gotischer Taufstein mit hoch aufragendem, aufwendig gestaltetem Deckel. Die Säulen des Doms schließlich zieren über hundert biblische Personen, Engel und Heilige (sowie Gott selbst) und ergeben eine Art figürliches Archiv der Heilsgeschichte.

Dom Museum Wien

Die historischen Schätze des Stephansdoms – darunter kostbare und einzigartige Objekte wie das Bildnis Rudolfs IV., das als ältestes Porträt in Dreiviertelansicht gilt, Rudolfs goldseidenes Grabtuch oder die anmutige Erlacher Madonna – sind es zweifellos wert, in eigens für sie geschaffenen Räumlichkeiten bestaunt zu werden. Doch wer hier die übliche Domschatz-Präsentation erwartet, wird sehr überrascht sein: Den Preziosen der Erzdiözese wird nämlich in jährlich wechselnden Ausstellungen zeitgenössische Kunst zur Seite gestellt. Beide Sektionen greifen dabei thematisch ineinander und erzeugen so ein Spannungsfeld zwischen jahrhundertealter und aktueller Kunst. Flankiert werden die überaus sehenswerten, kontrastreichen Ausstellungen von Werken aus der Sammlung Otto Mauer (Moderne, Avantgarde).

Information: Stephansplatz 6, 1010 Wien, Tel. 01/515525300, www.dommuseum.at, Mi–So 10–18, Do bis 20 Uhr, Erw. 8 €, erm. 7 €, Kinder (6–18 Jahre) 3 €.

Wer noch ein wenig tiefer in den Stephansdom eintauchen will, der kann in die **Katakomben** hinabsteigen: zur Grablege heutiger Prälaten und früher Habsburger, den Innereien späterer Habsburger (S. 173) und einem Pestloch.

Info

Hinkommen: U 1 und U 3 bis Stephansplatz.

Information: **Stephansdom**, Stephansplatz 3, 1010 Wien, Tel. 01/515523054, www.stephanskirche.at, Mo–Sa 6–22, So 7–22 Uhr.

Führungen/Kombitickets: **Domführung** tgl. 15 Uhr, Erw. 6 €, Kinder (bis 14 Jahren) 2,50 €, **Katakombenführung** mehrmals tgl., Erw. 6 €, Kinder 2,50 € (Dauer jeweils 30 Min.), **Abendführung mit Dachrundgang** Juli–Sept. Sa 19 Uhr, Erw. 11 €, Kinder 5 € (Dauer 90 Min.).

All-inclusive-Ticket: Erw. 14,90 €, Kinder 3,90 €, enthalten sind: eine Domführung mit Audioguide, die Katakombenführung, Zugang zu Nord- und Südturm.

2-in-1-Ticket: Dom Museum Wien & Stephansdom (all-inclusive): 15,90 €.

Aussicht/Turmbesteigung: Natürlich ist die Aussicht von den Türmen grandios (s. auch S. 40): Auf den Nordturm fährt man bequem mit dem Aufzug (tgl. 9–17.30 Uhr, Erw. 6 €, Kinder 2,50 €), um in die Türmerstube im Steffl zu gelangen, muss man 343 Wendeltreppenstufen überwinden (tgl. 9– 17.30 Uhr, Erw. 5 €, Kinder 2 €).

In der Nähe: Jüdisches Museum (S. 29), Römermuseum (S. 59), Neidhart Fresken (S. 56), Pestsäule am Graben (S. 78)

22 Die Neidhart Fresken – Darf ich bitten?

Wien und der „Nibelunge nôt"

„Dô riten si von Tulne ze Wiene zuo der stat ..." Wer da von Tulln zur Stadt Wien ritt, feierte dort ein rauschendes Fest und ganz Wien feierte mit: Die Rede ist von der rachsüchtigen Kriemhild, die in Wien den Hunnenkönig Etzel heiratete – und damit Wien zu einem besonderen Ort des Nibelungenliedes werden ließ (22. und 23. Âventiure).

Es ist eine kulturhistorische Kostbarkeit, die das Wien Museum in seiner Außenstelle in den Tuchlauben präsentiert. Bei Renovierungsarbeiten im Haus Nr. 19 entdeckte man 1979 Wandmalereien, die wohl um 1407 kunstvoll aufgetragen wurden. Und obwohl sie „al secco", also auf den trockenen Putz gemalt wurden, bezeichnet man sie heute als Neidhart Fresken.

Die Adresse (In den Tuchlauben) verrät schon ein wenig über die Herkunft der Malereien. Hier lebten und arbeiteten traditionell Textilwarenhändler. Der reiche Tuchhändler Michel Menschein ließ sich um 1407 seinen privaten Tanzsaal reich verzieren. Die Ausmaße des Tanzsaals lassen sich u. a. nach barocken Umbauten, die das mittelalterliche Haus erdulden musste, heute nur noch erahnen. Andererseits verdanken wir die bemerkenswerte Frische der Malereien einer dicken Putzschicht, die die munteren Darstellungen über die Jahrhunderte vor dem Verblassen schützte. Gegenstand der Wandmalereien sind Motive aus den Liedern Neidharts.

Neidhart wurde um 1180 im bayerischen Raum geboren. Er war ein produktiver Minnesänger und (nach eigenen Angaben) auch Ritter mit Kreuzzugserfahrung. Über 50 Lieder sind mitsamt Melodien erhalten. Schon zu Lebzeiten ein gefeierter Lyriker – als seinen Gönner nennt er den Babenberger Herzog Friedrich II., genannt der Streit-

Die Fresken nehmen Motive aus den Liedern Neidharts auf

Die Virgilkapelle

Mittelalter in der U-Bahn. Das passt. Denn beim Bau der U-Bahn wurde in der Nähe des Stephansdoms die seit dem 18. Jh. verschüttete und darüber in Vergessenheit geratene Virgilkapelle wiederentdeckt. Das gotische Bauwerk – elf Meter hoch und über einem ungewöhnlichen Grundriss errichtet – stammt aus dem frühen 13.Jh. und wurde der Unterbau der Maria-Magdalena-Kapelle, die einst auf dem ehemaligen Friedhof von St. Stephan stand. Ein Audioguide erklärt ausführlich die Baugeschichte und die Details der Kapelle. Ein kleines angeschlossenes Museum zeigt historische Alltagsgegenstände und führt multimedial ins mittelalterliche Wien. Die Virgilkapelle ist einer der vielen sehenswerten Standorte des Wien Museums. Sie ist über die U-Bahn-Station Stephansplatz zugänglich.

bare –, beweisen die Neidhart Fresken, dass seine Lieder auch bei nachfolgenden Generationen noch überaus populär waren. Was zu Neidharts Ruhm beigetragen haben dürfte, ist die parodistische, oft deftig-derbe Note in vielen seiner Lieder: Er karikierte gleichermaßen bäuerliche Rüpel, die sich wie Ritter aufspielten, aber letztlich nur Grobiane waren, wie das höfische Ideal selbst. Diesen Kontrast findet man auch in den Fresken wieder.

Zu sehen ist eine höfische Tanzgesellschaft, die im fröhlichen Reigen aus der Burg auszieht, aber auch eine wüste Schlägerei. Eine Gruppe vielleicht adliger Figuren ist recht züchtig beim Ballspielen dargestellt (oder vielleicht bei einer Schneeballschlacht?), daneben steht sich ein Paar küssend gegenüber. Beim nächsten Paar indes wird die erotische Annährung schon deutlich expliziter … Die Neidhart Fresken sind die ältesten profanen Wandmalereien Wiens.

Neidhart Fresken: Erotische Annäherung

Info

Hinkommen: U 1/U 3 bis Stephansplatz, Bus 1 A, 2 A, 3 A bis Brandstätte oder 1 A und 2 A bis Hoher Markt.
Information: **Wien Museum – Neidhart Fresken**, Tuchlauben 19, 1010 Wien, Tel. 01/5359065, www.wienmuseum.at, Di–So 10–13, 14–18 Uhr, Eintritt 5 €, erm. 4 €, unter 19 Jahren frei.
Wien Museum – Virgilkapelle, Stephansplatz (in der U-Bahn-Station), 1010 Wien, Tel. 0664/88293930, www.wienmuseum.at, Di–So 10–18 Uhr, Erw. 5 €, erm. 4 €, unter 19 Jahren frei.
In der Nähe: Stephansdom (S. 54), Römermuseum (S. 50), Jüdisches Museum (S. 29), Uhrenmuseum (S. 176)

23 Karlskirche und Karlsplatz

Details aus dem Kuppelfresko der Karlskirche

Die Große Pest des Jahres 1679 war unvergessen, die Pestsäule am Graben noch ein junges Kunstwerk, als sich 1713 der Schwarze Tod erneut mit gnadenloser Effizienz durch die Wiener Gassen fraß. Im Stephansdom gelobte der noch junge Kaiser Karl VI. feierlich, eine Kirche bauen zu lassen und seinem Namenspatron Karl Borromäus zu widmen, praktischer Weise seines Zeichens Pestheiliger. Wenn, ja wenn die Pest nur von Wien ablassen würde. Die Pestwelle ebbte ab und zur Erfüllung des Gelübdes wurde eine barocke Großbaustelle ausgeschrieben. Als Sieger des Architektenwettbewerbs ging Johann Bernhard Fischer von Erlach hervor. Die prachtvolle Barockkirche vor den Toren der Stadt hält sich nicht nur hartnäckig in der illustren Liste der Wiener Wahrzeichen, sondern wird auch andauernd mit Superlativen dekoriert: wichtigstes Bauwerk Fischers, sogar einer der wichtigsten Barockbauten Wiens, wenn nicht der wichtigste, oder gar nördlich der Alpen überhaupt.

Die äußere Erscheinung der 1737 vollendeten Kirche gestaltet sich recht ungewöhnlich, in ihrem Stilmix aber wohldurchdacht und harmonisch, in jedem Fall aber eindrucksvoll. Markant flankieren zwei Triumphsäulen das Portal, das an einen antiken Tempel erinnert. Darüber erhebt sich die hoch aufragende Kuppel. Die Reliefbänder, die sich an den Säulen spiralförmig hinaufziehen, zeigen Leben und Wunderwirken des Pestheiligen **Karl Borromäus**. Im Giebel zeigt das Pestrelief die Rettung Wiens durch den Heiligen. Auch den in elegantem Spätbarockstil verzierten Innenraum der Kirche dominiert der Namenspatron: Am Hochaltar strebt der Heilige himmelwärts. Alles überragend aber ist im wahrsten Sinne des Wortes das meisterhafte Kuppelfresko von Johann Michael Rottmayr, das die Fürsprache Karl Borromäus' thematisiert.

Dass die Karlskirche seinerzeit idyllisch am Ufer der Wien errichtet worden war, lässt sich heute kaum noch erahnen. Laut und hektisch fordert der Verkehr auf weiten Teilen des Platzes den Tribut einer mo-

Mit dem Aufzug unter die Kirchenkuppel

Im Zuge von Restaurierungsarbeiten wurde im Inneren der Kirche unter der Kuppel ein Gerüst samt Personenlift aufgebaut. Der Lift führt hinauf bis unter die Kuppel, über eine Stiege – etwas schwindelfrei sollte man schon sein – gelangt man sogar noch höher hinauf. Die Restaurierungsphase wurde zwar jüngst abgeschlossen und das Gerüst weitgehend abgebaut, der Aufzug soll aber noch ein wenig an Ort und Stelle verbleiben. Gut, der Gesamteindruck der kolossalen Kuppel ist wegen des Aufzugs dahin. Dafür hat man aber die einzigartige Gelegenheit, das berühmte Kuppelfresko aus allernächster Nähe anzusehen.

Der Resselpark erstreckt sich vor der Karlskirche

dernen Großstadt. Vor der Kirche aber, im tiefer liegenden begrünten Resselpark mit dem Wasseroval vor der Karlskirche, kann man in Ruhe die barocke Pracht genießen. Vis-à-vis erheben sich Künstlerhaus und Musikverein (S. 243), nebenan lädt das Wien Museum (S. 72) zum Besuch ein und jenseits von Wiedener Hauptstraße und den Wienzeilen endet der Karlsplatz beim Secessionsgebäude (S. 126). Nicht vergessen werden dürfen die beiden schmucken Jugendstil-(Stadtbahn-)Pavillons von Otto Wagner: Der eine beherbergt ein Café, der andere eine Otto-Wagner-Dokumentation des Wien Museums (S. 73) sowie die Dependance der Kunsthalle mit wechselnden Ausstellungen.

Die Epidemie von 1713 war übrigens die letzte Pestwelle, die Wien heimsuchte. Karl VI. konnte das natürlich nicht wissen. Zum Glück, möchte man meinen, sonst hätte Wien auf die barocke Prachtkirche womöglich verzichten müssen. Vielleicht aber ist es ja auch der hl. Karl Borromäus, der seither seine schützende Hand über die Stadt an der Donau hält.

Info

Hinkommen: U 1, U 2, U 4 bis Karlsplatz, Straßenbahn 1 und 62 bis Karlsplatz.

Information:

Karlskirche, Mo–Sa 9–18, So 12–19 Uhr, Erhaltungsbeitrag (inkl. Lift in die Kuppel) Erw. 8 €, erm. 4 €.

Otto-Wagner-Pavillon, Karlsplatz, 1040 Wien, Tel. 01/505874785177, www.wienmuseum.at, April–Okt. Di–So 10–18 Uhr, Eintritt 5 €, erm. 4 €, unter 19 Jahren frei.

Kunsthalle Wien (Karlsplatz), Treitlstraße 2, 1040 Wien, Tel. 01/521891253, www.kunsthallewien.at, tgl. 10–19, Do bis 21 Uhr, Eintritt 3 €, erm. 2 €, unter 19 Jahren frei.

Essen & Trinken: Der **Naschmarkt** (S. 26) ist nur einen Katzensprung entfernt.

In der Nähe: Wien Museum (S. 72), Secession (S. 126)

24 Sisi-Museum und Kaiserappartements – die schöne Kaiserin und ihr Museum

Um das Leben der Kaiserin Elisabeth (Sisi) ranken sich die Mythen, um ihre Anmut und Schönheit, den exzentrischen Lebensstil, aber auch um Depression und Unglück, die sie umgeben haben. Das **Sisi-Museum** und die **Kaiserappartements** befinden sich in der Amalienburg (16. Jh.) der Hofburg im zweiten Stock. Die ers-

Sisi – Kaiserin der Habsburger

„Wie dünn will sie noch werden?", würde die BUNTE beim Anblick der superschlanken Kaiserin heute wohl besorgt fragen, die es im Alter von 50 Jahren auf ein Gewicht von höchstens 50 Kilo – inklusive mehrerer Kilo Haare! – brachte, und das bei einer Größe von 1,72 Meter. Doch noch irritierender war die Taille der Kaiserin: 48 Zentimeter. Die Schattenseite der Schlankheit waren die vermutlich deformierten unteren Rippen, die auf das enge Schnüren seit frühester Jugend zurückzuführen sind, ebenso die Hungerödeme an den Füßen. Ab etwa Mitte 30 zeigte Sisi ihr Gesicht nicht mehr in der Öffentlichkeit und nach dem Freitod ihres Sohnes im Jahr 1889 (S. 216) trug die Kaiserin nur noch Schwarz.

Die am 24. Dezember 1837 in München geborene Sisi heiratete 16-jährig ihren Cousin Franz Joseph am 24. April 1854 in der Augustinerkirche der Hofburg – an Stelle ihrer großen Schwester Helene, die ursprünglich als dessen Braut vorgesehen war. Die Steifheit der altmodischen Hofburg wurde für Sisi schon nach wenigen Wochen zum „Kerker", ihr Mann war mit Regieren beschäftigt, sie selbst der ungeliebten Schwiegermutter Sophie ausgeliefert. Von den drei Kindern verstarb die erste Tochter Sophie mit nur zwei Jahren auf einer Reise. Ihrem Unglück und den Zwängen am Hof entkam Sisi mit immer längeren Reisen durch ganz Europa, immer wieder auch nach Ungarn, wo das Volk sie besonders liebte und das Kaiserpaar 1867 zu Ungarns König und Königin machte. Am 22. April 1868 kam in Budapest „das ungarische Kind" Marie Valerie zur Welt.

War sie nicht auf Reisen, flüchtete sich Sisi in Lyrik und den Sport, sie war eine unerschrockene (Jagd-)Reiterin, dazu kamen Turnen, Schwimmen, Fechten und anstrengende Fußmärsche. Die Ehe mit Franz verlief eigentlich gut, man war einander zugetan, wenn auch zunehmend in schriftlicher Korrespondenz, da Sisi meist nicht am Hof war. Als Agreement duldete sie seine Affären, deren bekannteste die Burgschauspielerin Katharina Schratt war. Am 10.9.1898 wurde die Kaiserin in Genf von dem Anarchisten Luigi Lucheni ermordet. Sie wurde in der Kapuzinergruft (S. 172) der Habsburger beigesetzt.

Berühmtes Sisi-Porträt von Franz Xaver Winterhalter, 1865

ten sechs Räume dokumentieren das Leben Elisabeths, ausgehend von der Totenmaske der mit 60 Jahren Ermordeten. Das dunkle Ambiente ist hier gewollt, die Ausstellungsregie des Bühnenbildners Rolf Langenfass verweist damit auf das dunkle Gemüt, das Sisi viele Jahre ihres Lebens eigen war. Zahlreiche persönliche Gegenstände aus dem Leben der Kaiserin sind zu sehen, darunter ihr Polterabendkleid und das Kleid der ungarischen Krönung, die Reiseapotheke mit Kokain-Ampulle gegen die düstere Stimmung, der Nachbau ihres Hofsalonwagens, Trauerschmuck und Trauerkleidung ihres letzten Lebensjahrzehnts, aber auch Skurrilitäten wie der Huf ihres verstorbenen Lieblingspferdes als Briefbeschwerer oder aber der Zahn, mit dem sie geboren wurde. Nicht nur für Sisi-Fans ein sehenswertes Museum!

Das Turn- und Toilettenzimmer der Kaiserin Elisabeth in den Kaiserappartements

In den anschließenden **Kaiserappartements** lebten Kaiser Franz Joseph und seine Gattin Elisabeth in den Wintermonaten (wenn sie nicht auf Reisen war). Zu sehen sind Audienz-, Konferenz- und Arbeitszimmer des Kaisers, sein Schlafzimmer und das Appartement Elisabeths sowie deren berühmtes Turnzimmer, außerdem ein modernes Bad mit Toilette, das Elisabeth ihrem Gatten 1876 abringen konnte (bis dahin ging man auf den Klostuhl). Abschließend gelangt man in den Speisesaal mit festlich gedeckter Tafel für 30 Personen.

Im Erdgeschoss befindet sich neben dem Souvenirshop des Museums die **Silberkammer** der Habsburger mit einem gigantischen Bestand an kostbarem Porzellan und Tafelsilber.

Info

Hinkommen: U 3 bis Herrengasse, U 1/U 3 bis Stephansplatz, Straßenbahn 1, 2 und D bis Burgring.

Information: **Sisi-Museum**, **Kaiser-Appartements**, **Silberkammer**, tgl. 9–17.30, Juli/Aug. bis 18 Uhr, Eintritt inkl. Audioguide 13,90 €, Kinder 8,20 € (6–18 Jahre), mit Führung 16,90 € bzw. 9,70 €. Führungen tgl. 10, 11.30, 15.30 Uhr (Dauer 1 Std.). Hofburg – Michaelerkuppel, 1010 Wien, Tel. 01/5337570, www.hofburg-wien.at.

In der Nähe: Hofburg (S. 18), Spanische Hofreitschule (S. 80), Schatzkammer (S. 128), Nationalbibliothek (S. 138), Albertina (S. 116), Weltmuseum (S. 130), Haus der Geschichte Österreich (S. 70)

25 Das Parlament – ein Tempel für die Demokratie

Seine Majestät Franz Joseph I. konnte bekanntlich der Demokratie nur wenig abgewinnen, genau genommen: gar nichts. Doch unruhige Zeiten hatten dem Kaiser das *Februarpatent* abgerungen (1861), mithin eine Verfassung. Das dazugehörige Parlament sollte dann auch wenigstens etwas hermachen am gerade entstehenden Ring. Der beauftragte Architekt, Theophil Hansen, hatte eine so einfache wie überzeugende Idee: Die stilistisch flexible Formsprache des Historismus dankend zur Kenntnis nehmend (Hauptsache alt und in sich stimmig), griff Theophil Hansen mit beiden Händen in die Wiege der Demokratie. Jahrelang hatte der dänische Architekt und Schinkel-Schüler in Athen studiert, nun holte er das antike Griechenland nach Wien und stellte eine moderne Akropolis an den Ring.

Sanierung

Seit ein paar Jahren wird das Parlament einer grundlegenden Sanierung unterzogen. Voraussichtlich werden sich die Arbeiten bis ins Jahr 2021 hinziehen. Vor der Parlamentsbaustelle gibt es den Infopoint „Bau.Stelle" (Mo–Sa 10–18 Uhr) mit einer kleinen Ausstellung zur Sanierung. Außerdem erhält man hier Infos sowie (kostenlose) Tickets für Führungen, bei denen man zwar nicht auf die Baustelle gelangt, dafür aber z. B. das Ausweichquartier des Parlaments in der Hofburg oder auch das Palais Epstein besichtigen kann. Wenn die Sanierung abgeschlossen ist und das Parlament den normalen Betrieb wieder aufgenommen hat, werden auch die Führungen durch das Parlamentsgebäude wieder wie gewohnt stattfinden.

Die Anleihen an das attische Original sind augenfällig, die symbolischen Bezüge vielfältig. Deutlich wird das schon vor dem Parlament. Dort wacht über einem Brunnen Pallas Athene, Göttin der Weisheit, mit der Siegesgöttin Nike in der Hand. Zu ihren Füßen sitzt die personifizierte Gewaltenteilung: die ausführende Gewalt mit Schwert (Exekutive) und Waage (Judikative) links und die gesetzgebende Gewalt mit den Gesetzestafeln (Legislative) rechts – die liegenden Figuren darunter symbolisieren die vier großen Flüsse der k. u. k. Monarchie (Donau, Inn, Elbe und Moldau). Auf dem Weg über die Rampe zum ursprünglichen Eingang in der Säulenvorhalle passieren die Abgeordneten die großen antiken Historiker und werden mit strengem Blick an ihre Verant-

Pallas-Athene-Brunnen mit den Allegorien von Inn und Donau

wortung vor der Geschichte erinnert. Darüber schenkt in einem prächtigen Giebelrelief der Kaiser seinen Kronlanden eine Verfassung.

Ein Stück antikes Griechenland in Wien

Innen (derzeit aufgrund einer umfassenden Sanierung leider nicht zu besichtigen, Infos s. Kasten) werden Oberes und Unteres Vestibül von marmornen Säulen strukturiert, auch die Wände sind mit Marmor verkleidet und im Oberen Vestibül mit Götterstatuen und einem schmucken Gemäldefries geziert. Herz des Gebäudes ist die grandiose **Säulenhalle**. 24 korinthische Säulen, jede zehn Meter hoch, 16 Tonnen schwer und aus jeweils einem Stück Marmor geschlagen, schaffen eine Atmosphäre klassischer Erhabenheit (und tragen nebenbei auch das Glasdach der imposanten Halle). Rechter Hand gelangt man zum **historischen Sitzungssaal** (heute Saal der Bundesversammlung), dessen Plenum im aufsteigenden Halbkreis und die mit Säulen, Ziergiebel und Fries verzierte Stirnseite an ein idealisiertes antikes Theater erinnern soll. Darüber spannt sich ein Dach aus handbemaltem böhmischem Glas, das wie durch ein Wunder den Krieg heil überstanden hat. Die Räumlichkeiten des anderen Parlamentsflügels dagegen wurden durch einen Bombentreffer schwer beschädigt. So präsentierte sich der **Saal des Nationalrats** in der funktionalen Nüchternheit der frühen Nachkriegsjahre. Nur über den Flur geht es in den **Saal des Bundesrats**. Beide Säle werden im Zuge der Sanierung modernisiert.

Im Abgeordnetenhaus des Reichsrates (im historischen Sitzungssaal) ging es übrigens zuweilen hoch her. Zwar verstand man sich nicht immer, sprachen doch die Vertreter des Vielvölkerstaates elf verschiedene Muttersprachen, doch ein Grund um zu protestieren fand sich immer. Dann wurde mit den Deckeln der Abgeordnetenpulte lautstark geklappert, manche brachten sogar Instrumente mit, um ihrem Unmut Ausdruck zu verleihen. Seine Majestät indes sah sich bestätigt: Das mit der Demokratie, das war nichts.

Info

Hinkommen: U 2 und U 3 bis Volkstheater, Straßenbahn D, 1, 2 und 71 bis Stadiongasse/Parlament sowie 46 bis Schmerlingplatz.
Information: **Parlament**, Dr. Karl Renner-Ring 3, 1017 Wien, Tel. 01/401102400, www.parlament.gv.at.

Essen & Trinken: **Café Eiles** 70d (S. 158).
In der Nähe: Rathaus (S. 100), Naturhistorisches Museum (S. 124), Kunsthistorisches Museum (S. 122), Maria-Theresien-Platz (S. 94)

26 Nicht nur ruhmvoll – der Heldenplatz

Skulptur vor dem Theseus-Tempel im Volksgarten

Thomas Bernhard: „Heldenplatz"

Es war ein veritabler Skandal, der sich um eine Aufführung im Burgtheater zusammenbraute, ohne dass sich der Vorhang auch nur ein erstes Mal gehoben hätte. Claus Peymann, gefeierter und angefeindeter Direktor des Burgtheaters, hatte bei Thomas Bernhard ein Stück bestellt. Das war 1988, Jahrestage standen an: nicht nur 100 Jahre Burgtheater, sondern auch 50 Jahre „Anschluss". Thomas Bernhard schrieb das Stück „Heldenplatz". Die Boulevardpresse lief Sturm, noch bevor jemand den Text gelesen hatte – man kannte den gnadenlosen Bernhard und ebenso das Thema des Stücks, das genügte. Ein Sturm der Entrüstung wurde entfesselt, „Vaterlandsverräter" und „Nestbeschmutzer" gegeifert. Selbst geachtete, bis dahin vernunftbegabte Politiker stimmten in den Chor der Schmähungen ein. Die Premiere wurde ein großer Erfolg, „Heldenplatz" in den folgenden Jahren viele Male aufgeführt. Es war eines der letzten Stücke Bernhards, der am 12. Februar 1989 mit gerade einmal 58 Jahren starb.

Beschaulichkeit will und soll auch nicht aufkommen, der Heldenplatz ist grandios, imperial, beeindruckend und respekteinflößend. Kein Platz, an dem man gerne in der Sonne döst, sondern eher staunend, vielleicht sogar ein wenig ehrfürchtig, um sich blickt.

Eigentlich sollte der Heldenplatz den krönenden Abschluss der Ringstraße bilden, als funkelnder Brillant im hochkarätigen Ring sozusagen. Als Kaiser Franz Joseph I. bezüglich der Erweiterung der Hofburg (S. 18) den berühmten Architekten Gottfried Semper diesbezüglich um seine Meinung bat, wischte dieser die bestehenden Entwürfe vom Tisch und zeichnete mit kühnem Strich sein eigenes Projekt: das **Kaiserforum**. Bekanntlich sollte Sempers großer Wurf zwar nicht fertiggestellt werden, doch lässt sich die Dimension des Vorhabens auf dem Heldenplatz heute noch erahnen. Die Hofburg sollte um zwei ausladende Flügel erweitert werden, die jenseits der Ringstraße von zwei Museumsneubauten fortgesetzt würden. Der Heldenplatz hätte das Zentrum des an imperialem Anspruch kaum zu übertreffenden Kaiserforums werden sollen. Fertig geworden ist nur ein Flügel: die **Neue Burg** – imposant genug.

Zentral stehen die namensgebenden Helden. Hat schon mal jemand in Wien die Gemälde gezählt, auf denen **Erzherzog Karl** vom aufsteigenden Ross die Fahne in den Wind reckt? Wir haben es aufgegeben. Das berühmte Denkmal des Helden von Aspern steht dem anderen berühmten Helden und „edlen Ritter" vis-à-vis, **Prinz Eugen**. Der eine besiegte Napoleon, der andere die Türken, beide Statuen stammen von Anton Dominik Fernkorn.

Doch steht der Heldenplatz nicht nur für habsburgisch-imperiale Herrlichkeit. Im März 1938 trat Adolf Hitler auf den Balkon der Hofburg und verkündete den „Anschluss" Österreichs an das nationalsozialistische Deutschland. Eine unüberschaubare Menschenmasse jubelte Hitler begeistert zu. Um es in den unverwechselbaren Worten Ernst Jandls zu beschreiben: „*balzerig würmelte es im männechensee / und den weibern ward so pfingstig ums heil*" (Ernst Jandl, wien: heldenplatz).

Dieses Ereignis ist mit der viele Jahre gerne vertretenen Opferthese, Österreich sei als erstes Land von Hitler überfallen worden, nur schwer vereinbar.

Dank des fehlenden Kaiserforums-Flügels öffnet sich vom Heldenplatz der Blick zum **Volksgarten** hin. Diesen ließ Franz I. kurz nach dem Burggarten (S. 92) anlegen. Doch anders als die kaiserlich-private Grünanlage war der Volksgarten als erster innerstädtischer Park für die Öffentlichkeit zugänglich. Entsprechend strikt strukturiert und damit übersichtlich gestaltet sich die Anlage – damit die Untertanen beim Flanieren auf keine dummen, also unsittlichen Gedanken kämen. Inmitten der akkuraten Gartenkultur und der Rosenpracht steht der klassizistische Theseus-Tempel. Im Eck zum Burggarten hin sitzt die schöne, traurige Kaiserin in sich versunken, fast entrückt auf dem Kaiserin-Elisabeth-Denkmal.

Die beiden großen Pavillons auf dem Heldenplatz heißen „Ring" (links) und „Burg" (rechts), sie dienen dem parlamentarischen Betrieb während der Sanierungsphase als Ausweichquartier (s. auch S. 63). Im Pavillon „Burg" befindet sich ein Infopoint. Die **Pavillons** sind aus Fertigteilen zusammengesetzt, die nach dem Ende der Sanierungsarbeiten anderorts zu Wohnhäusern umfunktioniert werden sollen.

Reiterdenkmal des Erzherzogs Karl am Heldenplatz

Info

Hinkommen: Straßenbahn D, 1, 2 und 71 bis Burgring oder Dr.-Karl-Renner-Ring.
In der Nähe: Hofburg (S. 18), Spanische Hofreitschule (S. 80), Sisi-Museum (S. 60), Schatzkammer (S. 128), Prunksaal der Nationalbibliothek (S. 138), Burggarten (S. 92), Naturhistorisches Museum (S. 124), Kunsthistorisches Museum (S. 122), Maria-Theresien-Platz (S. 94), Parlament (S. 62), Rathaus (S. 100)

28 Musikalisches Wien – den großen Komponisten auf der Spur

Haydn-Porträt im Haydnhaus

Haydn, Mozart, Beethoven, Schubert und Strauss: Die großen Komponisten waren die Speerspitze all jener Musikschaffenden, die Wien zu einer Musikmetropole machten. Einige Heimstätten dieser Komponisten dienen heute als Erinnerungsorte: Das Haus, in dem Beethoven die 3. Sinfonie, die „Eroica", schrieb und welches *Eroicahaus* genannt wird, Mozarts Wohnung in bester Innenstadtlage oder auch die Wohnung Ferdinand Schuberts, die sicherlich der Vergessenheit anheimgefallen wäre, wäre nicht sein ungleich berühmterer Bruder Franz darin gestorben.

In den meist schlichten, hellen Räumlichkeiten werden die Biografien der Komponisten präsentiert. Flankiert von Notenskizzen, Libretti, Erstausgaben, Briefen und Lithografien (weitgehend als Faksimiles), sind in den jeweiligen Ausstellungsorten hier und da auch historische Instrumente, Gemälde, Büsten oder Totenmasken ausgestellt. Exponate aber, wie Schuberts markante Brille (in Schuberts Geburtshaus), finden sich eher selten. Stets aber wird ein Besuch in den Komponis-

Haus der Musik

Sie wollten schon immer mal die Wiener Philharmoniker dirigieren? Im **Haus der Musik** 28c können Sie sich diesen Wunsch erfüllen. Das interaktive Klangmuseum nimmt den Besucher in verschiedenen Erlebnisbereichen mit auf eine musikalische Reise zu Ereignissen und Persönlichkeiten der Wiener Musiktradition, durch Klangwelten und Töne. Die Reise beginnt mit einer Ausstellung über die Wiener Philharmoniker. Hier erhält man Informationen zu deren Geschichte, kann jedoch auch Mahlers Reisekappe und die Taktstöcke berühmter Dirigenten bestaunen. Im Nebenraum geben die Philharmoniker das Neujahrs- oder Sommernachtskonzert (jeweils in Ausschnitten zu sehen).

Es folgen die Sonosphere, eine interaktive Ausstellung zum Thema Klang, sowie eine Sektion zu den großen Komponisten. Zum Abschluss des Besuchs kann man dann tatsächlich vor die Wiener Philharmoniker treten und vom Dirigentenpult dem Orchester virtuell den Takt vorgeben. Mozarts „Kleine Nachtmusik" oder „Brahms Ungarischer Tanz Nr. 5" stehen im Repertoire. Aber versuchen Sie den Takt zu halten, sonst kann der Herr Kapellmeister sehr ungehalten werden.

tenwohnungen mit der passenden Musik untermalt, mal im Hintergrund, oft an Musikstationen mit Kopfhörer.

Einblick in die Wohnung mit Flügel und Orgel von Johann Strauss

Einen Besuch wert ist beispielsweise die **Johann-Strauss-Wohnung** 28a. In heute unscheinbarer Lage an der Praterstraße lebte Johann Strauss Sohn (1825–1899) in den Jahren 1863 bis 1870. Hier hat der Walzerkönig die „inoffizielle Hymne" Österreichs komponiert: Opus 314 „An der schönen blauen Donau" (seinerzeit so populär wie heute Fendrichs „I Am From Austria"). In den stimmungsvollen Räumen sind u.a. ein Bösendorfer Flügel, die Hausorgel und eine Geige von Johann Strauss zu bewundern. An der Wand hängt ein Gemälde, das einen musikalischen Abend bei den Straussens zeigt. Schönes Detail: Im Nebenraum (mit den Karikaturen) kann man sich z.B. die Ouvertüre der „Fledermaus" anhören, der man dank der ausliegenden Partitur auch am Notensatz folgen kann.

Einen Blick lohnt auch das hübsche **Haydnhaus** 28b mit schönem Garten (und Brahms Gedenkraum). Als Franz Joseph Haydn (1732–1809) das Haus in der damaligen Wiener Vorstadt 1797 bezog, war er bereits 65 Jahre alt, hatte sich jedoch noch längst nicht aufs Altenteil zurückgezogen. Hier komponierte er sein grandioses Spätwerk, u.a. die Oratorien „Die Schöpfung" und „Die Jahreszeiten". Doch wurden ihm die gesellschaftlichen Pflichten leid. Um sich angemessen absentieren zu können, war auf seiner letzten Visitenkarte eine kleine Melodie gedruckt, *molto adagio*, dazu der Text: „Hin ist alle meine Kraft, alt und schwach bin ich." In seinem Haus starb Haydn am 31. Mai 1809.

Info

Hinkommen: Johann-Strauss-Wohnung: U 1 bis Nestroyplatz; Haydnhaus: U 3 bis Zieglergasse, Straßenbahn 5 bis Kaiserstraße; Haus der Musik: Straßenbahn D, 2 und 71 bis Schwarzenbergplatz.

Information: Johann-Strauss-Wohnung 28a, Praterstraße 54, 1020 Wien (der Zugang liegt etwas versteckt: In der Hofeinfahrt der Hausnr. 54 in der Praterstraße an der Tür rechts klingeln, dann die Treppe hinauf in den 1. Stock, den Flur links hinter, dort die linke Tür), Tel. 01/2140121, www.wienmuseum.at, Di–So 10–13, 14–18 Uhr, Eintritt Erw. 5 €, erm. 4 €, bis 19 Jahre frei.

Haydnhaus 28b, Haydngasse 19, 1060 Wien, Tel. 01/5961307, www.wienmuseum.at, Di–So 10–13, 14–18 Uhr, Eintritt Erw. 5 €, erm. 4 €, bis 19 Jahre frei.

Haus der Musik 28c, Seilerstätte 30, 1010 Wien, Tel. 01/5134850, www.hausdermusik.at, tgl. 10–22 Uhr, Erw. 13 €, erm. 9 €, Kinder unter 12 Jahren 5,50 €.

29 hgdö – Haus der Geschichte Österreich

In der Abteilung „Wunder Wirtschaft?"

Fast auf den Tag genau 100 Jahre nach der Ausrufung der Republik am 12. November 1918 öffnete das Haus der Geschichte Österreich – kurz „hgdö" genannt – in der Hofburg (Neue Burg) seine Pforten. Und die sehenswerte Eröffnungsausstellung **Aufbruch ins Ungewisse – Österreich seit 1918** beginnt mit einem Hoch auf die Republik!

So befasst sich der erste Raum in Text, Bild und Ton mit dem Jahr 1918 und der Gründung der Republik Österreich. In den beiden folgenden Räumen läuft rechter Hand eine interessante, aus Plakaten bestehende Zeitleiste von 1918 bis ins Jahr 2018, während in der Mitte die einzelnen Kapitel österreichischer Geschichte aufgeschlagen werden: die Zwischenkriegszeit unter anderem mit Blick auf die Paneuropa-Bewegung und die sozialen Spannungen, die Zeit der Diktaturen – zunächst der faschistische Ständestaat unter Engel-

Das Waldheim-Pferd

Die Waldheim-Affäre trieb in den 1980er-Jahren das politische Österreich um. Der ehemalige UN-Generalsekretär Kurt Waldheim wurde 1985 für die Wahl zum Bundespräsidenten nominiert (und später auch gewählt), wodurch eine heftige Debatte um Waldheims NS-Vergangenheit entbrannte. Waldheim bestritt beispielsweise, bei einer berittenen Einheit der SA gewesen zu sein, was den damaligen Bundeskanzler Fred Sinowatz zu der Bemerkung veranlasste: „Ich stelle fest, dass Kurt Waldheim nie bei der SA war, sondern nur sein Pferd." Daraufhin schufen u. a. Alfred Hrdlicka und Peter Turrini das „Waldheim-Pferd": ein hölzernes „trojanisches" Pferd mit SA-Mütze, das den Bundespräsidenten Waldheim bei öffentlichen Auftritten und Auslandsbesuchen begleiten sollte – als „Denkmal gegen den Gedächtnisschwund".

Denkmal gegen den Gedächtnisschwund

bert Dollfuß und Kurt Schuschnigg sowie nach dem „Anschluss" an das Deutsche Reich der NS-Terror – und schließlich die Nachkriegszeit, die unter dem Schlagwort „Erinnerung" beleuchtet wird. Hier steht auch das zweifellos größte Exponat der Ausstellung: das Waldheim-Pferd. Doch auch politisch weniger aufgeladene Objekte werden in der Ausstellung gewürdigt, beispielsweise der Skihelm, den Hermann Maier bei den Olympischen Spielen in Nagano 1998 trug. Maier wurde bei den Spielen sensationell Doppelolympiasieger (Super-G und Riesenslalom), nachdem er wenige Tage zuvor bei der Kombinationsabfahrt schwer gestürzt war. Auch das Kleid, in dem Conchita Wurst den Eurovision Song Contest 2014 in Kopenhagen gewann, ist ausgestellt. Dabei werden aber auch hier die Vitrinen nicht lediglich mit nationalen Erinnerungsstücken gefüllt, sondern stets gesellschaftlich relevante Fragen aufgeworfen, z. B. nach (nationaler) Identität, Europa, Gleichberechtigung und Immigration.

Das Ephesos Museum

Das ans Haus der Geschichte Österreich angrenzende Ephesos Museum zeigt die Funde österreichischer Archäologen aus der antiken Stadt Ephesos. Zentrales Ausstellungsstück ist das gewaltige Parthermonument, ein aus vielen großen Reliefplatten bestehendes Marmorfries aus dem 2. Jh. n. Chr. Wie so oft in der Hofburg sind auch hier die Räumlichkeiten mindestens so sehenswert wie die ausgestellten Objekte.

Die Eröffnungsausstellung im Haus der Geschichte Österreich wird bis Mitte Mai 2020 Bestand haben. Wie es danach weiter geht (Verlängerung, Umgestaltung in der Hofburg oder Umzug in ein eigenes Haus), war zuletzt noch offen. Wechselnde Ausstellungen umrahmen das Haus der Geschichte Österreich. Den Anfang machte „Nur die Geigen sind geblieben. Alma und Arnold Rosé". Alma Rosé, eine österreichische Violinistin, starb 1944 in Auschwitz. Die Wechselausstellungen befinden sich ein Stockwerk höher unter der zentralen Kuppel, also direkt hinter dem Balkon, von dem Hitler nach dem „Anschluss" zu den Massen auf dem Heldenplatz gesprochen hat. Seit der Eröffnung des hgdö heißt die Ausstellungsfläche für die Wechselausstellungen *Alma Rosé Plateau*.

Info

Hinkommen: Straßenbahn D, 1, 2 und 71 bis Burgring; U2/U3 bis Volkstheater, Ausgang Dr. Karl Renner Ring.
Information: **Haus der Geschichte Österreich**, Neue Burg, Heldenplatz, 1010 Wien, Tel. 01/53410-805, www.hdgoe.at, Di–So 10–18, Do bis 21 Uhr, Mo geschl., Erw. 8 €, erm. 6 €, bis 19 Jahre frei. Der Eintritt zum **Ephesos Museum** ist im Ticket zum hdgö inbegriffen, weitere Infos unter www.khm.at.
Einkaufen: Imperial Shop Vienna (S. 131).
Essen & Trinken: Bräunerhof **70b** (S. 158).
Drumherum: Hofburg (S. 18), Weltmuseum (S. 130), Spanische Hofreitschule (S. 80), Sisi-Museum (S. 60), Schatzkammer (S. 128), Prunksaal der Nationalbibliothek (S. 138)
In der Nähe: Burggarten (S. 92), Naturhistorisches Museum (S. 124), Kunsthistorisches Museum (S. 122), Maria-Theresien-Platz (S. 94)

30 Das Wien Museum am Karlsplatz – alles über Wien

Künstlerhaus

Das Künstlerhaus am Karlsplatz, schräg gegenüber dem Wien Museum und neben dem berühmten Musikverein (S. 243) gelegen, wurde 1865–1868 als Ausstellungs- und Veranstaltungshaus im Stil der Neorenaissance errichtet. Es sollte den 1865 feierlich eröffneten Prachtboulevard Ringstraße mit kulturellem Leben füllen. Daran hat sich bis heute nichts geändert: Die 1861 gegründete Künstlervereinigung „Gesellschaft bildender Künstlerinnen und Künstler Österreichs" mit Sitz im Künstlerhaus nimmt einen wichtigen Platz im Kulturleben der Stadt ein und bietet Raum für ein weites Spektrum gegenwärtigen künstlerischen Schaffens.

Künstlerhaus, Karlsplatz 5, 1010 Wien, Tel. 01/5879663, www.k-haus.at, Di/Mi und Fr 14–18, Do 14–21, Sa 11–18 Uhr, So/Mo geschl., Eintritt 5 €, erm. 3 €.

Ein Stadtmodell von Wien (1852–1854)

Wer einen Prachtbau wie das Kunsthistorische oder Naturhistorische Museum erwartet, wird vielleicht erstmal enttäuscht sein. Der nüchterne, heute denkmalgeschützte Betonbau am Karlsplatz wurde 1954–1957 von der Gemeinde nach Plänen von Oswald Haerdtl eigens für das „Historische Museum der Stadt Wien" gebaut. Die Eröffnung war im Jahr 1959. Kein Wunder also, dass das in die Jahre gekommene Gebäude dringend eine Renovierung nötig hat, die – das ist die schlechte Nachricht – voraussichtlich bis Anfang 2020 dauern wird. Dabei soll der Haerdtl-Bau als Fundament erhalten bleiben und neu inszeniert werden, die Nutzfläche des Museums aber soll von knapp 7.000 auf etwa 12.000 Quadratmeter fast verdoppelt werden! Ein neues Stockwerk soll als „schwebende Konstruktion" aufgebaut werden und zukünftig mehr Raum für Sonderausstellungen bieten, ein umlaufender Balkon weite Ausblicke ermöglichen – man darf also gespannt sein auf das Ergebnis.

Während der Bauphase werden zumindest Teile des riesigen Bestandes an den verschiedenen anderen, in der Stadt verteilt gelegenen Standorten des Wien Museums gezeigt, im Besonderen im **MUSA** 30a beim Rathaus.

Die Bestandsausstellung soll nach Abschluss der Renovierung in den neuen Räumen im ersten und zweiten Stockwerk gezeigt werden: Die riesige Sammlung umfasst beinahe alles, was über Wien wissenswert ist, dabei sind den vielen historischen Zeugnissen kostbare Kunstwerke aus den verschiedenen Epochen der Stadtgeschichte an die Seite gestellt. Wer sich also dafür interessiert, wie Wien vor 2.000, 1.000, 600 oder vor

150 Jahren aussah, sollte nach der Wiedereröffnung unbedingt ins Wien Museum am Karlsplatz kommen.

Die Reise durch die Stadt führt von den archäologischen Funden (vor allem des römischen Vindobona) zur Baugeschichte des Stephansdoms und diversen Exponaten aus der wohl berühmtesten Wiener Kirche: mittelalterliche Skulpturen, zahlreiche Glasfenster aus dem 14. Jh. (Fürstenkapelle) und Altartafeln. Unbedingt sehenswert ist auch das Stadtmodell von 1420.

Außenstelle Otto-Wagner-Pavillon

Nur ein paar Schritte schräg über den Karlsplatz kommt man zu den beiden Stadtbahnpavillons von 1898, die Otto Wagner (1841–1918) mit dem Bau der Wiener Stadtbahn am Karlsplatz konzipierte. Im Inneren eines der Pavillons ist eine Ausstellung zu Wagner zu sehen, der mit seinen zahlreichen Jugendstilbauten die Stadt architektonisch geprägt hat wie kaum ein anderer. Ab 1894 war er künstlerischer Gesamtleiter des Stadtbahnbaus, die Trassen und Brücken/Viadukte – vor allem am Gürtel – und die Stationsbauten sind in weiten Teilen erhalten. Der zweite Pavillon beherbergt heute ein Café.

Information: April–Okt. Di–So 10–18 Uhr, im Winter geschl., Eintritt 5 €, erm. 4 €.

Eine bedeutende Rolle in der Stadtgeschichte spielen die beiden Türkenbelagerungen von 1529 und besonders jene von 1683, und auch die Entstehung des Linienwalls zum Schutz der Stadt (1704) wird thematisiert. Ein sehr großes Modell zeigt die Innenstadt von 1854, kurz bevor man die Stadtmauern und Bastionen schleifte und das Glacis (die freie Fläche direkt außerhalb der Stadtmauer) zwischen der Innenstadt und den Vorstädten bebaute.

Ein weiterer Schwerpunkt liegt auf der Epoche „Wien ab 1815“: Wiener Kongress und Biedermeier, Revolution und Attentat auf den Kaiser, Einteilung der Stadt in die heutigen Bezirke und Aufbruch in die Moderne mit Stadtplaner Otto Wagner, verwirklichte und nicht verwirklichte Entwürfe und Modelle, schließlich Adolf Loos (und dessen gemütliches Wohnzimmer von 1903). Ein weiteres großes Modell zeigt Wien im Jahr 1898 – nun mit der Ringstraße und allen sie umgebenden Prachtbauten, sowie dem noch nicht kanalisierten Wienfluss. Nicht fehlen darf die Wiener Malerei um 1900 – Richard Gerstl, Gustav Klimt, Egon Schiele, Herbert Boeckl, Max Oppenheimer und andere, dazu das aufregend neue Design dieser Zeit (u. a. aus der berühmten Wiener Werkstätte) bis ca. 1930.

Info

Hinkommen: U 1, U 2 und U 4 bis Karlsplatz, Straßenbahnen D, 1, 2, 62 und 71. Zum MUSA: U 2 bis Rathaus, Straßenbahn 1, 71 oder D bis Rathausplatz/Burgtheater.

Information: **Wien Museum**, Karlsplatz 8, www.wienmuseum.at, zurzeit (ab Mitte Februar 2019 für voraussichtlich zwei Jahre) wegen Renovierung geschlossen. Teile der Ausstellung werden in dieser Zeit auf verschiedene andere Standorte des Wien Museums verteilt, sie sind dann u. a. im MUSA hinter dem Rathaus zu sehen: Felderstr. 6–8, 1010 Wien, Tel. 01/40008400, Di–So 10–18 Uhr, Eintritt 7 €, erm. 5 €.

In der Nähe: Karlskirche und Karlsplatz (S. 58), Freihausviertel (S. 42), Naschmarkt (S. 26), Secession (S. 126)

31 Das Hofmobiliendepot – Schöner Wohnen in Wien

Wer kennt das nicht: Man bringt es einfach nicht über das Herz, Omas altes Sofa dem Sperrmüll zu übereignen. Aber zur neuen Sitzgarnitur will das altmodische Möbel auch nicht passen. Also auf den Speicher damit – und ist der auch noch so voll. Wie muss das erst bei einer (sehr großen) Großfamilie sein, deren Möblierung sich über viele Generationen ansammelt? Wie etwa bei der Familie Habsburg.

Und da hat sich so einiges angesammelt. Schließlich konnte es nie nur darum gehen, all die fürstlichen Prachtimmobilien irgendwie zu möblieren. Man hatte schließlich standesgemäß zu residieren, repräsentabel – und auch ein wenig der Mode der Zeit entsprechend. Bereits Mitte des 18. Jh. ließ Maria Theresia eigens das „Hof Mobilien Inspektorat" schaffen, dessen vornehmste Aufgabe es war, den Habsburger Möbelbestand in seiner Gänze zu erfassen und zu pflegen. Aber irgendwann gehen auch die Rumpelkammern des größten Schlosses zur Neige. Franz Joseph I. ließ schließlich 1901 Räumlichkeiten schaffen, um all das Familienmobiliar zu verwahren, eine wahrlich fürstliche Abstellkammer, wenn man so will: das k. u. k. Mobilienmagazin, später Hofmobiliendepot genannt.

In zwei Dutzend Räumen – vom überschaubaren Arbeitszimmer bis zur ballsaalgroßen Halle – ist ein Sammelsurium an kostbaren, aufwendig gefertigten Wohnutensilien untergebracht und weitgehend thematisch arrangiert. Es gibt wohl kaum etwas, das es hier nicht gibt: Kleider- und Kabinettschränke, Schreib-, Spiel- und Beistelltische, Betten, alle Formen von Sitzmöbel vom Hocker bis zur exklusivsten aller Sitzgelegenheiten, dem Thron, Spiegel, Kandelaber, Spuknäpfe, Gemälde, Uhren, Statuen, Büsten, Textiltapeten, (Wand-)Teppiche, Klaviere …

Requisiten aus den Sissi-Filmen sind in einer Sonderausstellung zu sehen

Darunter findet sich auch so manche Kuriosität und manches Möbel von geradezu historischer Bedeutung: Sisis Waage beispielsweise, Wiege und Kinderbettchen des kleinen Prinzen Rudolf (alles im Habsburgersaal), der Schreibtisch von Maria Theresia, von dem aus Zeitläufte unterzeichnet wurden (im Maria-Theresia-Zimmer), oder auch der weiß-goldene Sessel mit den roten Bezügen, der beispielhaft für den dem Neorokoko zugeneigten Geschmack des Hofes im 19. Jh. steht (im Kaiser-Franz-Joseph-Saal).

Sonderausstellungen

Zu den Hofmobilien gesellen sich Jahr für Jahr interessante Sonderausstellungen. Eine dieser Sonderausstellungen ist dauerhaft in die Bestandsausstellung integriert. Sie trägt den schönen Namen: „**Sissi im Film. Möbel einer Kaiserin**". Als Requisiten der berühmten Sissi-Filme aus den 1950er- Jahren dienten nämlich Möbeloriginale aus dem Hofmobiliendepot. Diese sind, im Museum verteilt, in Szene gesetzt – mit großformatigen Fotos, Regiesessel und Filmleuchte, Informationstafeln und vor allem der passenden Filmszene (in mehrsprachiger Endlosschleife). Vor allem im Begehbaren Depot ergibt sich ein gelungener Kontrast zwischen dem Filmklassiker-Setting und der kaiserlichen Rumpelkammer.

Nach all der Opulenz im Barock-, Rokoko-, Empire- und Neorokoko-Stil wird es im Obergeschoss nüchterner. Mehr Biedermeier geht kaum. In mehreren Abteilungen kann man einen Blick auf die bürgerliche Wohnkultur werfen, bis man nach der Badezimmer-Abteilung in die Sektion gelangt, die endlich tatsächlich wie ein Möbellager aussieht. Nach dem Begehbaren und dem Sessel-Depot rücken die Stühle schließlich näher an die Wiener Moderne heran und gruppieren sich u.a. als Thonet-Stühle um Adolf Loos.

Stühle über Stühle …

Zum Abschluss sollte man nicht den „versteckt" in einem Zwischengeschoss befindlichen Wappensaal verpassen, ehedem Bibliothek einer Wienerwald-Villa mit aufwendiger Holzverkleidung, sowie das Ägyptische Kabinett im Eingangsbereich.

Info

Hinkommen: U 3 bis Zieglergasse, Ausgang Andreasgasse, Bus 13 A bis Mariahilfer Straße/Neubaugasse.
Information: **Hofmobiliendepot, Möbel Museum Wien**, Andreasgasse 7, 1070 Wien, Tel. 01/5243357, www.hofmobiliendepot.at, Eintritt 9,50 €, erm. 8,50 €, Kinder (6–18 Jahre) 6 €, Di–So 10–18 Uhr; Führungen, z. B. zu bestimmten Themen möglich.
In der Nähe: WestLicht (S. 136), Museum des Meeres im Flakturm (S. 104)

32 Das Heeresgeschichtliche Museum im Arsenal – vom Mantel der Geschichte

Der Mantel der Geschichte – er hängt in dem Saal rechter Hand der Ruhmeshalle im Obergeschoss. Der Kaiser trug ihn, nicht etwa der letzte Habsburger, sondern der große Korse. Napoleon Bonaparte trug diesen Mantel auf seinem schweren Weg in die Verbannung.

Wer nüchterne Militärarchitektur mit Kasernenflair erwartet hat, wird sich großartig getäuscht sehen. Das Heeresgeschichtliche Museum ist ein schlossgleicher Palast. Errichtet 1850–1858 von Ludwig Förster und Theophil Hansen als Teil des Arsenals, war das Gebäude von vornherein als „Waffenmuseum" vorgesehen und ist damit der älteste Museumsbau der Stadt. Die Innenausstattung war bis 1872 vollendet. Bereits die Eingangshalle ist beeindruckend. Noch opulenter aber gestaltet sich im Obergeschoss die **Ruhmeshalle** mit einer majestätischen Kuppel und prachtvollen Schlachtengemälden. Architektonisch herrscht innen wie außen ein faszinierender Historismus-Stilmix, der sich nicht scheut, auch orientalische Einflüsse zu integrieren.

Beidseits der Hallen erstrecken sich die Säle, in denen die Ausstellungen untergebracht sind: der Dreißigjährige Krieg und die Türkenkriege, die Zeit Maria Theresias und Josephs II., die Zeit der Revolutionen (1789–1848/49), der Radetzky-Saal (bis Königgrätz, 1866), der Erste Weltkrieg, Republik und Diktatur und schließlich die Seemacht Österreich.

Unter den unzähligen militärmusealüblichen Exponaten – Waffen, Rüstungen, Fahrzeuge, Flaggen, Uniformen, Marschbefehle etc. – finden sich auch kuriose, historisch aufgeladene oder bedeutsame Stücke.

Unscheinbar liegt beispielsweise in einer Vitrine ein schmuckloser Blechhelm mit dem schönen Namen „Hirnhäubl", der als Kopfschutz unter den ausladenden, sicherlich federgeschmückten Musketierhüten getragen wurde. Wenn die Säbel krummer und die Kopfbedeckungen tuchreicher werden, ist man bei den Türkenkriegen angekommen. Im Zentrum steht das Monumentalgemälde, das die Belagerung Wiens und den Sieg der Entsatzarmee 1683 zeigt.

Überragendes Exponat im Revolutionssaal ist **„L'Intrépide"**, „der Furchtlose", ein zur Aufklärung genutzter Fesselballon, den die Österreicher 1796 bei Würzburg erbeutet hatten. Es handelt sich um das älteste erhaltene Luftfahrzeug Europas. Und unweit des Ballons hängt genannter Mantel. Napoleon trug den rus-

Das Automobil von Sarajevo

sischen Offiziersmantel des Grafen Schuwalow, damit er unerkannt seinen Weg ins Exil auf die Insel Elba antreten konnte. Weitere bestimmende Themen sind u.a. Erzherzog Carl sowie im anschließenden **Radetzkysaal** Feldmarschall Radetzky selbst (hier des Grafen homöopathische Reiseapotheke und sein Hauskäppchen) und schließlich in einer **Maximilianszimmer** genannten Seitenkammer der Sombrero des Kaisers von Mexiko.

Die Kuppel der Ruhmeshalle zieren große Schlachtengemälde

Und schließlich, im Untergeschoss: der Wagen! Ein **Doppelphaeton** der Wiener Automobilfabrik (Gräf & Stift), Type 28/32 PS von 1910. Ein schmucker Oldtimer, möchte man meinen, doch an der hinteren Tür findet sich, unverkennbar, ein Einschussloch. Die Schüsse, die auf diesen Wagen abgegeben wurden, setzten Europa in Brand. Denn in dem Doppelphaeton saßen der habsburgische Thronfolger Franz Ferdinand und seine Frau – am 28. Juni 1914. Man steht vor dem Automobil von Sarajevo.

Die Folgen des Attentats sind eindrücklich in der folgenden Sektion zu sehen. Die Ausstellung zum **Ersten Weltkrieg** erstreckt sich auf zwei Ebenen und ist der stärkste Teil des Museums. Rund um eine riesige Haubitze und unter einem Doppeldecker werden zahlreiche Aspekte des Krieges beleuchtet, darunter auch solche, die häufig im Schatten des Stellungskriegs stehen, wie z.B. der brutale Gebirgskrieg. Rund um Albin Egger-Lienz' „Den Namenlosen 1914" (1916) flankieren viele eindrucksvolle Gemälde die gelungene Ausstellung.

Wer abschließend beim Thema „**Seemacht Österreich**" schmunzelnd ein wenig Donauschifffahrt erwartet, wird überrascht sein, z.B. vor den Resten eines österreichischen U-Boots zu stehen, das 1918 vor Friaul gesunken war. Neben zahlreichen Schiffsmodellen liegen auch unscheinbare Bomben, nach ihrem Erfinder „Uchatius" genannt. Es handelt sich um Ballon-Abwurfbomben, die 1849 auf das belagerte Venedig abgeworfen wurden. En passant hatte die österreichische Armee den Luftkrieg in die Weltgeschichte eingeführt.

Info

Hinkommen: U 1 bis Südtirolerplatz, Straßenbahn D bis Hauptbahnhof Ost, Straßenbahn O und 18 bis Fasanengasse, Bus 69 A bis Arsenal.
Information: **Heeresgeschichtliches Museum, Arsenal**, Objekt 1, 1030 Wien, Tel. 01/795610, www.hgm.de, tgl. 9–17 Uhr, Eintritt 7 €, erm. 5 €, bis 19 Jahre frei.
Außenstellen: Im Sommer ist So 10–16 Uhr unweit des Museums auch die Panzersammlung in der Panzerhalle zu besichtigen. Weitere Außenstellen unter www.hgm.at.

33 Dem Zorn Gottes entkommen – die Pestsäule am Graben

> *Tipp*
>
> Nur wenige Schritte sind es von der Pestsäule zum Petersplatz mit der prächtig barocken **Peterskirche**, die – an Stelle eines älteren, baufälligen Kirchenbaus – ebenfalls auf Geheiß von Leopold I. gebaut wurde. Vollendet war der ovale Kuppelbau im Jahr 1708, Bauherr war u. a. Johann Lucas von Hildebrandt.

Ein Denkmal für die Opfer einer Katastrophe wirkt immer auch ein wenig wie der Triumph der Überlebenden, der Davongekommenen, der dem Tod von der Schippe Gesprungenen, früher noch mehr als heute, wo man sich doch eher zurückhält mit derlei Gestik. Die Pestsäule am Graben jedenfalls ist ein nicht gerade zurückgenommenes Denkmal, man könnte auch sagen: In vollster barocker Pracht erinnert man an die Opfer des Schwarzen Todes, an die Zehntausenden elendig Verendeten, die man in Leichenbergen auf Fuhrwerke schichtete, eiligst aus der Stadt hinausfuhr und in extra ausgehobenen Gruben ablud, mit Kalk bestreute und sich auf den Weg zurück machte, um die nächste Fuhre abzuholen.

Die Pestsäule am Graben, eine barocke Dreifaltigkeitssäule, erinnert an die große Pestepidemie von 1678/1679

Die Idee vom Zorn Gottes, der als Strafe die Pest über die Menschen schickt, war auch im ausgehenden 17. Jh. noch weit verbreitet, als 1678/79 eine besonders verheerende Pestepidemie durch die Stadt kroch. Etwa ein Drittel der Wiener Bevölkerung fiel ihr zum Opfer – genaue Zahlen gibt es keine, es können auch mehr gewesen sein. Kaiser Leopold I.

befand sich in der komfortablen Lage, die schlimme Zeit im fernen – und unverseuchten – Linz zu verbringen und leistete ein Gelübde, wenn der Glaube die Pest erst besiegt hätte, ein Denkmal zu stiften. So geschah es denn auch, zunächst mit einer hölzernen Säule.

Der Bau eines steinernen Denkmals verzögerte sich durch die Türkenbelagerung von 1683 ein wenig, 1687 war dann aber Grundsteinlegung für das Prachtstück aus Marmor, dessen Erscheinungsbild in Teilen auf den Barockmeister Johann Bernhard Fischer von Erlach zurückgeht. Vollendet war die Pestsäule schließlich im Jahr 1694.

An der Spitze der 18 Meter hohen Skulptur ist die Heilige Dreifaltigkeit in Gold zu sehen (daher auch der Name Dreifaltigkeitssäule), darunter auf marmornen Wolken die ebenfalls marmornen Figuren der Neun Chöre der Engel. Die Figurengruppe am Sockel schließlich zeigt den auf den Knien betenden Kaiser Leopold I., darunter die Figur des Glaubens (Fides) mit dem Kreuz, die die Pest – in Form einer alten faltigen Frau – besiegt hat.

Die Wiener Pestsäule am Graben wurde zu einer Art Prototyp, ähnliche Dreifaltigkeitssäulen wurden auch in anderen Städten der Donaumonarchie gebaut, wenn auch meist nicht ganz so prachtvoll.

Der Pest gedenkt man auch mit der Karlskirche am Karlsplatz (S. 58), allerdings erst der nächsten – und letzten – großen Pestepidemie, die in der Stadt im Jahr 1713 Tausende Todesopfer forderte.

Die Pest überstanden

Der liebe Augustin ist wohl der berühmteste Pestüberlebende Wiens von 1679. Der Dudelsackspieler und Bänkelsänger war ein großer Unterhaltungskünstler jener Zeit und dem Alkohol durchaus zugewandt, sodass er – zumindest will es die Sage so – eines Nachts seinen Rausch in der Ecke einer Gasse ausschlief. Dabei blieb es aber nicht, die Pestknechte (also Leicheneinsammler) hielten den komatös Schlafenden für tot und schafften ihn zusammen mit den anderen Pestopfern auf ihren Karren vor die Stadt, wo sie ihn abluden. Am nächsten Morgen hatte Augustin seinen Rausch ausgeschlafen, war quicklebendig und ließ sich von den Knechten wieder aus der Grube ziehen. Von scheinbar überaus robuster Natur, hat er die Pest überstanden und gab die Geschichte fortan in seiner Stammkneipe, dem „Griechenbeisl" zum Besten. Dem Ort, an dem er angeblich in der Grube gelandet ist, widmete man vor einigen Jahren ein Denkmal und benannte ihn in „Augustinplatz" um (Neustiftgasse im Neubau/7. Bezirk).

Info

Hinkommen: U 1/U 3 bis Stephansplatz.
Essen & Trinken: Kulinarische Glanzpunkte rund um den Graben, S. 148.

In der Nähe: u. a. Stephansdom (S. 54), Hofburg (S. 18), die Flaniermeilen in der Innenstadt (S. 16), die Gassen in der Innenstadt (S. 14)

34 Reitkunst in Vollendung – die Spanische Hofreitschule

Relativ „runde Bäuche“ haben die Lipizzaner, wie bei der Stallführung zu erfahren ist – was einem nun nicht unbedingt als Erstes einfällt beim Anblick dieser eleganten Pferde und ihren kunstvollen Vorführungen, sei es bei der täglichen **Morgenarbeit** oder bei der wöchentlichen Vorführung in der altehrwürdigen Reithalle der **Winterreitschule**.

Die Spanische Hofreitschule ist die älteste Reitschule der Welt und geht auf eine Gründung im Jahr 1565 zurück. Karl VI. ließ durch Joseph Emanuel Fischer von Erlach (Sohn des berühmten Johann Bernhard Fischer von Erlach) ab 1729 die Winterreitschule bauen, vollendet wurde sie 1735, und noch heute heben die Reiter beim Hereinreiten in die Halle vor dem großen Porträt des Kaisers über der Ehrenloge ihren Zweispitz zum Gruß.

Tipp

Wer einen **geführten Rundgang** durch die Spanische Hofreitschule macht, wird in kleiner Gruppe zum Vortrag in die Reithalle, zur Führanlage/Außenbahn, in den Hof mit dezent tiefer gelegtem Misthaufen und Außenboxen, in die alten Stallungen (Fotografieren und Berühren der Tiere ist hier verständlicherweise verboten) und in die Sattelkammer geführt. Zwei alte Zuchtbücher liegen hier aus, eine Wandtafel ehrt die im Lauf der Jahrhunderte besonders verdienstvollen Hengste.

Hinter dem barocken Gemäuer verbirgt sich eine moderne Anlage mit ovaler Führbahn und baumbestandenem Reitplatz. 72 Hengste haben in den Stallungen Platz, solange keine Stute dabei ist, herrscht Frieden. Vorführungen bzw. Events mit Publikum finden nach dem Rotationsprinzip statt, es wird durchgewechselt, die Pferde sind jeweils auf eines der Elemente der „Hohen Schule“ spezialisiert – **Levade**, **Courbette** oder die spektakuläre **Kapriole**. Das Rotationsprinzip herrscht auch im Jahresturnus, bei dem die Hengste zwischen dem

Großer Auftritt in der Winterreitschule

Lipizzaner

Die Lipizzaner sind eine der ältesten Pferderassen der Welt, deren Zucht bis ins 16. Jh. zurückgeht. Stammsitz der ursprünglich Habsburger Lipizzaner-Zucht ist seit 1920 Piber in der Weststeiermark, woher noch heute der Nachwuchs stammt. Um die Linie frisch und gesund zu halten, kommen hier immer wieder auch Pferde aus den Lipizzaner-Gestüten aus Slowenien (dem berühmten Lipica), Kroatien und Ungarn hinzu. Der Lipizzaner ist mit durchschnittlich 1,60 Metern nicht allzu groß, dafür ungemein gelehrig, aber auch sensibel. Geboren wird er fast schwarz, erst im Lauf der Jahre „schimmelt er aus". Aus der Art schlagen die dunkelbraunen Exemplare, die hin und wieder vorkommen und traditionell als Glücksbringer im Stall stehen. Sie können auch an allen Programmpunkten der Vorführung teilnehmen – außer in der Schulquadrille.

Trainingszentrum und Sommerstall in Heldenberg (Niederösterreich) und Wien – und in seltenen Fällen auch Piber (wo sie auch ihrem Zuchtauftrag nachkommen) – wechseln. Rund 300.000 Besucher kommen jedes Jahr in die Hofreitschule.

Ein Aufschrei ging durch die Reihen der Wiener Traditionalisten, als vor einigen Jahren die erste junge Dame in den erlesenen Kreis der Bereiter und Bereiter-Anwärter – zzt. 16 Personen – der Hofreitschule aufgenommen wurde. Die Zeiten ändern sich – heute sucht man die besten Kandidaten/-innen unabhängig vom Geschlecht. Wer sich für die zehn bis zwölf Jahre dauernde Ausbildung zum Bereiter bewerben will, sollte schon ein wenig Reiten können, eher schlank, 1,70–1,75 Meter groß sein und möglichst keine zu kurzen Beine haben – damit man sich den „runden Bäuchen" der eleganten Pferde optimal anpassen kann.

Die Sattelkammer der Spanischen Hofreitschule

Info

Hinkommen: U 3 bis Herrengasse, oder U 1 bis Stephansplatz. Straßenbahn 1, 2 und D Haltestelle Burgring.
Information: **Spanische Hofreitschule**, Michaelerplatz 1 (unter der Michaelerkuppel), 1010 Wien, Tel. 01/5339031, www.srs.at (Tickets auch online), Öffnungszeiten der Kassen: Di–So 9–16 Uhr (z. T. auch Mo), **Morgenarbeit** (mit Musik) meist Di–Fr 10–12 Uhr, Erw. 15 €, erm. 10,50 €, Kinder 7,50 €; **geführte Rundgänge** tgl. um 14, 15 und 16 Uhr (Dauer: rund 1 Std.), 18 €, erm. 14 €, Kinder 9 €, Kombiticket für beides 31 €, erm. 23 €, Kinder 9 €. **Vorführungen** in der Regel am Sonntag um 11 Uhr (manchmal auch Sa), Ticketpreise je nach Saison, Veranstaltung und Platz. Im Sommer Alternativprogramm mit den Fohlen und Mutterstuten aus Piber. Aktuelles Programm unter www.srs.at.

35 Das „Rote Wien“ – der Karl-Marx-Hof und sein Waschsalon

Knapp 15 Jahre währte das „Rote Wien“, die von den Sozialdemokraten geführte Stadtregierung, die 1919 nach dem neuen, gleichen (also auch für Frauen gültigen) und allgemeinen Wahlrecht eine große Mehrheit erreichte und ins Wiener Rathaus einzog. Bemühungen um soziale Verbesserungen für die Arbeiterschaft standen im Fokus der Stadtregierungen unter Jakob Reumann (1919–1923) und Karl Seitz (1923–1934), vor allem die erbärmlichen Wohnverhältnisse, die hohe Kinder- und Müttersterblichkeit sowie die ungenügende Bildungssituation in der Zeit unmittelbar nach Ende des Ersten Weltkriegs. 380 Wohnbauten der Gemeinde Wien mit fast 65.000 Wohnungen entstanden zwischen 1919 und 1933, finanziert u.a. durch eine neu eingeführte „Wohnbausteuer“. Die meisten Gemeindebauten auf einem Fleck finden sich am Margaretengürtel (5. Bezirk), der „Straße des Proletariats“; der größte Bau dieser Art ist der Sandleitenhof in Ottakring (16. Bezirk).

Prominentester Gemeindebau dieser Zeit ist aber zweifelsohne der **Karl-Marx-Hof** in Döbling (19. Bezirk), der in den Jahren 1926–1933 durch den Otto-Wagner-Schüler Karl Ehn erbaut wurde – eine ausladende Wohnanlage von rund einem Kilometer Länge und mit großzügigen Grünanlagen versehen, deren eindrucksvollste sicherlich der offene **12.-Februar-Platz** mit der Bronzeskulptur des Sämannes

Prominenter Gemeindebau: der Karl-Marx-Hof

(1928) ist. Der Komplex beherbergt 1.382 Wohnungen (für rund 5.000 Bewohner), dazu kamen Wäschereien und Bäder, Kindergarten und Apotheke, Ambulanz, Post und Geschäfte: eine kleine Stadt in der Stadt.

Zur Fassadengestaltung des Karl-Marx-Hofs gehören Skulpturen über den Torbögen

Der große **Waschsalon** im ersten Stock in der Halteraustraße 7 zeigt heute eine sehenswerte Ausstellung zum „Roten Wien", mit Dokumenten zu den wichtigsten Protagonisten ihrer Zeit, dazu Fotos, Bücher, Schriften zu den verschiedensten Bereichen sozialdemokratischer Politik wie Gesundheitsfürsorge (u.a. mit einem originalen „Wäschepaket der Stadt Wien" für Neugeborene), Wohnungsnot und Mieterschutz, Kinder- und Jugendfürsorge (u.a. die Milchabgabestellen), Bildung, Sport, Musik, Volksbäder etc. Das Dachgeschoss bietet Raum für (kleine) wechselnde Ausstellungen. Ursprünglich beherbergte der heutige Ausstellungsraum die Brause- und Wannenbäder des Karl-Marx-Hofs, unterm Dach befand sich das Wasserdepot: für damalige Zeiten ein enormer hygienischer Fortschritt, da ein eigenes Bad im Haus bis dato nur der reichen Oberschicht vorbehalten war. Der Waschsalon selbst befindet sich nach wie vor im Erdgeschoss – durch die großen Bullaugen kann man einen Blick hineinwerfen.

Mit Ausnahme der Diktaturen – des sogenannten „Austrofaschismus" von 1934 bis 1938 und des Nationalsozialismus von 1938 bis 1945 – ist Wien übrigens bis heute „rot": Seit der Ersten Republik von 1919 wird die Stadt sozialdemokratisch regiert.

Info

Hinkommen: U 4 ab Zentrum bis Heiligenstadt (Endstelle), man kommt genau gegenüber dem 12.-Februar-Platz heraus; oder Straßenbahn D ab Ring bis 12.-Februar-Platz bzw. Halteraustraße. Auf Höhe der Haltestelle Halteraustraße durch den großen Torbogen in den Hof hineingehen, die Ausstellung befindet sich dann gleich auf der linken Seite (Glaskasten am Eingang) im 1. OG.
Information: **Waschsalon Nr. 2/ Karl-Marx-Hof**, Halteraugasse 7, 1190 Wien, Tel. 0664/88540888, www.dasrotewien-waschsalon.at, Do 13–18, So 12–16 Uhr, Eintritt 5 €, erm. 3 € bzw. 1 €, bis 19 Jahre frei.
Führungen: Führungen durch den Karl-Marx-Hof und zur Dauerausstellung finden Mitte Mai–Okt. sonntags um 13 Uhr statt (Treffpunkt vor dem Bahnhof Heiligenstadt), 7 € (inkl. Eintritt Waschsalon), ohne Anmeldung.
In der Nähe: Heurige in Grinzing und Nußdorf (S. 210)

36 Die Votivkirche – ein Gotteshaus aus Dankbarkeit

Mit Attentaten sollte **Kaiser Franz Joseph I.** im Laufe seines Lebens so manch traurige Erfahrung sammeln. 1898 erschütterte der Mordanschlag, dem seine Gemahlin, die schöne Kaiserin Elisabeth in Genf zum Opfer fiel, die Donaumonarchie. Als des Kaisers Neffe und Thronfolger Franz Ferdinand 1914 in Sarajevo bei einem Attentat ums Leben kam, geriet bekanntlich die ganze Welt in Brand. Weniger bekannt, jedenfalls außerhalb Wiens, ist, dass auch der junge Kaiser beinahe einem Mordanschlag zum Opfer gefallen wäre.

Am 18. Februar 1853 wurde Kaiser Franz Joseph I. beim Flanieren von einem mutmaßlich ungarischen Nationalisten angegriffen. Der Mordversuch misslang dank des beherzten Eingreifens des kaiserlichen Adjutanten und eines Passanten. Der Kaiser wurde nur leicht verletzt, der Attentäter acht Tage später hingerichtet. Die Retter wurden geehrt (der bürgerliche sogar geadelt), Hymnen wurden komponiert und der Bruder des Kaisers, Erzherzog Ferdinand Maximilian (ja, der spätere Kaiser von Mexiko), erließ einen Spendenaufruf, um zum Dank für das Misslingen des Attentats eine Kirche bauen zu lassen. Handelsüblichen Votivgaben wie Tafeln, Bilder oder Skulpturen hätten der übergroßen Dankbarkeit ob des verhinderten Ablebens Seiner Majestät nicht Genüge getan, es musste schon eine Kirche sein, und es wurde keine kleine Kirche.

Die Votivkirche, auch „Ringstraßendom" genannt

Der erst 26-jährige **Heinrich Ferstel** erhielt bei der internationalen Ausschreibung, eine Kirche in „gothischem Stile" zu errichten, den Zuschlag. Ferstel bediente sich bei seinem Entwurf nicht einfach mittelalterlicher Versatzstücke, um eine neogotische Sakralarchitektur an den Ring zu stellen. Ferstel erschuf ein Gotteshaus, wie es (seiner Ansicht nach) in der Gotik hätte gebaut werden sollen – ein nachträgliches Mustergotteshaus der Gotik, das Ideal einer gotischen Kathedrale. Ihm war dabei vergönnt, woran seine Vorgänger zwangsläufig scheiterten: Er begleitete den Bau vom Grund- bis zum Schlussstein. In den Jahren 1856–1879 entstand eine Kirche, die heute als eines der bedeutendsten neogotischen Bauwerke überhaupt gilt.

Der „**Ringstraßendom**" ist eine dreischiffige Basilika mit Doppelturmanlage, Querschiff und Chorumgang. Die Außenfassade, die seit der jüngsten Rundum-Renovierung im neuen Glanz erstrahlt, zeigt sich opulent und vielgestaltig verziert und wirkt doch filigran und licht. Auch die beiden Türme (immerhin nach dem Südturm des Stephansdoms mit 99 Metern die zweithöchsten der Stadt) erheben sich elegant, geradezu transparent über das prächtige Hauptportal. Auch im Inneren beeindruckt Ferstels Meisterwerk. Alles ist Ebenmaß, alles ist Harmonie – und, dem gotischen Projekt verpflichtet, von Licht durchflutete Erhabenheit.

Von der Innenausstattung sind vor allem die bunten Wand- und Glasmalereien (Letztere, wenn auch keine Originale mehr, so doch weitgehend nach Originalvorlagen gefertigt) erwähnenswert sowie der kunstvolle Altar und das Salmgrab. Auf dem marmornen Grabmal zeigen zwölf detailreiche Reliefs die Taten des geehrten Grafen von Salm, darunter die Verteidigung Wiens gegen die türkische Belagerung (1529).

Wenn man dem kleinen **Museum** einen Besuch abstattet, dann wahrscheinlich nicht allein wegen der Ausstellungstücke – liturgische Gerätschaften, Vorlagen für die Glasmalereien, das Spendenaufruf-Schreiben Maximilians und das kostbarste Exponat gleich zu Beginn: der um 1490 entstandene detailreiche **Antwerpener Passions-Altar**. Es ist auch der Ausblick, der den Aufstieg über die enge Wendeltreppe rechtfertigt. Der Museumsraum erstreckt sich nämlich auf der Empore über dem Chorumgang. So schweift der Blick von Monstranz und Fensterskizze immer wieder hinab in den Altarraum, zu den Wandmalereien und in den weiten, hohen Kirchenraum.

Info

Hinkommen: U 2 bis Schottentor, Straßenbahn u. a. 1 und 71 sowie 40 bis 44 bis zum Schottentor.
Information: Votivkirche, Tel. 01/4061192, Di–Sa 10–18, 16–18, So 9–13 Uhr; **Museum**: derzeit wegen Renovierung geschlossen, ein Wiedereröffnungstermin ist noch nicht bekannt.
Essen & Trinken: Café Français, Währinger Straße 6–8, 1090 Wien, Tel. 01/3190903, Mo–Sa 9–24 Uhr, So geschl. Ein typisches Kaffeehaus, möchte man meinen, eines von den jüngeren, den schicken, lässigen. Allerdings wird man bald – der Name verrät es – von französischem Flair charmant umfangen. Das schlägt sich auch auf der Speisekarte nieder: Zur Abwechslung steht dort Zwiebelsuppe statt Grießnockerlsuppe oder *Coq au vin* statt Backhendlsalat. Freundlicher, zuvorkommender Service. Natürlich auch zum Frühstück: *Vraiment délicieux!*

37 Alfred Hrdlickas Mahnmal gegen Krieg und Faschismus

An einem sehr zentralen Platz ein Mahnmal gegen Krieg und Faschismus, gestaltet von Hrdlicka, und das mitten in den 1980er-Jahren – klar, dass das Ärger gab. Aber der Wiener Gemeinderat hatte es im Jahr 1983 beschlossen und den Wiener Bildhauer **Alfred Hrdlicka** (1928–2009) damit beauftragt. Es folgten heftige Auseinandersetzungen, u. a. wegen des Standorts – musste das auch wirklich direkt neben der Albertina sein, also mitten in der Stadt (heißt: wo es jeder sieht)? Aber der streitbare Hrdlicka blieb standhaft – er mache schließlich keine Denkmäler „auf Radeln", die man nach Belieben abschieben könnte. 1988 schließlich wurde das Mahnmal gegen Krieg und Faschismus auf dem Albertinaplatz eingeweiht, 1991 erweitert und fertiggestellt, „allen Opfern von Krieg und Faschismus" gewidmet.

Im Zentrum des Mahnmals befindet sich die „**Skulptur des knieenden und straßenwaschenden Juden**". Die eindrückliche Bronzeskulptur des alten knienden Mannes erinnert an die Demütigungen jüdischer Wiener, die im Zuge des „Anschlusses" gezwungen wurden, pro-österreichische Parolen von den Gehsteigen zu schrubben. Hrdlicka sagte dazu, dass jeder behaupten könne, nicht gewusst zu haben, was in Auschwitz geschah, „aber was in Wien passiert ist, das haben die Wiener wissen müssen …" Die Bronzeskulptur verweist entsprechend nicht nur auf die Opfer, sondern auch auf die Täter und die Mitläufer der 1938 in Wien beginnenden nationalsozialistischen Gewaltherrschaft.

Das Mahnmal gegen Krieg und Faschismus schuf der Wiener Bildhauer Alfred Hrdlicka

„Skulptur des knieenden und straßenwaschenden Juden“

Vor dem „straßenwaschenden Juden“ erhebt sich das **„Tor der Gewalt“**, zwei eng beieinander stehende Marmorblöcke. Die Sockel, auf denen sie ruhen, bestehen aus dem Granit, den die Zwangsarbeiter im KZ Mauthausen über die Todesstiege tragen mussten. Das „Tor der Gewalt“ erinnert auf der einen Seite an die Opfer des nationalsozialistischen Terrors und auf der anderen Seite an die Opfer des Krieges.

In der Flucht hinter dem „Tor der Gewalt“ und dem „straßenwaschenden Juden“ rückt die nächste Figur in den Blick: **„Orpheus betritt den Hades“** (aus dem Jahr 1975). Der Gang in die Hölle, dargestellt durch eine männliche Gestalt, die im Felsblock verschwindet, bezieht sich auch auf den Ort, an dem das Mahnmal steht. Bis in die letzten Kriegstage stand hier ein stattliches Wohnhaus: der **Philipphof**. Bei einem Bombenangriff am 12. März 1945 wurde das Gebäude komplett zerstört, über 300 Menschen, die im Keller Schutz suchten, verschüttet. Wie viele Menschen genau im Keller umkamen, konnte nicht geklärt werden. Die Leichen wurden nie geborgen, sondern liegen bis heute unter dem eingeebneten Platz begraben, auf dem das Denkmal steht. Orpheus steigt also einerseits in die Unterwelt zu den Bombenopfern hinab und verweist gleichzeitig durch die Nähe zur Oper und zur Albertina auf Stätten der Kunst.

Das letzte Element des Mahnmals ist der „Stein der Republik“, eine mächtige Granitstele, auf der Auszüge aus der Regierungserklärung vom 27. April 1945 zur Österreichischen Unabhängigkeitserklärung gemeißelt sind.

Der Teil des Albertinaplatzes, auf dem sich das Mahnmal befindet, wurde 2009 zu Ehren des ehemaligen Bürgermeisters von Wien in **Helmut-Zilk-Platz** umbenannt. Der SPÖ-Politiker Zilk (1927–2008) war als Bürgermeister nicht nur nachdrücklich für die Errichtung des Mahnmals eingetreten, sondern hatte sich auch für die Errichtung des Jüdischen Museums und des Mahnmals auf dem Judenplatz (S. 29) stark gemacht.

Info

Hinkommen: Bus 2 A bis Albertinaplatz, Straßenbahn D, 1, 2 und 71 bis Kärntner Ring/Oper.
In der Nähe: Albertina (S. 116), Hofburg (S. 18), Schatzkammer (S. 128), Spanische Hofreitschule (S. 80), Sisi-Museum (S. 60), Kärntner Straße (S. 16), Haus der Geschichte Österreich (S. 70), Weltmuseum (S. 130), Kunsthistorisches Museum (S. 122), Naturhistorisches Museum (S. 124)

38 Technisches Museum Wien – die Geschichte des Fortschritts

Als 1909 der Grundstein für das Technische Museum gelegt wurde, war das Vertrauen in die segensreichen Errungenschaften der Technik ungetrübt. Die „Titanic“ war noch nicht gesunken und im Ersten Weltkrieg hatte sich noch nicht die mörderische Fratze des technisch Machbaren gezeigt.

Entsprechend optimistisch wurde das Gebäude angelegt: Ein moderner Stahlbetonbau, mit riesigen Hallen im Inneren, bedacht von weit spannenden Stahl-Glas-Konstruktionen. Eine Kathedrale der Fortschrittsgläubigkeit. Lediglich die Fassade wurde historisierend angelegt, als müsste sich der Bau nahtlos in die Ringarchitektur einfügen. 1913 wurde der Bau vollendet, die Eröffnung 1914 musste aus naheliegenden Gründen verschoben werden. Als das Museum 1918 endlich seine Pforten öffnete, hatte sich die Welt verändert.

Nichtsdestotrotz ist das Museum nicht nur sehr gut besucht, es hat sich im Laufe der Jahrzehnte natürlich auch immer wieder an den aktuellen Stand der Technik angepasst. Der informationsreichste Teil des Museums befindet sich gleich oberhalb der Eingangshalle rechts. Die Ausstellung **Natur und Erkenntnis** beginnt beim Sextanten (Astronomie als „erste exakte Wissenschaft“) und endet beim Teilchenbeschleuniger des CERN. Die Ausstellung begleiten zahlreiche informative Filme und kleine Experimente (z. B. Raumkrümmung zum Ausprobieren). Zum Anfassen und Mitmachen lädt auch der gegenüber gelegene Ausstellungsteil „**In Bewegung**“ ein, der sich an Kinder und Jugendliche richtet.

In der zentralen Halle, die über alle Stockwerke bis unter die Decke reicht, stehen überaus wuchtige Exponate: Riesige Dampfmaschinen und Dieselmotoren, ganze Lokomotiven und Eisenbahnwagons, die thematisch auf die weitläufigen Ausstellungen im Hochparterre verweisen: Die Sektion rechter Hand befasst sich mit dem Thema **Energiegewinnung**, einschließlich Wasser-, Sonnen- und Windkraft. Linker Hand wird das Thema **Schwerindustrie** behandelt. Rund um einen gewaltigen LD-Tiegel – ein 30 Tonnen flüssiges Metall fassendes Ungetüm

Ein echter Hingucker: Ballonkorb in der zentralen Halle

Ein „Silberpfeil" in der Ausstellung „Mobilität"

zur Stahlgewinnung, benannt nach den Stahlwerken Linz und Donauwitz – wird die Geschichte der Metallverarbeitung einschließlich Torf- und Kohleabbau thematisiert. Anschließend geht es schwergewichtig weiter: mit der **Geschichte der Eisenbahn**. Aber selbst hier, in einem Umfeld, das eher zu Ruß und Schweiß als zu Grazie und Spitze passt, ist Sisi nicht fern: Einer der Eisenbahnwagons ist der komfortable Hofsalonwagen der Kaiserin.

Wirft man in der zentralen Halle einen Blick nach oben, wird man auf eindrucksvolle Weise an zwei weitere große Ausstellungsbereiche im oberste Stockwerk herangeführt. Das Modell des Nachrichtensatelliten „Artemis" verweist auf die **Medienwelten**, die einen großen Bogen vom Abakus bis zu globaler Vernetzung und virtuellen Realitäten spannen, während der Doppeldecker („Etrich-Taube" aus dem Jahr 1910) Teil der Ausstellung zum Thema **Mobilität** ist, in der u. a. ein formschöner „Silberpfeil" zu sehen ist und man in schwindelnder Höhe in einen wackligen Ballonkorb einsteigen kann.

Weitere Abteilungen sind eine schöne Sammlung von **Musikinstrumenten**, die Ausstellung zum Thema **Technik im Alltag**, sowie (sehr beliebt!) eine Art **Verkehrsübungsplatz** für Kinder und ein **Technik-Spielplatz** (MINI-TMW für Zwei- bis Sechsjährige; liebe Eltern: Hausschuhe/Rutschsocken nicht vergessen). Darüber hinaus werden im linken Flügel der mittleren Ebene wechselnde Ausstellungen gezeigt.

Info

Hinkommen: U 4 bis Schönbrunn, Straßenbahn 49, 52 und 60 bis Winckelmannstraße.
Information: **Technisches Museum Wien**, Mariahilfer Str. 212, 1140 Wien, Tel. 01/899980, www.technischesmuseum.at, Mo–Fr 9–18, Sa/So 10–18 Uhr, Eintritt 14 €, erm. 12,50 €, bis 19 Jahre frei.
In der Nähe: Schloss Schönbrunn (S. 96)

Architektur, Schlösser und Parks

39 Der Burggarten – ehedem Majestäten vorbehalten

Dereinst gingen die Habsburger Majestäten andernorts lustwandeln. Zwischen Michaelerplatz und Josefsplatz erstreckte sich ehedem (nachweislich ab dem 14. Jh.) eine Parkanlage mit dem vielversprechenden Namen *Paradeisgarten*. Doch musste das der Herrschaft vorbehaltene Grün dem wachsenden Bedarf an Baugrund in Hofburgnähe weichen.

Abhilfe schaffte ausgerechnet Napoleon. Bei seinem zweiten Besuch in Wien ließ der französische Kaiser 1809 Teile der Festungsanlagen, die es nicht vermocht hatten, ihn aufzuhalten, schleifen. Es entstand eine weite, freie Fläche vor der Hofburg. Franz I. machte das Beste daraus und ließ Volksgarten, Heldenplatz und Burggarten anlegen. Grünanlagen statt Bastionen! Während der Volksgarten, wie der Name vermuten lässt, dem Volk zugeeignet war (S. 65), hieß der Burggarten zunächst *Kaisergarten*, was ebenfalls auf den anvisierten, deutlich exklusiveren Besucherkreis hinweist.

Franz I. selbst hatte den Kaisergarten, der ausschließlich der lustwandelnden kaiserlichen Familie vorbehalten war, mit dem Architekten Ludwig Gabriel Remy entworfen und mit seinem Hofgärtner Franz Antoine d. Ä. angelegt. Remy errichtete auch die Gewächshäuser, die nach 1901 durch das Jugendstil-Palmenhaus von Friedrich Ohmann ersetzt wurden. Unterdessen hatte sich auch der Kaisergarten verändert. Unter Franz Joseph I. wandelte Franz Antoine d. J. den Park in einen englischen Landschaftsgarten um. Der Kaisergarten wurde zur Ringstraße erweitert, musste aber schließlich zum Heldenplatz hin der Neuen Hofburg weichen. Erst als der letzte Habsburger vom Thron und aus dem Land komplimentiert worden war, wurde der Kaisergarten zum **Burggarten** und den Wiener Bürgern zugänglich gemacht.

Heute ist der Burggarten eine überaus beliebte Parkanlage und bietet eine angenehme Möglichkeit sich von Ringstraßenhektik, Gassengetümmel und musealen Strapazen zu erholen. Ein Idyll mit kleinem Teich, schattenspendenden Bäume und sonnigen Parkbänken vor der imposanten Kulisse der Neuen Hofburg. Fotogen verteilen sich Denkmäler im Burggarten: Franz I. Stephan zu Pferd und aus Blei, Mozart schwungvoll in Laaser Marmor, Franz Joseph sinnierend in

Pause im schönen Palmenhaus zum Kaffee oder auch zum Essen

Mozart im Burggarten

Bronze. Das elegante **Palmenhaus** beherbergt neben dem gleichnamigen Café auch das **Schmetterlingshaus**, was dem ursprünglichen Verwendungszweck des Gebäudes am nächsten kommt: Farbenprächtig flattern muntere Schmetterlinge exotische Blumen an. In tropischem Klima führt ein Rundweg durch üppige Pflanzenpracht und zu einem kleinen Wasserfall.

Info

Hinkommen: Straßenbahn D, 1, 2 und 71 bis Burgring.
Information: **Schmetterlingshaus**, Burggarten, 1010 Wien, Tel. 01/5338570, www.schmetterlinghaus.at, April–Okt. Mo–Fr 10–16.45, Sa/So 10–18.15 Uhr, Nov.–März tgl. 10–15.45 Uhr, Eintritt 7 €, erm. 4–6 €.
Essen & Trinken: **Palmenhaus**, Burggarten 1, 1010 Wien, Tel. 01/5331033, www.palmenhaus.at, tgl. ab 10 Uhr geöffnet, tagsüber Café, Restaurant, Brasserie, abends Bar. Fin-de-Siècle-Atmosphäre im kaiserlichen Gewächshaus, von Licht durchflutet und elegant. Tatsächlich sitzt man in dem überaus formschönen Café auch unter Palmen. Im Sommer aber wird der ein oder andere dem secessionistischen Palmenhaus vielleicht den Rücken kehren, doch nur um auf der herrlichen Terrasse mit Blick auf den Burggarten zu verweilen.
In der Nähe: Hofburg (S. 18), Heldenplatz (S. 64), Spanische Hofreitschule (S. 80), Sisi-Museum (S. 60), Schatzkammer (S. 128), Weltmuseum (S. 130), Haus der Geschichte Österreich (S. 70), Prunksaal der Nationalbibliothek (S. 138), Albertina (S. 116); Naturhistorisches Museum (S. 124), Kunsthistorisches Museum (S. 122), Maria-Theresien-Platz (S. 94)

40 Maria-Theresien-Platz – ein Gesamtkunstwerk

Stattlich thront die Grande Dame der Habsburger-Dynastie auf ihrem Denkmal. Umgeben von ihren Feldherren (zu Pferd) sowie Staatsmännern, Militär, Künstlern und Wissenschaftlern (zu Fuß) weist ihre Majestät, das Zepter und die „*Pragmatische Sanction*" (s. unten) fest in der Hand, auf den Platz, der einst das Kaiserforum hätte werden sollen.

Gottfried Sempers und Carl von Hasenauers ambitioniertes Kaiserforum sollte nicht vollendet werden. Was realisiert wurde aber ist noch immer imposant genug. Für die beiden Museen auf dem Maria-Theresien-Platz hatten die Stararchitekten nicht weniger als ein Gesamtkunstwerk im Sinn: Das Kunst- und das Naturhistorische Museum, erbaut im Stil der Neorenaissance, stehen einander wie gespiegelt gegenüber: Natur und Kunst ergeben ein harmonisches Ganzes. Die zentralen Kuppeln sollen den Gebäuden eine sakrale Aura verleihen. Die detailreiche Fassadengestaltung wie auch die Ausgestaltung im Inneren folgen konsequent einem architektonischen Programm, das auf das jeweilige Haus abgestimmt ist.

Am **Naturhistorischen Museum** sind der gesamte Kosmos und alle Erkenntnis versinnbildlicht. Neben den Portalen finden sich Allegorien der Kontinente; zum Maria-Theresien-Platz sind das Europa und Amerika mit Australien, darüber in den Nischen zwei Allegorien: die „Inspiration, gestützt auf die Mathematik" und die „Forschung, welche die Natur entschleiert". Darüber wiederum finden sich die Büsten von Kepler und Newton. In den Nischen der Seitenrisaliten stehen Statuen berühmter Entdecker von Jason (zur Bellariastraße, ganz links) bis Magellan und Cook (Maria-Theresien-Platz, rechts). Weitere bedeutende Wissenschaftler sind als Porträtköpfe über den oberen Fenstern vertreten oder als Statuen auf der Balustrade – von Anaxagoras bis Alexander von Humboldt. Damit aber noch lange

Maria Theresia

Erschütternd ausgedünnt kümmerte der habsburgische Stammbaum am Anfang des 18. Jh. vor sich hin. Kaiser Karl VI. (1685–1740) war der letzte männliche Spross in der Habsburgischen Erbfolge, die spanische Linie war bereits erloschen. Mit der „Pragmatischen Sanction" 1713 sicherte Karl die weibliche Erbfolge und damit seiner Tochter Maria Theresia (1717–1780) den Anspruch auf den Thron, mithin das Familienerbe.

1740 trat Maria Theresia die Regentschaft an – und musste erst einmal ihre Ansprüche in Waffengängen verteidigen (Österreichischer Erbfolgekrieg). Als regierende Erzherzogin Österreichs gelang es ihr, 1745 ihren Gatten Franz Stephan von Lothringen zum Kaiser wählen zu lassen – sie selbst wurde zwar Kaiserin genannt, war es aber streng genommen nicht. Der von ungewöhnlicher Zuneigung geprägten Ehe entsprangen 16 Kinder. Maria Theresias Regentschaft war von einer tiefgreifenden Reformpolitik geprägt (darunter auch die Einführung der allgemeinen Schulpflicht). Nach dem Tod Franz I. Stephan regierte sie gemeinsam mit ihrem Sohn Joseph II., der nach dem Tod seiner Mutter das Reformwerk fortsetzte. Das Habsburgerreich veränderte sich unter der großen Habsburgerin, die Dynastie hatte Bestand.

Maria Theresia thront zwischen dem Kunst- und dem Naturhistorischen Museum

nicht genug: Symbole und Allegorien, Götter und biblische Gestalten zeigen die vier Elemente, Jahreszeiten, Gestirne, Tier- und Pflanzenwelt, Geschichte, Wissenschaften, Erfindungen, Zeit und Raum etc. Über allem schließlich erhebt sich auf der Kuppel Helios, der Sonnengott, Bringer allen Lebens.

Helios gegenüber stehend erhebt sich Pallas Athene, Göttin der Weisheit und der Kunst, über der Kuppel des **Kunsthistorischen Museums**. Auch dessen Fassade folgt konsequent einem Plan: der Darstellung der Kunstgeschichte. Neben den Portalen personifizieren die Statuen Malerei, Bildhauerei, Architektur und Kunsthandwerk. Allegorien verweisen auf die wichtigsten Kunstzentren. Die Porträtköpfe über den oberen Fenstern wie auch die Statuen auf der Balustrade zeigen bedeutende Künstler. Jede Seite des Gebäudes steht dabei für eine Epoche (Babenbergerstraße: Antike, Museumsplatz: Mittelalter; Maria-Theresien-Platz: Renaissance und Burgring: Neuzeit). Aber damit immer noch nicht genug: Das Gesamtkunstwerk setzt sich auch im Inneren des Kunsthistorischen Museums (S. 122) und des Naturhistorischen Museums (S. 124) fort.

Ein einziger Wissenschaftler übrigens hatte die Ehre, noch zu Lebzeiten an der Fassade des Naturhistorischen Museums verewigt zu werden. Es handelt sich um **Charles Darwin**, sein Porträt befindet sich an der Ringstraße über dem Fenster rechts außen.

Info

Hinkommen: U 2 bis MuseumsQuartier, U 2 bis U 3 bis Volkstheater, Straßenbahn D, 1, 2 und 71 bis Burgring, Straßenbahn D, 1, 2, 46, 49 und 71 Dr.-Karl-Renner-Ring oder 49 bis Volkstheater.

In der Nähe: Kunsthistorisches Museum (S. 122), Naturhistorisches Museum (S. 124), MuseumsQuartier (S. 30), Hofburg (S. 18)

41 Schloss Schönbrunn – die meistbesuchte Sehenswürdigkeit Österreichs

Was heute nur sechs Stationen mit der U 4 sind, lag zu Zeiten Maria Theresias & Co. ganz schön weit draußen – nach Schönbrunn kam man nicht für einen Nachmittag, sondern für die Sommermonate. Bereits im 16. Jh. gab es hier einen Landsitz namens „Katterburg". Mitte des 17. Jh. entstand ein neueres Jagdschloss, das die einfallenden Türken allerdings dem Erdboden gleichmachten. Johann Bernhard Fischer von Erlach, der berühmte Barockarchitekt, baute dann ab 1696 ein neues Schloss nach Versailler Vorbild, ab 1705 wurden die Seitenflügel angebaut, vollendet wurde Schönbrunn aber erst 1749 durch Nicolaus Pacassi, den Baumeister Maria Theresias (1717–1780), die das prächtige Schloss zu ihrer Sommerresidenz erkor. Die kostbare Inneneinrichtung der Prunkräume wie sie heute – teils rekonstruiert – zu sehen ist, entstand in weiten Teilen nach ihren Vorgaben. Einige der Möbel stammen jedoch aus dem 19. Jh., als Franz Joseph und Sisi hier wohnten.

Im Schloss Schönbrunn wurde Geschichte geschrieben und das in vielerlei Hinsicht: 1762 gab der kleine Wolfgang Amadeus Mozart (1756–1791) im **Spiegelsaal** sein erstes Konzert für Maria Theresia, 1805 und 1809 machte sich Napoleon gleich zweimal in den Habsburger Gemächern breit. Hier wurde der spätere Kaiser Franz Joseph am 18. August 1830 geboren, hier starb er auch am 21. November 1916. Im **Blauen Chinesischen Salon** besiegelte Karl I. mit seiner Verzichtserklärung vom 11. November 1918 das Ende von über sechs Jahrhunderten Habsburger Macht. Kennedy und Chruschtschow trafen sich schließlich am 3./4. Juni 1961 in der prachtvollen **Großen Galerie** des Schlosses zu Entspannungsgesprächen

Die Gloriette im Schlosspark von Schönbrunn

mit anschließendem Galadiner. Seit dem Jahr 1996 gehören Schloss und Park Schönbrunn zum Weltkulturerbe der UNESCO, zuletzt zählte das Schloss über 2,5 Millionen Besucher im Jahr (2017).

Die **Grand Tour** durch das Schloss umfasst im Prinzip die gesamte Nobeletage (40 Räume), während die **Imperial Tour** nur durch die ersten 22 Räume führt. Der Audioguide (bzw. ein Infoblatt) ist im Eintrittspreis enthalten.

Tipp

Alljährlich geben die **Wiener Philharmoniker** ein kostenloses Sommernachtskonzert im Schlosspark von Schönbrunn. Programm und aktuelle Termine dazu gibt es unter www.wienerphilharmoniker.at.

Während die Besichtigung des Schlosses – je nach Andrang – in gut einer Stunde gut zu bewältigen ist, kann man im weitläufigen **Schlosspark** den ganzen Tag verbringen. Bei den Wienern ist das Areal äußerst beliebt, sei es zum Joggen oder Flanieren, unzählige Parkbänke laden hier zum Bleiben ein. Das barocke Gesamtkunstwerk erscheint in weiten Teilen noch immer wie zu Lebzeiten Maria Theresias, die Entwürfe dazu stammten bereits aus der ersten Bauphase des Schlosses von Johann Bernhard Fischer von Erlach (1696).

1780 wurde die aussichtsreiche **Gloriette** nach Plänen des Architekten Johann Ferdinand Hetzendorf von Hohenberg vollendet. Von ihm wurden auch der prachtvolle **Neptunsbrunnen** (1776–1780) im Zentrum am Fuß des Hügels, östlich davon die **Römische Ruine** sowie der **Obeliskbrunnen** (jeweils um 1778 erbaut) entworfen.

Der „**Schöne Brunnen**" übrigens, der der Anlage ihren Namen gab, geht auf eine Legende zurück, nach der Kaiser Matthias hier eine Quelle entdeckte (um 1615). Zur Attraktion des Parks tragen die zahllosen Alleen, Brunnen und Denkmäler wie auch die herrlich gepflegten Blumen- und Heckenanlagen erheblich bei. Ein **Irrgarten** befindet sich unweit des Neptunbrunnens, ein Stück weiter gelangt man zum berühmten **Tiergarten** und **Palmenhaus** (S. 202). Schönbrunn hat sogar ein öffentliches **Schwimmbad** (oberhalb des Obeliskbrunnens, www.schoenbrunnerbad.at).

Info

Hinkommen: U 4 bis Station Schönbrunn. Diese U-Bahnstation ist übrigens ein Jugendstiljuwel von Otto Wagner und fast original erhalten!
Information: **Schloss Schönbrunn**, 1130 Wien, Tel. 01/81113239, www.schoenbrunn.at, tgl. geöffnet, im Sommer 8–18.30 Uhr, im Frühling/Herbst bis 17.30 Uhr, im Winter bis 17 Uhr. Eintritt **Imperial Tour** 14,20 €, erm. 10,50–13,20 €, **Grand Tour** 17,50 €, erm. 11,50–16,20 €, **mit Führung** 20,50 €, erm. 13–19,20 €: tgl. 10, 12, 14 und 16 Uhr (nur für die Grand Tour); **Schlosspark**, ab 6.30 Uhr etwa bis Sonnenuntergang.
Essen & Trinken: Mehrere Cafés, u. a. in der **Gloriette**. Nett ist die **Jausenstation** des Cafés Landtmann in der Nähe des Meidlinger Tors (ca. April–Okt. tgl. 10–17.30, Sa/So ab 9 Uhr).
Sonstiges: Schönbrunn hat auch ein Kindermuseum (S. 240).
In der Nähe: Tiergarten Schönbrunn, Palmenhaus, Wüstenhaus und die Wagenburg (S. 202)

42 Ein barockes Gesamtkunstwerk – das Belvedere

Genau genommen sind es ja zwei Belvederes, das Untere und das Obere, dazu die Orangerie, der Prunkstall, der Kammergarten und der leicht ansteigende Schlosspark mit seinen herrlichen Brunnenanlagen – unterm Strich: ein barockes Gesamtkunstwerk!

Diese Pracht hat Wien seinem **Prinzen Eugen** (1663–1736) zu verdanken, der gar kein Habsburger, sondern ein Savoyer war und im Dienste von Kaiser Leopold I. stand, als dessen begnadeter Feldherr er 1683 maßgeblich an der Rettung Wiens vor den Osmanen mitwirkte. Noch während des Baus seines prächtigen Stadtpalais in der Himmelpfortgasse (Winterpalais, nicht zugänglich) verspürte der Prinz den Wunsch nach einem Gartenpalais und erstand mehrere Grundstücke am Rennweg, der Straße Richtung Ungarn am Rande der Stadt. Unter Federführung des Architekten Johann Lucas von Hildebrandt wurde ab 1712 das „**Lustschloss**" (später: Unteres Belvedere) mitsamt Nebengebäuden, Prunkstall und Gartenanlage gebaut, die Orangerie kam 1719 dazu. Bereits ab 1717 ließ Prinz Eugen ein zweites, noch prächtigeres Schloss auf der Anhöhe bauen, welches ausschließlich Repräsentationszwecken dienen sollte. Vollendet war das **Obere Belvedere** dann im Jahr 1723.

Nach Eugens quasi erbenlosem Tod – die Nichte zeigte wenig Interesse – kaufte 1752 Maria Theresia die beiden Belvederes. Zusammen mit ihrem Sohn Joseph II. ließ sie im Oberen Belvedere bereits 1781 eine Gemäldegalerie einrichten – eines der ersten öffentlichen Museen überhaupt! In den folgenden Jahrhunderten wanderte die – stetig erweiterte – Sammlung zwischen Oberem und Unterem Belvedere und der Orangerie hin und her, das Obere Belvedere war zwischenzeitlich (1896 bis zu seinem Tod

Der Schlosspark nach französischem Vorbild verbindet das Untere und das Obere Belvedere

1914) von Thronfolger Franz Ferdinand bewohnt, im Zweiten Weltkrieg wurde die Anlage stark beschädigt und konnte erst 1953 wieder als Museum eröffnet werden. In den 2000er-Jahren wurde das Belvedere einer Generalsanierung unterzogen.

KÖR – Kunst im öffentlichen Raum

Kunst lässt sich nicht auf Museen und Galerien beschränken. Sie war schon immer Teil des öffentlichen Raums, sei es als Reiterdenkmal, Zierbrunnen oder Fassadengestaltung. **KÖR** fördert die kulturelle Belebung der Stadt. Sei es mit dauerhaften Projekten oder zeitlich begrenzten Installationen, vom eindrucksvollen Mahnmal über die Klanginstallation bis zum U-Bahn-Graffiti. Infos unter www.koer.or.at.

Über den Eingang am Rennweg kommt man zum **Unteren Belvedere** (Museumskasse und Café), dessen Räumlichkeiten heute in weiten Teilen wechselnden Ausstellungen vorbehalten sind. Der prachtvolle Marmorsaal beherbergt die originalen Skulpturen des Providentia- bzw. Mehlmarkt-Brunnens (Neuer Markt, S. 15) von Georg Raphael Donner aus dem Jahr 1739, auch Groteskensaal und Marmorgalerie sind aus Eugens Zeiten, lediglich das Goldkabinett ließ Maria Theresia nach ihrem Geschmack ausmalen. Über einen modernen Durchgang kommt man zur **Orangerie** (hochkarätige Wechselausstellungen) und durch den Hof zum „**Schatzhaus Mittelalter im Prunkstall**“: Das Schaudepot in den Stallungen der Lieblingspferde von Prinz Eugen umfasst etwa 150 mittelalterliche Kunstwerke – Altäre, Skulpturen, Reliefs, vieles davon aus dem 15. Jh. Im angrenzenden **Kammergarten** ließ sich Eugen einen exotischen Privatgarten anlegen.

Der streng symmetrisch angelegte **Schlosspark** zwischen Unterem und Oberem Belvedere entstand ab 1717 nach französischem Vorbild, bei dem der zentrale Kaskadenbrunnen mit den kämpfenden Tritonen die Böschung hinauf zum oberen Schloss elegant überwinden soll.

Keinesfalls versäumen sollte man den Besuch des **Botanischen Gartens** und des **Alpengartens** links hinter dem Belvedere: Ersterer bietet nicht nur exotisches Gehölz, sondern vor allem auch erholsame Ruhe (auf zahlreichen Parkbänken) inmitten der Großstadt; in Zweitem wächst eine bedeutende Sammlung an Alpenpflanzen (ca. 300 Arten).

Zum **Oberen Belvedere** s. S. 134.

Info

Hinkommen: Straßenbahn D und 71 bis „Unteres Belvedere“.
Information: **Belvedere**, Rennweg 6, 1030 Wien, Tel. 01/795570, www.belvedere.at. Unteres Belvedere mit Orangerie/Prunkstall und Kammergarten tgl. 10–18, Fr bis 21 Uhr geöffnet, Eintritt 13 €, erm. 10 € (Kombiticket Unteres und Oberes Belvedere 22 €, erm. 19 €), Audioguide 3,50 €, Kombi 6 €. Der **Schlosspark** und der **Botanische Garten** sind von 6.30 bzw. 7.30 Uhr etwa bis Sonnenuntergang geöffnet und frei zugänglich, der **Alpengarten** nur Ende März bis Anfang Aug.
In der Nähe: Österreichische Kunst im Oberen Belvedere (S. 134), Heeresgeschichtliches Museum (S. 76), der 3. Bezirk (S. 44)

43 Der Rathausplatz und das Rathaus

Kunst zum Anschauen, Kunst zum Ausleihen – das MUSA

Neben dem Rathaus zeigt das MUSA wechselnde Ausstellungen aus dem Fundus der stadteigenen Sammlung zeitgenössischer Kunst. Auch jungen Wiener Künstlern wird hier Raum gegeben. Darüber hinaus verfügt das MUSA über ein beachtliches Depot an Werken junger Künstler – und die kann man ausleihen. Für einen Monatsbeitrag von 2,50 € (inkl. Versicherung) bekommt man in der Artothek vier Bilder für maximal ein Jahr. Junge Kunst erobert sich neue Räume. Von den zuletzt rund 1.900 Kunstwerken, Aquarell, Zeichnung, Fotografie etc., sind meist zwei Drittel verliehen. Man kann sich die Bilder in den hohen Schubern aber auch einfach nur ansehen.

Als die Entscheidung für die Bebauung des alten Paradeplatzes gefallen war, entstand in den 70er- und 80er-Jahren des 19. Jh. rund um den Rathausplatz ein gewaltiges Ensemble an historistischen Prachtbauten. Gebaut wurde gleichzeitig und in unmittelbarer Umgebung, namhafte Architekten – Semper, Hasenauer, Hansen und Ferstel – hätten sich von ihren Großbaustellen gegenseitig zuwinken können. Der Baugrund für das neogotische Rathaus hätte trefflicher nicht gewählt sein können: Vis-à-vis entstand das neobarocke Burgtheater. In neogotisch gestaltreicher Sichtachse liegt die Votivkirche und zu den gewählten Vertretern des Parlaments und in die Universität ist es nur ein Katzensprung. Und um in den Volksgarten zu gelangen, muss man nur über den Ring, der überdies beste Nahverkehrsanbindung garantiert.

Das Rathaus ist neogotisch gestaltet

Den Zuschlag für die Errichtung des Rathauses hatte Friedrich Schmidt erhalten. Er entschied sich für eine neogotische Gestaltung in Anlehnung an die großen flämischen Rathäuser, namentlich an das Brüsseler Rathaus. In der Anlage ein mächtiger, geschlossen vierflügeliger Bau (1872–1883) um den zentralen Arkadenhof, stellt die prächtige Fassade zum Rathausplatz bürgerliches Selbstbewusstsein zur Schau. Flankiert von kleineren, eleganten Türmen erhebt sich zentral ein hoher, schlanker Turm. Dieser durfte auf Geheiß des Kaisers die Türme seiner Votivkirche (99 Meter) nicht überragen. Also wurde der Turm 98 Meter hoch – und der 3,50 Meter (mit Fahne sogar über fünf Meter) hohe **Rathausmann** obenaufgestellt. Die Rüstung des schwergewichtigen Ritters – er wiegt weit über ein halbe Tonne – soll der Maximilians I. nachempfunden sein. Der Standartenträger ist ein Wahrzeichen Wiens.

Eine besondere Atmosphäre herrscht am winterlichen Rathausplatz beim Wiener Eistraum

Im Inneren des Rathauses finden sich nicht nur die Amts- und Sitzungsräume des Bürgermeisters, des Stadtsenats und Gemeinderats und andere Amtstuben, sondern auch der zum Rathausplatz hin gelegene Volkssaal im Erdgeschoss und vor allem darüber der prächtige Festsaal: ein reich verzierter, gewaltiger und doch eleganter Prunksaal, über 70 Meter lang, 20 Meter breit, zweigeschossig und von einer Gewölbedecke in fast 19 Metern Höhe abgeschlossen. Seit einigen Jahren werden die Fassaden des Rathauses Stück für Stück restauriert, die Arbeiten sollen sich bis 2024 hinziehen. Übrigens: Der Rathausmann hat Schuhgröße 63.

Der Rathausplatz, teilbegrünt und von hohen Bäumen bestanden, eignet sich hervorragend für städtische Veranstaltungen. Im Winter findet unter den wachsamen Augen des Rathausmanns der überaus beliebte **Christkindlmarkt** (S. 156) statt. Diesem folgt das nicht minder beliebte Eislaufvergnügen im **Eistraum** (S. 198). Im Sommer wird der Rathausplatz auch zur Konzertbühne, zum Sommerkino oder Festgelände.

Info

Hinkommen: U 2 und Straßenbahn 2 bis Rathaus, Straßenbahn D, 1 und 71 bis Rathausplatz/Burgtheater.
Führungen: Kostenlose Führungen durch das **Rathaus**, Mo, Mi und Fr 13 Uhr, Treffpunkt im Stadtinformationszentrum im Rathaus, Tel. 01/52550.
Information: **MUSA** (Museum Startgalerie Artothek), Felderstraße 6–8, 1010 Wien, Tel. 01/40008400, www.musa.at, Di, Di–So 10–18 Uhr (Artothek nur Di–Fr), Eintritt frei.
Essen & Trinken: **Café Landtmann** 5c (S. 21), **Café Eiles** 70d (S. 158).
In der Nähe: Burgtheater (S. 32), Parlament (S. 62), Votivkirche (S. 84)

44 Noch mehr Jugendstil – Otto Wagners Kirche am Steinhof

Das Verhältnis zwischen Künstler und Auftraggeber ist oftmals ein nicht unkompliziertes. Dass aber Erzherzog Franz Ferdinand, als Repräsentant des Kaiserhauses, in seiner Rede zur Eröffnung der Kirche zum heiligen Leopold, gemeinhin als Kirche am Steinhof bekannt, den Schöpfer dieses grandiosen Bauwerks, den Architekten Otto Wagner, nicht einmal erwähnte, das war schon eine Ungeheuerlichkeit. Der ästhetischen Differenzen wegen erhielt Otto Wagner in der Folge auch keine Aufträge mehr vom Kaiserhaus. Die Geschichte meinte es im Folgenden recht unterschiedlich mit den beiden: Otto Wagner wird heute weithin als das geehrt, was er war: einer der bedeutendsten Architekten Wiens, das Spital heißt Otto-Wagner-Spital, die beeindruckende Kirche kennt man als Otto-Wagner-Kirche. Franz Ferdinands Name hingegen wird auf immer mit seiner Ermordung verknüpft bleiben, die den Auftakt für die Katastrophe des Ersten Weltkriegs darstellte.

Die Kirche am Steinhof ist neben der Secession das bedeutendste Gebäude des Jugendstils, mithin die weltweit wichtigste Jugendstilkirche und gilt als die kreative Krönung im Werk Otto Wagners. Die Kirche steht am höchsten Punkt des 1907 als „Heil- und Pflegeanstalt für Nerven- und Geisteskranke" eröffneten Spitals, das seinerzeit die modernste psychiatrische Anstalt Europas war. Wagner, der auch maßgeblich an der Planung der gesamten Anlage beteiligt war, gestaltete das Jugendstilgotteshaus explizit als Anstaltskirche – schließlich ist „einzige Meisterin der Kunst die Notwendigkeit"! –, also mit Arztzimmer und Toiletten oder auch aus hygienischen Gründen mit herabtropfendem Weihwasser etc.

Otto Wagner entwarf den Bau als byzantinische Kreuzkuppelkirche. Dabei wirkt die mächtige, vergoldete Kuppel hoch aufgeschossen und damit erstaunlich elegant und leicht. Auf den fast gedrungen anmutenden Glockentürmen hocken der hl. Leopold und der hl. Severin und blicken über die Stadt. Über dem Portal mit dem verzierten gusseisernen Vordach wachen Engel. Auch im Inneren setzt sich die gestaltreiche Eleganz fort. Der Raum strahlt eine gelassene, helle Leichtigkeit aus, nicht zuletzt dank der großen, grandiosen Glasmosaikfenster von Koloman Moser. Zahlreiche Ausstattungsstücke vom Altar über die Beichtstühle bis zu Kerzenständern und Monstranz wurden auch in der Wiener Werkstätte gefertigt, doch tragen alle Details Otto Wagners Handschrift: Die Kirche am Steinhof ist ein Gesamtkunstwerk des Jugendstils.

Säulenengel schmücken das Hauptportal der Kirche am Steinhof

Die Kirche am Steinhof konzipierte Otto Wagner als byzantinische Kreuzkuppelkirche

Der Wiener Volksmund übrigens ist in charmanterer Art und Weise mit dem einzigartigen Bauwerk umgegangen als der verstockt verschweigende Kronprinz. Dank der zitronengelben Anmutung der vergoldeten Kuppel wurde das ganze Gelände bald als „Lemoniberg" bekannt.

Hinweis für Hundehalter

Zwar herrscht auf dem gesamten Klinikgelände Hundeverbot, aber wenn der Hund schon während des Kirchenbesuchs im Auto warten muss (ein Schattenparkplatz findet sich): Vor dem Eingang gibt es eine sehr hübsche Hundezone. Wien stellt seinen vierbeinigen Mitbewohnern im ganzen Stadtgebiet mehr oder weniger große (und mehr oder wenig idyllisch gelegene) Hundezonen zur Verfügung, also meist eingezäunte Areale, in denen die Hunde von der Leine gelassen werden können. Die Hundezone vor dem Haupteingang der Klinik ist besonders schön. Die baumbestandene, gepflegte kleine Parkanlage würde andernorts sicherlich als Stadtpark durchgehen. Also: Leinen los!

Info

Hinkommen: Am einfachsten mit der U 3 bis Ottakring, dann weiter mit Bus 48 A bis Otto-Wagner-Spital.
Information: **Otto-Wagner-Kirche am Steinhof „St. Leopold"**: geöffnet Sa 16–17, So 12–16 Uhr, „Eintritt" 5 € (Spende zum Erhalt der Kirche). Die Kirche liegt auf dem Gelände des Sozialmedizinischen Zentrums Baumgartner Höhe Otto-Wagner-Spital und Pflegezentrum, Baumgartnerhöhe 1, 1140 Wien, Tel. 01/910600, www.wienkav.at.
Führungen: Sa um 15 Uhr, So 16 Uhr, Erw. 12 €, erm. 10 €, Dauer ca. 60 Minuten.

45 Der Flakturm im Esterházypark – Unterwasserwelten im Hochbunker

Eigentlich ist ein Flakturm ein absurdes Gebäude. Statt eines hoch aufragenden Ungetüms würde man von einer Anlage mit militärisch eher defensiver Ausrichtung eigentlich erwarten, dass sie sich unter der Erde statt über den Dächern befindet – wie es sich für einen Bunker gehört. So gesehen ist die Nutzung des Flakturms im Esterházypark geradezu logisch. Die Bewohner des Hochbunkers gehören weitgehend auch nach unten: unter Wasser nämlich. Der Flakturm im Esterházypark beherbergt das **Haus des Meeres**.

Sechs Flaktürme erheben sich über die Dächer Wiens. Sie stehen in Paaren, jeweils ein Gefechtsturm und ein Feuerleitturm, und ergeben in etwa ein Dreieck – Augarten (S. 112), Arenbergpark und Stiftskaserne/Esterházypark – in dessen Mitte sich der Stephansdom befindet. Errichtet wurden die Luftschutzbunker in den letzten Kriegsjahren, Ende 1942 bis Anfang 1945. Doch in den friedlicheren Zeiten immerwährender Neutralität haben die betongrauen Kolosse mit den meterdicken Stahlbetonwänden und den lustigen Öhrchen an den hoch gelegenen Aussichtsterrassen keine rechte Bestimmung mehr (nur der Gefechtsturm in der Stiftskaserne wird noch militärisch, also als Bunker genutzt). Der einzige öffentlich zugängliche Flakturm ist der Leitturm im Esterházypark.

Reptilien-Tierheim

Im Haus des Meeres ist übrigens auch ein Tierheim beheimatet, das sich der Aufnahme und Pflege von Reptilien verschrieben hat. Besondere Erwähnung verdient in diesem Zusammenhang die bedauernswerte Monokelkobra, die 2010 im 12. Bezirk ausgesetzt in einer Schachtel gefunden wurde.

Schildkröte im Haus des Meeres

Schon äußerlich hebt sich der Koloss von den anderen Hochbunkern der Stadt positiv ab. An zwei Seiten sind geradezu elegant Glasanbauten angefügt, die sich im Inneren als Tropenhaus und Krokodilpark entpuppen. An einer dritten grauen Betonwand hat der Österreichische Alpenverein eine **Kletterwand** angelegt (nur im Sommer bekletterbar, www.flakturm-klettern.at). Neben dem Tropenhaus reicht eine Außentreppe bis hinauf zur Aussichtsterrasse auf 35 Metern Höhe. Und ganz obenauf ist ein lichter Café-Aufbau errichtet, um den herum eine zweite Aussichtsterrasse auf fast 50 Metern Höhe herumläuft.

Im Tropenhaus

Im Inneren beleben auf elf Stockwerken über 10.000 Tiere Aquarien, Terrarien oder den Luftraum genannter Anbauten: von der heimischen Barbe bis zum beliebten Clownfisch, von der Seeanemone bis zum Hammerhai, zahlreiche Schildkröten, Krokodile und Kaimane, Schlangen, Spinnen, Echsen, Chamäleons, farbenfrohe exotische Vögel, putzige Äffchen und, und, und ... Die Highlights sind die groß angelegten Lebensräume, die sich über zwei oder mehr Stockwerke erstrecken. Im **Krokipark** liegen träge die Krokodile herum, während in den Bäumen Lisztäffchen turnen (der Name der Primaten stammt tatsächlich von dem berühmten Komponisten Franz Liszt und verweist auf die Ähnlichkeit der Haartracht). Im **Tropenhaus** erhebt sich über drei Stockwerke ein Stück Regenwald mit rauschendem Wasserfall und kleinem Sumpfgebiet, frei fliegenden Finken und Staren, Schildkröten und kletternden Äffchen. Natürlich findet sich auch unter den Kernkompetenzen eines Meeresmuseums, den Aquarien, Spektakuläres. Im **Haibecken**, das 300.000 Liter gekühltes Salzwasser fasst und sich über zwei Etagen erstreckt (3. und 4. Stock), ziehen Schwarzspitzenhaie und eine Meeresschildkröte ihre Bahnen. Ein weiteres großes Haibecken, Lebensraum für Hammerhai und Rochen, befindet sich im 10. Stock. Faszinierend ist auch das **Brandungsriff** in der 3. Etage, in dem die Meeresbrandung über ein Korallenriff spült. Wie eine Lupe vergrößert die gekrümmte Scheibe des **Pacific Eye** die pazifische Unterwasserwelt. Mitten durch den atlantischen Unterwasserlebensraum kann man dank dem **Atlantik-Tunnel** spazieren.

Das letzte Highlight ist natürlich die fantastische Aussicht, zunächst von der **Terrasse im 9. Stock**, und vor allem vom **Dach des Turms**. Hier befindet sich ein **Café**, das (wie ein Aquarium) mit großen Glasfronten versehen ist, sodass man nicht nur von der umlaufenden Terrasse, sondern auch innen gemütlich bei Kaffee und Kuchen sitzend einen herrlichen Weitblick über Wien genießen kann.

Info

Hinkommen: U 3 Neubaugasse, Bus 13 A, 14 A und 57 A Haus des Meeres.
Information: **Haus des Meeres – Aqua Terra Zoo**, Fritz-Grünbaum-Platz 1, 1060 Wien, Tel. 01/5871417, www.haus-des-meeres.at, tgl. 9–18, Do bis 21 Uhr, Erw. 18,50 €, erm. 13,80 €, 6–15 Jahre 8,40 €, 3–5 Jahre 5,60 €.

Aussicht: Wer die Aussicht ohne submarinen Abstecher sucht, kann über eine Turmstiege hinauf auf die Aussichtsterrasse im 9. Stock steigen (5 €/Pers., 192 Stufen, ohne Zoobesuch).
In der Nähe: WestLicht (S. 136), Hofmobiliendepot (S. 74), Neubau (S. 34)

46 Jenseits der Donau – „UNO-City“ (VIC) und Donau City

Alle Menschen sind frei und gleich von Würde und Rechten geboren. Sie sind mit Vernunft und Gewissen begabt und sollen einander im Geist der Brüderlichkeit begegnen (Artikel I der Allgemeinen Erklärung der Menschenrechte).

Das **Vienna International Centre**, kurz **VIC**, im Volksmund **Uno-City** genannt, ist der dritte Amtssitz der Vereinten Nationen (UNO) – nach dem Hauptquartier in New York und dem zweiten Hauptsitz in Genf, der vor allem für Menschenrechte zuständig ist. 1980 wurde der dritte Amtsitz in Wien (offiziell: United Nations Office at Vienna, UNOV) eröffnet, 1996 folgte als viertes Büro Nairobi (u.a. Hauptsitz für Umweltschutzprogramme).

Was seinerzeit für Wien sprach, war u.a. natürlich die Neutralität Österreichs, aber auch, dass bereits viele internationale Institutionen, wie die Internationale Atomenergiebehörde (IAEO) oder die Organisation der UN für industrielle Entwicklung (UNIDO) bereits ihren Sitz in Wien hatten (dass mit Kurt Waldheim der damalige UN-Generalsekretär zufällig Österreicher war, hat sicher auch nicht geschadet). Neben IAEO und UNIDO befinden sich u.a. auch die Büros der Vereinten Nationen für Drogen- und Verbrechensbekämpfung (UNODC) sowie für Weltraumfragen (UNOOSA) in Wien – zu Letzterem gibt es auch eine kleine Ausstellung, in der ein Stein vom Mond zu sehen ist.

Rund 4.500 Menschen arbeiten in der „UNO-City“, deren Bürogebäude sich dank des Y-förmigen Grundrisses mit elegantem Schwung in jeweils unterschiedliche Höhe erheben. Wer das Vienna International Centre besuchen will, durchläuft übrigens das volle Programm an Sicherheitskontrollen, schließlich verlässt man öster-

Markante Skyline und Freizeitvergnügen am und auf dem Wasser liegen nah beieinander

reichischen Boden: Sicherheitscheck wie am Flughafen, Passkontrolle und Registrierung, dann erst geht es zur Führung. Der Besuch des VIC ist übrigens lediglich im Zuge einer Führung möglich – es sei denn, man kennt einen UN-Mitarbeiter – oder ist selbst einer.

Die markanten Gebäude der UNO-City fügen sich nahtlos in die Skyline der **Donau City** ein. Am höchsten ragt die verspiegelte Fassade des **DC Towers I** eindrucksvolle 250 Meter in die Höhe. Die DC Towers sind allerdings unvollendet, Nr. 2 befindet sich noch in der Planungsphase, mit der Fertigstellung ist frühestens 2023 zu rechnen. Drum herum gruppieren sich auch das Kongresszentrum **Austria Center Vienna** (ACV) sowie diverse nicht ganz so hohe Büro- und Wohnhochhäuser. Hinter der (post-)modernen Urbanität erstreckt sich zwischen Alter und Neuer Donau der **Donaupark**, ein weitläufiges Grün, über dem sich der **Donauturm** erhebt. Österreichs höchstes Bauwerk, das zur Gartenschau 1964 eröffnet worden war, misst stattliche 252 Meter. Von der Aussichtsterrasse auf über 150 Metern hat man einen atemberaubenden Blick über Wien und die Donau City – den Stadtteil im 22. Bezirk zwischen Alter und Neuer Donau, Büroalltag und Wohnhochhaus, Naherholung und Weltpolitik.

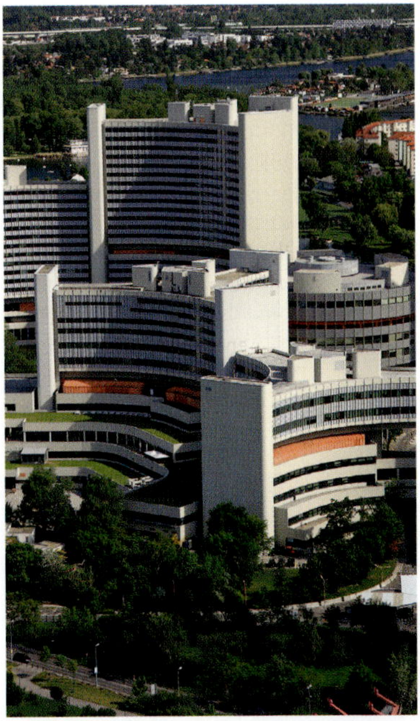

Die Bürotürme der Uno-City

Info

Hinkommen: U 1 bis Kaisermühlen/VIC, Wien. Relativ nahe an den Donauturm fährt der Bus 20 A (Donauturmstraße).

Information: **United Nations Headquarters**, Vienna, Vienna International Centre, Visitors Service, Wagramerstraße 5, 1220 Vienna, Tel. 01/26060-3328, www.unis.unvienna.org.

Führungen: Die UNO-City ist lediglich im Rahmen einer Führung zu besichtigen. Dauer etwa 90 Minuten, in deutscher oder englischer Sprache, Mo–Fr um 11 und 14 Uhr, während der Schulferien auch 12.30 Uhr. Erw. 10 €, Studenten 7 €, Schüler und Kinder 5 €. Wegen der Sicherheits- und Passkontrollen sollte man etwas früher da sein. Personalausweis oder Reisepass nicht vergessen!

Aussicht: **Donauturm**, Donauturmstraße, 1220 Wien, Tel. 01/2633572, www.donauturm.at, tgl. 10–24 Uhr, Eintritt 14,50 €, erm. 9,90–11 €, Kombiticket mit Riesenrad 19,60 €, Kinder 11,50 €.

Essen & Trinken: Aussichtsreich sind Restaurant und Kaffeehaus auf dem **Donauturm**, der exklusiven Lage entsprechend sind auch die Preise höher angesetzt (Tel. 01/2633572).

In der Nähe: Strandbad Gänsehäufel (S. 196)

47 Zeitgenössische Architektur – die Postmoderne in Wien

Ringarchitektur, Otto Wagners Stadtbahnprojekte und der Gemeindebau dominierten als städtebauliche Großtaten die vergangenen beiden Jahrhunderte der architektonischen Landschaft Wiens, und das bis weit in die Nachkriegszeit hinein. Erste Bestrebungen nach einer neuen Architektur gab es schon ab den 1960er-Jahren, doch in den 1980er-Jahren kam mit Friedensreich Hundertwasser (1928–2000) ein echter Querdenker zum Zug (sein **Hundertwasserhaus** von 1983–1985 ist noch heute ein touristisches Highlight im 3. Bezirk), der auch mit dem Bau der weithin sichtbaren **Müllverbrennungsanlage Spittelau** (1988–1997) ein Ausrufezeichen in die Stadt setzte. Mit dem **Haas-Haus** (1987–1990) mit seiner runden Spiegelfassade gegenüber des Stephansdom erregte der Architekt Hans Hollein (1934–2014) großes Aufsehen und fand damit zumindest damals nicht nur Bewunderer. Das gilt übrigens auch für den von ihm entworfenen **Soravia-Wing** der Albertina von 2004, den nicht wenige für ein verunglücktes Tankstellendach hielten. Aufsehenerregende Bürotürme wie z. B. der **Vienna Twin Tower** (1999–2001) am Wienerberg von Massimiliano Fuksas und die beständig sich vermehrenden Türme der **Donau City** dominierten das ausgehende Jahrtausend.

Revival der alten Gasbehälter als Gasometer City, Gasometer B mit modernem Zubau

Beim Thema zeitgenössische Architektur in Wien darf natürlich das **MuseumsQuartier** (**MQ**) am Ring nicht fehlen. Sowohl als Gesamtkonzeption als auch mit seinen kontrastreichen Neubauten (S. 30). Dabei ist das 2001 eingeweihte MQ nicht nur eines der spektakulärsten Architekturprojekte Wiens der letzten Jahrzehnte – und die überaus gelungene Heirat von Barock und Postmoderne –, sondern mit seinen 60.000 Quadratmetern auch Österreichs größter Kulturraum überhaupt.

Hinkommen: *U 2 bis MuseumsQuartier o. Volkstheater, U 3 bis Volkstheater.*

Aus vier mächtigen Gasbehältern (Bauzeit 1896–1899) besteht der **Gasometer** 47a in Simmering (11. Bezirk) südlich der Innenstadt. Bis 1975 waren die vier gut 70 Meter hohen Rundbauten in Betrieb, seit 1981 stehen die vier backsteinernen Gebilde unter Denkmalschutz, 2001 erfolgte nach drei Jahren Bauzeit die Auferstehung der alten Gasbehälter als **Gasometer City** – mit Einkaufszentrum, Kino, Veranstaltungshalle und Shoppingcenter sowie über 600 Wohnungen (www.gasometer.at). Gestaltet wurden sie von vier verschiedenen Architekten von Rang und Namen – Gasometer A vom französischen Stararchitekten Jean Nouvel, Gasometer B mit Anbau vom bekannten Wiener Architektenduo Coop Himmelb(l)au, Gasometer C vom Wiener Architekten Manfred Wehdorn und Gasometer D von Wilhelm Holzbauer, österreichischer Architekt und über lange Jahre Professor an der Wiener Hochschule für Angewandte Kunst.

Hinkommen: *U 3 ab Zentrum Richtung Simmering bis Gasometer.*

Das höchste Bauwerk Österreichs

... ist nach wie vor der **Donauturm** im Donaupark, der es auf exakt 252 Meter Höhe bringt (S. 107). Dicht verfolgt wird er vom nur wenige Hundert Meter entfernt gelegenen, 2013 eröffneten und bis zur Spitze 250 Meter hohen DC Tower 1 von Dominique Perrault (in der Donau City), ein wirklich spektakulärer Bau mit beeindruckender Silhouette.

Die jüngsten architektonischen Highlights der Innenstadt befinden sich am Donaukanal, im Besonderen der 2010 fertiggestellte Hochhausturm **PSI** 47b von Jean Nouvel (neben dem bereits 2001 entstandenen **Mediatower** von Hans Hollein). Nouvel gestaltete auch die Innenaustattung des hier beherbergten Hotels SO/Vienna, Eyecatcher am Abend ist das komplett verglaste Restaurant und Bar **Das Loft** (S. 40) mit seiner weithin bunt leuchtenden Deckengestaltung von Pippilotti Rist. Von der Bar selbst bietet sich ein fantastischer Blick auf den Stephansdom und die Innenstadt.

Hinkommen: *U 1/U 4 oder Straßenbahn 1 und 2 bis Schwedenplatz.*

Für Furore in Sachen zeitgenössische Architektur sorgt auch der 2013 eröffnete **Campus der Wirtschaftsuni** (**WU**) 47c am Prater, eine eigene kleine Stadt in der Stadt mit großzügigen Freiflächen, Cafés und Sitzgelegenheiten, einer hoch gelobten Mensa und den üblichen universitären Verwaltungs- und Lehrgebäuden, die hier allerdings ein wenig spektakulärer ausfallen als gewohnt. Beim Bau der Uni – hier finden bis zu 25.000 Studenten Platz – war u.a. die britische Stararchitektin Zaha Hadid am Werk, von ihr stammt unverkennbar das prägnante Bibliotheksgebäude, und auch die „Executive Academy" der Madrider Architekten NO.MAD am Eingang des Campus ist ein Hingucker.

Hinkommen: *U 2 bis Messe/Prater oder Straßenbahn 1 bis Prater/Hauptallee (Endstelle).*

Markante Architektur: Campus der Wirtschaftsuni

48 Der Wiener Stadtpark – Wiens erste kommunale Parkanlage

Einen Wiener Stadtpark stellt man sich größer vor, aber da gibt es ja den Prater und der ist wahrlich groß genug. Der Kaiser (Franz Joseph) höchstpersönlich legte mit den Plänen zum Ringstraßenbau 1857 auch Grünflächen fest – etwas fürs Volk, zum Flanieren. Der Stadtpark wurde so die älteste öffentliche Parkanlage Wiens, und dass er mit nur 6,5 Hektar Fläche doch recht klein ausgefallen ist, liegt an den immensen Immobilienpreisen, die an der neuen Ringstraße bald üblich waren, da konnte (oder wollte) man sich mehr Freifläche nicht leisten. Vorbild für den Wiener Stadtpark waren die englischen Landschaftsparks, Architekten des Parks der Landschaftsmaler Josef Selleny und der aus Leipzig stammende Wiener Stadtgärtner Rudolf Siebeck. Es entstand zunächst nur das Parkgelände zwischen Ringstraße und dem – damals noch unverbauten – Wienfluss, die feierliche Eröffnung fand bereits am 21. August 1862 statt – also weit vor Fertigstellung der meisten Ringstraßenpalais.

Im darauffolgenden Jahr wurde auf der anderen Flussseite zum Heumarkt hin der **Kinderpark** eröffnet, mit zahlreichen Spiel- und Bewegungsmöglichkeiten sowie einer **Milchtrinkhalle** (die Meierei), in der der Nachwuchs kostenlos mit frischer Milch versorgt wurde. Verbunden waren die beiden Parkhälften durch die Karolinenbrücke, die aber im Zuge der Wienflussverbauung wieder entfernt wurde. 1867 eröffnete am unteren Ende des Stadtparks der **Kursalon** – der bald darauf zum beliebten Konzert- und Ballsaal avancierte, nördlich wurde der Park durch das im Jahr 1871 vollendete Gebäude des **Museums für Kunst und Industrie** (heute MAK, S. 132) begrenzt.

Weitere Veränderungen für den Park brachte dann die **Wienflussverbauung** (1903–1906): Der hochwassergefährdete Fluss wurde kanalisiert und unterirdisch verlegt, zwar kommt er hier, im Stadtpark mit prächtigem Jugendstilportal samt Uferpromenade (nach Plänen von Friedrich Ohmann und Josef Hackhofer) wieder zum Vorschein, fließt dann aber einsam und verlassen im Betonbett weit unterhalb des Parks – Promenadenflair will nicht so recht aufkommen. Heute verbinden der Stadtparksteg (neu) und die Kleine Ungarbrücke (Jugendstil) die beiden Parkhälften miteinander.

Das bekannteste Denkmal im Wiener Stadtpark ist der musizierende Johann Strauss (Sohn)

Der Wiener Stadtpark erstreckt sich zu beiden Seiten des Wienflusses

Dem heutigen Besucher eröffnet sich zum Parkring hin ein grüner Park mit unzähligen Parkbänken, Ententeich und vielen Denkmälern, deren bekanntestes und meistfotografiertes zweifelsohne der goldglänzende **Johann Strauss (Sohn)** von 1921 ist. Auch Schubert, Makart und Bruckner wurden auf Denkmalsockel gesetzt und gestellt. Geehrt wird mit einem formschönen Brunnen auch das „**Donauweibchen**": Die freundliche Flussnixe warnte einst die Donaufischer vor schwerem Hochwasser. Zum Heumarkt hin – hier gehört der Stadtpark dann schon in den dritten Bezirk – befindet sich das Nobelrestaurant **Steirereck/Meierei** und wie schon vor über 150 Jahren ein Kinderspielplatz.

Info

Hinkommen: U 4 bis Station Stadtpark (im Jugendstil) bzw. U 3/U 4 bis Stubentor oder Straßenbahn 2 bis Weihburggasse.
Information: Hunde und Fahrradfahren sind im Park verboten.
Essen & Trinken: Im Stadtpark liegen das sehr noble **Steirereck** **72a** und die (etwas günstigere) **Meierei** (beide S. 162). Gegenüber, auf der anderen Seite des Rings, ist das **Café Prückel** **5e**, das es seit 1904 gibt, eine Institution am Ring. Es bietet einen behaglichen, aber schicken Fünfziger-Jahre-Stil, mit Theater im Souterrain (www.kip.co.at). Stubenring 24, 1010 Wien, Tel. 01/5126115, www.prueckel.at, tgl. 8.30–22 Uhr geöffnet, Mo, Mi und Fr ab 19 Uhr Pianomusik.
Abends: Der **Kursalon**, das prachtvolle Gebäude im Neorenaissancestil, ist auch heute noch ein Konzerthaus (gespielt werden: Strauss und Mozart), in dem man auch essen kann – es ist auch die Kombination aus beidem möglich. Johannesgasse 33, 1010 Wien, Tel. 01/5125790, www.kursalonwien.at.

49 Im Augarten – Flaktürme und Porzellanmanufaktur

Auf den ersten Blick erscheint der Augarten als ein sehr beliebter Stadtpark mit barocker Anlage und eigentümlicher Kulisse. Auf den zweiten Blick aber offenbart sich ein sinnfälliger Kontrast. Die Kulisse nämlich sind zwei der sechs Wiener Flaktürme (S. 104), hässlich-wuchtige Relikte aus dem Zweiten Weltkrieg, die sich unübersehbar in die Sichtachsen der Parkalleen schieben. Das zentrale Schloss dagegen steht ganz im Zeichen eines alten Kunsthandwerks, wie es filigraner und zerbrechlicher nicht sein könnte: dem Porzellan.

Anfang des 17. Jh. in den (damaligen) Donauauen angelegt, gilt der Augarten als der älteste Barockgarten Wiens. Bereits 1775 ließ Kaiser Joseph II. die Pforten seiner kaiserlichen Grünanlage für die Bürger Wiens öffnen. Noch heute ist über dem Haupttor zu lesen: „*Allen Menschen gewidmeter Erlustigungs-Ort von ihrem Schätzer.*" Ein „Erlustigungs-Ort" ist der Augarten bis heute geblieben. Man flaniert unter den schattigen Kastanien oder Linden oder spielt Pétanque auf den weiten Alleen. Hunde tollen auf den Wiesen (oder in der Hundezone), Jogger drehen ihre Runden.

Die vielleicht teuerste Semmel der Welt

Das Augartenmuseum im Schloss widmet sich der Geschichte des Wiener Porzellans von der Gründung der ersten Porzellanmanufaktur 1718 bis heute. Rund um den historischen Brennofen (und darin) folgt man den Moden der Zeit, wie sie als weißes Gold gebrannt die Esszimmer und Wohnzimmerschränke von Generationen dekorieren: Vom Kaffeeservice über Suppenterrinen bis zu Figuren oder Briefbeschwerern; ob Rokoko, Biedermeier oder Art déco; manches elegant, vieles farbenprächtig, das meiste dekorativ, hier und da sogar auch praktisch, das ein oder andere hart an der kitschigen Grenze, alles aber kunstvoll gearbeitet.

Unter den filigranen Preziosen findet sich auch die **Kaisersemmel**. Das täuschend echte Porzellangebäck war im 19. Jh. ein beliebtes Dekorstück, vorzugsweise in einer kunstvoll drapierten Serviette. Als Erinnerung an diese Mode kann man auch heute noch eine Porzellan-Kaisersemmel im Shop der Manufaktur erwerben, als Butterdose, Kostenpunkt: 145 €.

Die Kaisersemmel, täuschend echt zum Anbeißen

Auch kulturell hat die barocke Grünanlage einiges zu bieten: Die berühmten **Wiener Sängerknaben** residieren hier (MuTh Konzertsaal, www.muth.at), das **Schloss Augarten** beherbergt seit 1923 eine **Porzellanmanufaktur**, die auf eine langwährende und ehrwürdige Tradition zurückblicken kann, und hinter dem Schloss zeigt die **Thyssen Bornemisza Art Contemporary**, kurz **TBA 21 – Augarten**, wechselnde Ausstellungen zeitgenössischer Kunst (www.tba21.org).

Der überaus beliebte Augarten steht auch in Zukunft im Zeichen eines tiefsinnigen Kontrasts – das feingliedrige und zerbrechliche Porzellan auf der einen Seite und die gigantischen Flaktürme als grobe Kriegsreminiszenzen auf der anderen – und bleibt doch stets seiner Bestimmung treu, ein „*allen Menschen gewidmeter Erlustigungs-Ort*" zu sein.

Die riesigen grauen Flaktürme prägen den Augarten

Info

Hinkommen: U 2 bis Taborstraße, Straßenbahn 2 bis Taborstraße, Straßenbahn 31 bis Obere Augartenstraße.

Information: **Augarten**, April–Okt. ab 6.30 Uhr, Nov.–März ab 7.30 Uhr geöffnet, Schließzeiten: April–Mitte Mai und Aug.–Mitte Sept. bis 20 Uhr, Mitte Mai–Juli bis 21 Uhr, März und Mitte Sept.–Okt. bis 19 Uhr, Nov.–Feb. bis 17.30 Uhr.

Wiener Porzellanmanufaktur, Obere Augartenstraße 1, 1020 Wien, Tel. 01/21124200, www.augarten.com. Museum und Verkauf: Mo–Sa 10–18 Uhr, Eintritt 7 €, erm. 5 €, Führung durch die Manufaktur Mo–Do 10.15 und 11.30 Uhr, 17 € (inkl. Museumseintritt); Führung durch das Museum Sa 14 und 15 Uhr, 13 €.

TBA 21– Augarten: Scherzergasse 1a, 1020 Wien, Tel. 01/513985624, www.tba21.org, Mi/Do 12–17, Fr–So 12–19 Uhr, Eintritt frei.

Essen & Trinken: **Skopik & Lohn** 72b in der Leopoldsgasse (S. 161).

am nordpol 3, Nordpolstr. 3, Ecke Nordwestbahnstraße 17, 1020 Wien, Tel. 01/3335854, www.amnordpol3.at, Mo–Fr 17–24, Sa/So 12–24 Uhr. Auch in Wien gibt es einen Nordpol. Der befindet sich am nördlichen Rand des Augartens und hat Hausnummern. Und in der Hausnr. 3 erwarten Nachbarn und Weitgereiste urgemütliche Wohnzimmeratmosphäre und dampfende Knödel. Die wienerische und böhmische Küche ist günstig und bodenständig, der Service freundlich und entspannt.

In der Nähe: Kriminalmuseum (S. 182)

Kunst und Kultur – die Museen der Stadt

50 Albertina – Dürers Hase und Monets Seerosen im erzherzoglichen Palais

Albertina: der Name steht heute für höchsten Kunstgenuss und höfische Wohnkultur gleichermaßen. Wir verdanken dieses einzigartige Museum mit den beiden auf ihre Weise kunstsinnigen Gesichtern dem namensgebenden Erzherzog Albert von Sachsen-Teschen.

Der Schwiegersohn Maria Theresias bekam das Palais auf der Augustinerbastei 1794 von seinem Neffen Kaiser Franz II. zum Geschenk. Albert und seine Gemahlin Marie Christine ließen die Immobilie in bester Lage umbauen, wobei auch die Verbindung mit der Hofburg hergestellt wurde, und reich ausstatten. Zwei weitere Ausbauphasen folgten durch die Nachfolger Alberts: durch seinen Adoptivsohn Erzherzog Carl (der Sieger von Aspern) und durch dessen Sohn Albrecht, der in der zweiten Hälfte des 19. Jh. das äußere Erscheinungsbild der Albertina dem Ringstraßenstil anpasste. Daraus erklärt sich auch die erhöhte Lage des Palais, das auf den letzten Resten der alten Verteidigungsanlagen ruht. Vor dem Eingang steht das Reiterstandbild Albrechts.

Zu besichtigen ist heute eine Zimmerflucht von erlesener Pracht. Seidentapeten und Intarsienparkett, vergoldeter Stuckdekor und glitzernde Kristallluster, dazu kostbares historisches Mobiliar: die Habsburgischen Prunkräume zeigen sich überaus glamourös. Besonders beeindruckend sind das Goldkabinett, das goldlegierte Boudoir der Erzherzogin Marie Christine und der schmucke Musensaal, in dem man sich so manche rauschende Ballnacht lebhaft vorstellen kann.

Auf den Reichtum der hauseigenen Sammlung verweisen die Grafiken und Gemälde, die in den Räumlichkeiten als Faksimiles hängen – allen voran natürlich das berühmteste Langohr der Welt: Dürers „Feldhase“, dazu Akte von Schiele oder auch Skizzen von Michelangelo, Raffel und Rubens. Denn: Albert hatte nicht nur einen Sinn fürs schöner Wohnen, sondern auch einen exquisiten Kunstgeschmack. Gepaart mit einer gehörigen Portion Sammelleidenschaft (und dem finanziellen Hintergrund) ergab das am Ende seines Lebens die bedeutendste Kunstsammlung Europas.

Und der Bestand der Albertina wuchs beständig weiter: Über eine Million Werke lagern im hauseigenen Speicher: Gemälde, Aquarelle, Druckgrafiken, Skizzen, vom Spätmittelalter bis heute, ergänzt durch eine Architektursammlung von Borromini bis Loos und Wagner (und darüber hinaus) sowie eine umfangreiche historische Fotosammlung. Dennoch stellt die Sammlung Batlinger für die Albertina und ihre Besucher einen Glücksfall dar. Ergänzt durch die Sammlungen Djerassi und Forberg sowie den eigenen hochklassigen Bestand steht der Albertina eine ungeheuer reiche Kollektion von bedeutenden Werken der Moderne zur Verfügung – vom französischen Impressionismus über Surrealismus und Expressionismus, die russische Avantgarde bis in die zweite Hälfte des 20. Jh. In wechselnder Hängung präsentiert die Albertina ein *Who is Who* der großen Meister: Sisley, Renoir, Toulouse-Lautrec und Monet (darunter die berühmten „Seerosen“), Cezanne und Degas, Miró, Ernst, Magritte und Picasso, Kirchner, Pechstein und Mueller, Macke, Kandinsky und Münter, Boeckl und Kokoschka, Feininger, Klee etc. sowie Chagall und

Vor der Albertina erhebt sich das Reiterdenkmal von Erzherzog Albrecht

Malewitsch bis hin zu Warhol, Bacon, Baselitz und Richter, nicht zu vergessen faszinierende Skulpturen von Giacometti … Darüber hinaus ergänzen wechselnde Ausstellungen das reiche kunstsinnige Angebot.

Als letzte bauliche Veränderung der Albertina übrigens ragt das seinerzeit umstrittene Flugdach weit über den Eingangsbereich heraus. Mittlerweile ist der markante „Soravia Wing", der die Spannung zwischen altehrwürdigem Palais und (moderner) Kunstsammlung gekonnt in Szene setzt, selbst ein Wahrzeichen der Albertina.

Info

Hinkommen: Bus 2 A bis Albertinaplatz, Straßenbahn D, 1, 2 und 71 bis Kärntner Ring/Oper, U 1, U4 und U 2 bis Karlsplatz.
Information: **Albertina**, Albertinaplatz 1, 1010 Wien, Tel. 01/534830, www.albertina.at, tgl. 10–18, Mi bis 21 Uhr, Eintritt 14 €, erm. 11–12 €, bis 19 Jahre frei.
Essen & Trinken: **Bitzinger**, tgl. 8–4 Uhr (S. 165). Das Standl bei der Albertina ist eine Institution, die *Käsekrainer* stadtbekannt. Standesunterschiede gibt es am Standl nicht, ob Tourist, Ministeriale oder Arbeiter, des Tags oder mitten in der Nacht, man steht gemeinsam mit Würstl und Bier um den Imbiss. Die *Käsekrainer* schmeckt übrigens besonders gut mit frisch geriebenem Kren (Meerrettich).
In der Nähe: Hofburg (S. 18), Schatzkammer (S. 128), Sisi-Museum (S. 60), Spanische Hofreitschule (S. 80), Kärntner Straße (S. 16), Burggarten (S. 92)

51 Leopold Museum und mumok – die großen Museen im MuseumsQuartier

In den markanten Neubauten des MuseumsQuartiers sind herausragende Kunst-Sammlungen untergebracht. Das Leopold Museum präsentiert rund um die weltweit bedeutendste Schiele-Sammlung eine grandiose Zusammenstellung österreichischer Kunst um 1900, vom Jugendstil bis zum Expressionismus. Das mumok schließt quasi daran an und zeigt österreichische und internationale Kunst von der Klassischen Moderne bis heute.

Das **Leopold Museum** **51a** ist eine Reise in die Wiener Moderne. Der Arzt und Kunstsammler Rudolf Leopold (1925–2010) stieß 1950 auf einen fast vergessenen Künstler: Egon Schiele (s. auch S. 226). Leopold erkannte Schieles Bedeutung und begann dessen Werke zu sammeln. Er trug nicht nur die größte und bedeutendste Sammlung weltweit zusammen, sondern auch maßgeblich dazu bei, dass die herausragende Bedeutung des früh verstorbenen Genies Schiele international anerkannt wurde. Zu sehen sind die großformatigen „Eremiten" (1912), die Schiele mit dem von ihm verehrten Gustav Klimt zeigt, natürlich zahlreiche Akte und Selbstporträts (darunter die „Liegende Frau" von 1917 und das „Selbstbildnis mit Lampionfrüchten" von 1912) sowie faszinierende Stadt- und Landschafts-Ansichten (wie „Tote Stadt III" von 1911, „Versinkende Sonne" von 1913 oder der „Herbstbaum in bewegter Luft" von 1912).

Neben Gemälden, Aquarellen und Zeichnungen Schieles erwarb Leopold auch eine nicht minder grandiose Sammlung weiterer Verteter der Wiener Secession und des Österreichischen Expressionismus, darunter Meisterwerke von Gustav Klimt (wie „Tod und Leben" oder „Die große Pappel II (Aufziehendes Gewitter)" von 1903), Oskar Kokoschka („Selbstbildnis, eine Hand ans Gesicht gelegt" (1918/19), Richard Gerstl, Anton Kolig, Herbert Boeckl oder auch Albin Egger-Lienz. Ein weitere Ausstellungsschwerpunkt widmet sich den Objekten der 1903 gegründeten Wiener Werkstätte um Koloman Moser und Josef Hoffmann. 2019 wird ein bedeutender

Egon Schiele, Selbstbildnis mit Lampionfrüchten, 1912

Teil der Sammlung, flankiert von prominenten Leihgaben, in einer neuen Ausstellung präsentiert. Darüber hinaus gibt es regelmäßig Sonderausstellungen. Kurzum: ein Muss!

Das Leopold Museum im Museumsquartier

Auch das **mumok** 51b resultierte aus einer Privatsammlung: Das **Museum moderner Kunst Stiftung Ludwig** verfügt über einen beeindruckenden Bestand an internationaler Kunst des 20. und 21. Jh., darunter Werke von Picasso, Kokoschka und Beuys bis Richter, Spoerri und Gilbert & George. Schwerpunkte der Sammlung sind u.a. die Klassische Moderne, Pop Art (u.a. Warhol und Lichtenstein), bedeutende Zeugnisse des Wiener Aktionismus (u.a. Günter Brus und Hermann Nitsch) sowie Gegenwartskunst. Neben wechselnden Ausstellungen aus der eigenen umfangreichen Sammlung werden auch Sonderausstellungen präsentiert. Darüber hinaus ist es die faszinierende Architektur des Museums, die einen Besuch zum Erlebnis macht.

Info

Hinkommen: U 2 bis MuseumsQuartier sowie U 2 und U 3 bis Volkstheater, Straßenbahn 49 bis Volkstheater, Straßenbahn D, 1, 2 und 71 bis Burgring oder Dr.-Karl-Renner-Ring.
Information: **Leopold Museum** 51a, Museumsplatz 1 (Hof 1), 1070 Wien, Tel. 01/525700, www.leopoldmuseum.org, Mi, Fr–Mo 10–18, Do bis 21 Uhr (Di geschl., Juni–Aug. tgl. geöffnet), Eintritt 13 €, erm. 8–9 €, Kombitickets mit mumok, Kunsthistorischem Museum oder MAK.
mumok 51b, Museumsplatz 1 (Hof 1), 1070 Wien, Tel. 01/52500, www.mumok.at, Mo 14–19, Di–So 10–19, Do bis 21 Uhr, Eintritt 12 €, erm. 8–9 €, Kombiticket mit Leopold Museum 20,50 €, erm. 16 €.
Shopping: **Komische Künste**, Shop und Galerie im **quartier 21** (gegenüber Leopold Museum), Museumsplatz 1, 1070 Wien, Tel. 01/8902753, www.komischekuenste.com, tgl. 11–18 Uhr. Kunst mit Pointe. Wechselnde Ausstellungen von Cartoons und Karikaturen. Wer sich ein Werk z. B. von Haderer, Sowa oder Glück ins Wohnzimmer hängen will, kann hier signierte Faksimiles erwerben. Im Shop sind neben den gängigen Cartoonbüchern die Ausstellungskataloge interessant.
Buchhandlung Walther König, MuseumsQuartier 1, 1070 Wien, Tel. 01/5128588, www.buchhandlung-walther-koenig.de, Mo–Sa 10–19, So 12– 19 Uhr. Die renommierte Verlagsbuchhandlung unterhält eine Filiale in der Passage des MuseumsQuartier, umfangreich, sehr gut sortiert, Kunst, Design, Architektur, Fotografie, Mode.
Drumherum: MuseumsQuartier (S. 30)
In der Nähe: Maria-Theresien-Platz (S. 94), Kunsthistorisches Museum (S. 122), Naturhistorisches Museum (S. 124)

52 Das österreichische Literaturmuseum im Grillparzerhaus

Mit Spannung erwartet wurde das erste österreichische Literaturmuseum, das im Frühling 2015 im Grillparzerhaus in der Johannesgasse seine Pforten öffnete. Und die Erwartungen wurden nicht enttäuscht – den literarisch Beschlagenen wie auch den interessierten Gelegenheitslesern wird eine bunte Mischung aus all dem geboten, wofür man die (österreichische) Literatur liebt. Kurzum: ein Museum, das Spaß macht, neue Horizonte öffnet und in dem man sich stundenlang verlieren kann.

Von 1848 bis zu seinem Ruhestand im Jahr 1856 lebte und arbeitete Franz Grillparzer (1791–1872) in diesem Gebäude, insgesamt war er 24 Jahre lang Hofarchivar der k. u. k. Monarchie. Sein original erhaltenes Arbeitszimmer im zweiten Stock ist in die Ausstellung integriert. Während der dritte Stock wechselnden Ausstellungen vorbehalten ist, widmet sich der zweite Stock grob der Zeit der Aufklärung bis zum Ersten Weltkrieg, der erste Stock führt von 1918 bis in die Gegenwart – man arbeitet sich also nach unten.

Die Ausstellung im zweiten Stock stellt zunächst die grundsätzliche Frage nach dem Wesen der österreichischen Literatur (in Form einer Hörcollage), außerdem sind ein paar abgefahrene Video-Installationen zu sehen, u.a. Kafkas „Verwandlung" in Gebärdensprache oder aber Peter Handkes Aufstellung des 1. FC Nürnberg (27.1.1968). Daneben nehmen sich die Originalstücke in der Vitrine fast schon ein bisschen langweilig aus – Grillparzers Regenschirm neben Heimito von Doderers Morgenmantel, dazu ein Stück vom Balkongeländer aus Kafkas Wohnung u.v.m.

Die überwiegend chronologisch angeordnete Ausstellung zeigt dann auch weiterhin einige originale Handschriften, Briefwechsel, Fotos und andere Dokumente im Kontext ihrer Zeit und des Autors bzw. der Autorin. Grillparzer, Nestroy, Raimund wird hier Raum gegeben, außerdem Schnitzler, Kafka, Stifter und Zweig, Ida Pfeiffer und Marie von Ebner-Eschenbach, dazwischen immer wieder Peter Handke. Ein besonderer Fokus liegt natürlich auf Wien um 1900 (u.a. mit den berühmten „Kaffeehausliteraten" Karl Kraus und Peter Altenberg), aber auch auf anderen Schwerpunkten wie Kafka (der Wien ja nicht so sehr liebte) und die Beziehung Prag und Wien, untermalt von verschiedenen Film- und Theatermitschnitten aus Werken dieser Zeit.

Im ersten Stock wird der Zwischenkriegszeit mit ihren Vertretern viel Raum gegeben – Robert Musils „Mann ohne Eigenschaften" gilt schließlich als ein Schlüsselwerk der Moderne, und auch Heimito von Doderer („Die Strudlhofstiege") und Ödön von Horváth („Geschichten aus dem Wienerwald") kommen natürlich nicht zu kurz. Die Autorinnen der Zwanziger Jahre, der Philosophenzirkel „Wiener Kreis" und die besondere Beziehung zwischen Wien und Berlin bilden weitere Schwerpunkte, illustriert von originalen Manuskripten u. a. von Ludwig

Das Arbeitszimmer von Franz Grillparzer

Wittgenstein und Elias Canetti wie auch Filmen der 1920er-Jahre. Bürgerkrieg und Austrofaschismus sowie Flucht und Vertreibung sind eigene Abteilungen gewidmet.

Die Nachkriegsliteratur stellt sich u.a. der Aufarbeitung des Nationalsozialismus in Österreich (und Wien). Hier kommen Ingeborg Bachmann und Ilse Aichinger, Ernst Jandl und natürlich Thomas Bernhard, Elfriede Jelinek, Peter Handke, Christoph Ransmayer, Peter Turrini und Robert Schindel und andere zu Wort. Unbedingt anschauen sollte man sich auch einige der Videomitschnitte, zu empfehlen etwa: „Der Herr Karl" von Helmut Qualtinger und Carl Merz, die „Publikumsbeschimpfung" von Peter Handke und die skandalumwitterte Uraufführung von Thomas Bernhards „Heldenplatz" in der Inszenierung von Claus Peymann. So wird Literaturgeschichte in diesem Museum auch zur politischen und zur Zeitgeschichte.

Info

Hinkommen: U 1/U 3 bis Stephansplatz, Straßenbahn D, 1, 2 und 71 bis Kärntner Ring/Oper.
Information: **Literaturmuseum** der Österreichischen Nationalbibliothek, Grillparzerhaus, Johannesgasse 6, 1010 Wien, Tel. 01/53410780, www.onb.ac.at, Di–So 10–18, Do bis 21 Uhr, Juni–Sept. auch Mo 10–18 Uhr. Eintritt 7 €, erm. 5,50 € bzw. 4,50 €, Familienkarte 12,50 €, bis 19 Jahre frei. Auf Wunsch bekommt man an der Kasse ein Tablet zur Vertiefung des Rundgangs durch das Museum ausgehändigt. Interessante Veranstaltungen finden rund ums Jahr statt.
Essen & Trinken: **Café Frauenhuber**, Himmelpfortgasse 6, 1010 Wien, Tel. 01/5125353, www.cafefrauenhuber.at, Mo–Sa 8–23, So 10–22 Uhr. Herrlich altmodisches Kaffeehaus mit guter Küche, in der Parallelstraße zur Johannesgasse, nur wenige Gehminuten vom Literaturmuseum entfernt.

53 Das Kunsthistorische Museum – ein Museum von Weltrang

Das Kunsthistorische Museum Wien ist eines der bedeutendsten Kunstmuseen der Welt. Allein die zentrale Mittelachse aus Vestibül, Stiegenhaus und Kuppelhalle ist ein vielgestaltiges, farbenprächtiges Kunstwerk. Der Weg hinauf von der Eingangshalle über das Treppenhaus bis unter die überwältigende Kuppel bereitet einen einzigartigen Kunstgenuss.

In der bildlichen Ausgestaltung des **Stiegenhauses** findet sich bereits ein kunsthistorisches Programm: Zwischen Säulen und Bögen porträtieren Franz Matsch und die Brüder Klimt eine kleine Geschichte der Malerei, darunter Gustav Klimts berühmtes Frauenpaar „Griechische Antike und Aegypten". Darüber in den Lünetten stellte Hans Makart neben Allegorien der Kunst berühmte Künstler bei der Arbeit dar, z.B. Michelangelo und sein „Adam". Und darüber erstreckt sich das monumentale Deckengemälde „Apotheose der Kunst" von Mihály von Munkácsy. Die Pracht gipfelt in der grandiosen, reich verzierten, von Licht durchfluteten Kuppelhalle dieses Tempels der Kunst.

Damit genug der Superlative? Mitnichten. Nicht nur die **Antikensammlung** gehört zu den bedeutendsten der Welt, auch die Ägyptisch-Orientalische Sammlung muss den internationalen Vergleich nicht scheuen, während sich in der Kunstkammer Kostbarkeiten von unschätzbarem Wert versammeln. Und noch befinden wir uns lediglich im Hochparterre. Im ersten Stock eröffnet sich mit der **Gemäldesammlung** nicht weniger als eine Kollektion aus Meisterwerken der Kunstgeschichte. Hier hängen großartige Werke von Tizian, darunter „Bravo" in unerhörter Spannung. Überaus anmutig sitzt Raffaels „Madonna im Grünen". Im Licht- und Schattenspiel Caravaggios wird u.a. die „Dornenkrönung Christi" zu einem eindringlichen Drama. Velázquez macht pummelige Königskinder zu Persönlichkeiten und Canaletto entwirft seine detaillierten, stimmungsvollen Stadtansichten. Andrea Mantegnas „Sebastian", Bernardo Strozzis „Lautenspieler", Parmigiano, Veronese, Lorenzo Lotto und Tiepolo – und noch immer sind wir nicht bei den flämischen und deutschen Maler angelangt:

Prachtvoll ausgestaltet: das Stiegenhaus des Kunsthistorischen Museums

Pieter Bruegel d. Ä.: Die Jäger im Schnee (1565)

Dort finden sich unter anderen Meisterwerken Dürers Porträt von „Kaiser Maximilian I." sowie die drastische „Marter der Zehntausend Christen", Cranachs (d. Ä.) „Adam und Eva", Holbeins Porträt von „Jane Seymour", ein Raum voller Rubens, darunter das reizende „Pelzchen", und ein Raum voll van Dyck, Vermeers berühmte „Malkunst", Teniers eng gehängte „Galerie", van Riusdael „Der große Wald", Rembrandt im Selbstporträt. Und schließlich ein weiterer Höhepunkt in dieser an Höhepunkten wahrlich reich gesegneten Kollektion: Die einzigartige Sammlung von Gemälden von Pieter Bruegel d. Ä., darunter „Der Turmbau zu Babel", die „Bauernhochzeit" und drei seiner Jahreszeitenbilder – „Düsterer Tag", „Heimkehr der Herde" und „Jäger im Schnee". Sie hatten heute hoffentlich keine weiteren Besichtigungen vor. Dieses Museum duldet keine Museumsbesuche neben sich.

Nicht unerwähnt bleiben dürfen abschließend ein paar exquisite Staubfänger aus der **Kunstkammer**, allen voran Cellinis berühmte „Saliera". Dazu gesellen sich zahllose Kuriositäten, Kostbarkeiten und Kunstwerke wie der „Straußenei-Pokal", die ausdrucksstarke „Elfenbeinfurie", Giambolognas Bronzestatuette „Merkur" oder die berühmte holzgeschnitzte „Vanitas". Und schließlich die fantastischen Automaten, wie das filigran gestaltete Segelschiff, das man dank Filmaufnahmen auch in Aktion bestaunen kann.

Nach all dem Staunen hat man sich einen Kaffee verdient – und staunt auch hier unter der grandiosen Kuppel im Herzen dieses Tempels der Kunst.

Info

Hinkommen: U 2 bis MuseumsQuartier, U 2 und U 3 bis Volkstheater, Straßenbahn D, 1, 2 und 71 bis Burgring, Straßenbahn D, 1, 2, 46, 49 und 71 bis Dr.-Karl-Renner-Ring oder 49 bis Volkstheater.

Information: Kunsthistorisches Museum Wien, Maria-Theresien-Platz, 1010 Wien, Tel. 01/525240, www.khm.at, tgl. außer Mo 10–18, Do bis 21 Uhr (Juli/Aug. tgl.), Eintritt 15 €, erm. 11–14 €, bis 19 Jahre frei, bei Sonderausstellungen evtl. Aufschlag.

Essen & Trinken: Café und Restaurant im KHM, Tel. 050/8761001. Eine Kunstpause in imperialem Gepränge, sehr stilvoll, aber nicht eben günstig.

Tipp: Inside Bruegel, Makrofotografien und mehr von Bruegels Wiener Gemälden, zum Stöbern und Entdecken unter www.insidebruegel.net.

In der Nähe: Naturhistorisches Museum (S. 124), MuseumsQuartier (S. 30), Parlament (S. 62), Hofburg (S. 18)

54 Das Naturhistorische Museum – von Dinos und Dodos

Es war aber auch wirklich an der Zeit. In den alten Ausstellungsräumen am Josefsplatz war einfach kein Platz für eine der bedeutendsten zoologischen Sammlungen der Welt. Für die Giraffe musste sogar ein Loch durch die Decke geschlagen werden, weil der Raum zu niedrig war.

Glücklicherweise initiierte seine Majestät den Bau der Ringstraße (S. 22), zu dessen illustren Ergänzung von Anfang an die beiden Museen am heutigen Maria-Theresien-Platz (S. 94) vorgesehen waren. Die Pracht der Neorenaissancefassade setzt sich im Inneren fort: Das Stiegenhaus zieren Statuen berühmter Denker und Forscher von Aristoteles bis Alexander von Humboldt sowie das monumentale Deckengemälde „Kreislauf des Lebens". Unter der prächtigen Kuppelhalle sind im Dekor u. a. die im Haus vertretenen Wissenschaften dargestellt. Und in den kunstvoll gestalteten Sälen korrespondieren die Gemälde und Dekorationen mit den jeweiligen Ausstellungen.

Rund 30 Millionen Objekte sollen sich in der Obhut des Museums befinden, etwa 100.000 sind in den drei Dutzend Sälen ausgestellt. Grob überrissen werden im Hochparterre Minerale, Gesteine und Meteoriten, Erd- und Urgeschichte behandelt, während sich das Obergeschoss ganz der Zoologie widmet. Teile der Ausstellung sind an sich bereits historisch bedeutsam. Vielleicht wird man sich beispielsweise in der **Mineraliensammlung** nicht jeden Quarz einzeln und im Detail betrachten, aber in der Gesamtschau ist die historische Sammlung durchaus beeindruckend, und von der **Meteoritensammlung** heißt es, sie sei die größte der Welt. Daneben finden sich aber auch museale Attraktionen von heute. In der überaus informativ gestalteten **erdgeschichtlichen Abteilung** kann man z. B. Hand anlegen an das Rad der Zeit und den Kontinentaldrift verfolgen – und dabei auch einen Blick in die Zukunft werfen (erdgeschichtlich überschaubare 250 Millionen Jahre). Bei den **Dinos** erwacht ein Saurier zum Leben und in der **anthropologischen Abteilung** spaziert ein *Australopithecus-afarensis*-Pärchen durch den Saal XV.

Das wohl kostbarste Exponat der überaus umfangreichen Sammlungen aber ist eine gerade einmal elf Zentimeter große Kalksteinfigur. Doch die kleine Frauenfigur ist nicht nur (sehr) üppig, sie ist auch uralt, etwa 25.000 Jahre alt. Sie ahnen es, bei der rüstigen Dame handelt es sich um die berühmte „**Venus von Willendorf**", die in der prähistorischen Abteilung ausgestellt ist.

Begrüßung vor dem Naturhistorischen Museum

Naturhistorisches Museum im Stil der Neorenaissance

Im Obergeschoss erreicht man schließlich die **zoologische Sammlung**. Ausgestopfte Tiere mögen nicht jedermanns Sache sein, aber allein schon die Vogelsammlung ist bemerkenswert. Sie geht zurück auf die Privatsammlung des Falkners von Kaiser Franz I. und zeigt zahllose heimische und exotische Vögel, ein paar davon landeten mit der Weltumsegelung von James Cook in Wien. Unter den ausgestellten Präparaten finden sich auch ein paar *(dead as a dodo)* ausgestorbene Tiere, wie der bedauernswerte Dodo – ein hässlicher Vogel – oder der Beutelwolf. Und schließlich erreicht man auch den Saal für die ganz großen Tiere, in dem neben einem stattlichen Seeelefanten und zwei afrikanischen Elefanten auch die Giraffe ihren schlanken Hals unbekümmert strecken kann.

Info

Hinkommen: U 2 und U 3 bis Volkstheater, U 2 bis MuseumsQuartier, Straßenbahn 49 bis Volkstheater, Straßenbahn D, 1, 2, 46, 49 und 71 bis Dr.-Karl-Renner-Ring oder D, 1, 2 und 71 bis Burgring.

Information: Naturhistorisches Museum Wien, Maria-Theresien-Platz, 1010 Wien, Tel. 01/521770, www.nhm-wien.ac.at, Do–Mo 9–18.30, Mi bis 21 Uhr, Di geschl., Eintritt 12 €, erm. 7–10 €, bis 19 Jahre frei.

Essen & Trinken: Café in der Kuppelhalle, Tel. 0664/60408600, Mi–Mo 10–18.30 Uhr. Prächtiges Ambiente in der mächtigen Kuppelhalle, Frühstück bis 11.30 Uhr, Kleinigkeiten und natürlich Kuchen.

Tipp: In der anthropologischen Abteilung kann man in einem Passbildautomaten auch ein „urmenschliches" Foto von sich selbst knipsen. Und stets lohnt es sich, den Blick von den Vitrinen zu heben, um Gemälde und Dekor zu betrachten.

In der Nähe: Maria-Theresien-Platz (S. 94), Kunsthistorisches Museum (S. 122), MuseumsQuartier (S. 30), Parlament (S. 62), Hofburg (S. 18)

55 Wahrzeichen des Wiener Jugendstils – die Secession

Das auffällige „**Secessionsgebäude**" – so der korrekte Name – am Anfang des Naschmarkts ist nicht zu übersehen. 1898 entstand es als neues Ausstellungshaus der Wiener Secessionisten, den Baugrund dafür hatte die Stadt Wien gestiftet, die Baukosten wurden von Kunstmäzenen ihrer Zeit getragen. Modern sollte es sein und sich unbedingt vom rückwärtsgewandten Historismus der Ringstraße abheben, was dabei herauskam war nicht weniger als Wiens bedeutendster Jugendstilbau mit seinem charakteristischen „Krauthappel" (Krautkopf), der Kuppel aus rund 3.000 vergoldeten Lorbeerblättern. Architekt dieses Prestigebaus war **Joseph Maria Olbrich**, Mitarbeiter von Otto Wagner und später maßgeblicher Mitgestalter der Darmstädter Mathildenhöhe.

Ihrer Bestimmung als modernes Ausstellungsgebäude folgend, zeigte die Secession von Anfang an wechselnde Ausstellungen zeitgenössischer Kunst, deren spektakulärste sicherlich die Beethovenausstellung von 1902 (anlässlich des 75. Todestages des Komponisten) war. Eigens zu diesem Anlass schuf Gustav Klimt sein berühmtes Beethovenfries (s. unten). 1945 wurde das Gebäude von Bomben getroffen und weitgehend zerstört (die Lorbeerkuppel blieb aber erhalten), 1984–1986 wurde umfänglich restauriert, dabei hob man eine tiefe Baugrube aus, wo sich heute – im Untergeschoss – der eigens gebaute, speziell temperierte Raum mit dem Beethovenfries befindet.

Bevor man sich die Secession von innen anschaut, lohnt ein Blick auch außen: Vom Ring kommend fällt der Blick erst einmal auf die mächtige Bronzeskulptur

Die Wiener Secession

1897 spaltete sich die Künstlergruppe um Gustav Klimt vom traditionsverhafteten Künstlerhaus und der Kunstakademie ab, um die eigene Vereinigung namens „Secession" (Abspaltung) zu gründen. Mitglieder der ersten Stunde waren u. a. Josef Hoffmann, Koloman Moser und Joseph Maria Olbrich, 1899 schloss sich auch Otto Wagner der Gruppe an. *„Der Zeit ihre Kunst, der Kunst ihre Freiheit"* wurde zum Leitspruch der Secession, ebenso der *„Ver Sacrum"* (der „Heilige Frühling"), wie auch die aufwendig gestaltete Publikation der Künstlervereinigung hieß (gab es nur bis 1903). Bereits 1905 verließen die meisten Gründungsmitglieder die Gruppe wieder und mit dem Wiener Jugendstil, für den der Begriff „Wiener Secession" im Prinzip synonym steht, war es wenige Jahre später auch vorbei. Doch als Ausstellungsgebäude für zeitgenössische Kunst gilt die Secession noch heute als eine der ersten Adressen in Wien.

Drei Gorgonenhäupter bewachen den Eingang des Secessionsgebäudes

Die Kuppel des Secessionsgebäudes besteht aus rund 3.000 vergoldeten Lorbeerblättern

„Marc Aurel" (1899) des österreichischen Bildhauers Arthur Strasser, die er für die Pariser Weltausstellung von 1900 geschaffen hat. Die Fresken der Fassade der Secession stammen von Koloman Moser.

Im lichten Hauptraum im Erdgeschoss des Secessionsgebäudes werden jährlich etwa zehn bis 15 wechselnde Ausstellungen zeitgenössischer Kunst gezeigt (darunter häufig Video-Installationen), ebenso in der Galerie und im Grafischen Kabinett im Obergeschoss. Im Untergeschoss ist eine Ausstellung zur Baugeschichte der Secession zu sehen, ganz nach unten gelangt man dann schließlich zum berühmten **Beethovenfries** (1901) von Gustav Klimt (1862–1918), einer Interpretation von Beethovens 9. Sinfonie, die mit ihren drastischen Darstellungen – vor allem die der „feindlichen Gewalten" – vielen Wienern damals aber gar nicht so recht gefallen wollte (Beiblätter mit Erläuterungen zum Fries liegen aus). Ursprünglich befand sich der Fries im linken Saal im Erdgeschoss, wurde aber bereits 1903 entfernt und ist erst seit 1986 wieder in der Secession zu sehen.

Info

Hinkommen: U 1, U 2, U 4 bis Karlsplatz oder Straßenbahn D, 1, 2 und 71 bis Kärntner Ring/Oper.
Information: **Secession**, Friedrichstraße 12, 1010 Wien, Tel. 01/5875307, www.secession.at, Di–So 10–18 Uhr, Eintritt 9,50 €, erm. 6, Audioguide 3 €, Führungen Sa um 14 Uhr (3 €).

Essen & Trinken: Nur über die Straße ist es zum **Naschmarkt** (S. 26) mit seinem riesigen kulinarischen Angebot nicht weit. Eines der schönsten Wiener Kaffeehäuser, das **Café Sperl** 70a, befindet sich quasi um die Ecke (S. 158).
In der Nähe: Naschmarkt (S. 26), Freihausviertel (S. 42), Karlskirche und Karlsplatz (S. 58), Shoppingmeilen Gumpendorfer und Mariahilfer Straße (S. 154)

56 Die Schatzkammer – Insignien der Macht

Die Schatzkammer der Habsburger beherbergt weit mehr als nur das familiäre Tafelsilber. Das findet sich eher in der Silberkammer – und auch in der Kunstkammer des Kunsthistorischen Museums, deren Preziosen zwar überaus kunstvoll und kostbar sind, aber letztlich nur Spielzeug. In der Schatzkammer dagegen liegen Insignien der Macht.

Stimmungsvoll wird der kaiserliche Hort in düsteren Räumlichkeiten in Szene gesetzt. Müßig zu erwähnen, dass es sich bei der Schatzkammer der Habsburger um die bedeutendsten Sammlungen symbolisch aufgeladener Kleinodien handelt. Bereits im ersten Saal sind die Insignien der österreichischen Erblande zu sehen, darunter nicht nur Zepter und Reichsapfel, sondern auch – nicht minder kunstvoll gestaltet – Hundehalsband und Falknerkappen. Es folgt ein erster Höhepunkt der Sammlung: die Krone Kaiser Rudolfs II. (1602).

Die Habsburgerkronen waren ursprünglich nur ein Ersatz für die Krone des Heiligen Römischen Reiches. Seit den Tagen Albrechts II. wärmten zwar die Hintern der Habsburger diesen Thron, doch die Reichsinsignien wurden nur zur Krönung aus Nürnberg herangebracht und mussten nach der Krönung wieder zurückgegeben werden. Deshalb ließen sich die Habsburger, quasi für den Hausgebrauch, eigene Kronen anfertigen, die meist nach dem Tod des Fürsten wieder gebrochen wurden. Nicht so die Krone Kaiser Rudolfs II., was den erhaltenen Kopfschmuck noch wertvoller macht. Auf dem berühmten Gemälde Friedrich Amerlings sieht man Franz II. im vollen Ornat (1832).

Nach verschiedenen Heroldsmänteln und weltlichen Ordensornaten finden sich auch ein paar Erinnerungsstücke an die napoleonische Zeit – z. B. die Thronwiege des neugeborenen Königs von Rom (1811), verziert mit bonapartistischen Bienen. Nicht fehlen darf die (natürlich) einzigartig erlesene Sammlung von Schmuckstücken – darunter ein beachtlicher, zu einem Gefäß geschliffener Smaragd und ein vom Doppel-

Insignien der Macht: Kaiserkrone, Zepter und Reichsapfel

adler gefasster Hyazinth namens „La Bella". Und schließlich gibt es die beiden Unveräußerlichen Erbstücke zu bestaunen: die größte Achatschale der Welt und das Horn eines sagenhaften Einhorns – also den Stoßzahn eines Narwals. Weitere Wunder finden sich in der Geistlichen Schatzkammer, darunter ein Schweißtuch der Veronica (zumindest eine echte Kopie des Original-Sudariums, heute in Manopello, Abruzzen), ein Nagel vom Kreuz (rechte Hand) und ein (Backen-) Zahn des hl. Petrus. Genug Heiligkeit, um ganze Bistümer selig zu machen.

Reichskrone: die Krone der Könige und Kaiser des Heiligen Römischen Reiches

Dann endlich das kaiserliche Ornat (insbesondere der Krönungsmantel aus dem 12. Jh.) und die Reichskleinodien: Reichskrone, Reichsschwert und Reichsapfel, nicht zu vergessen die Heilige Lanze und ein Stück Holz vom Kreuz Christi, samt Nagelloch und durchtränkt vom Blut Jesu – das juwelenbesetzte Reichskreuz diente zur Aufbewahrung dieser Passionsreliquien. Zu den Reichskleinodien gibt es übrigens auch die passenden Futterale, also Koffer, damit auf Reisen auch nichts zu Schaden käme. Doch mit dem Reisen ist es längst vorbei. Wie erwähnt waren die Reichskleinodien eigentlich in Nürnberg beheimatet. Doch die Wirren der Revolutionskriege brachten die Symbole europäischer Herrschaft 1800 nach Wien. Und dort blieben sie, auch als der französische Kaiser längst ein Häuschen auf einer fernen Atlantikinsel bezogen hatte. An Rückgabe dachten die Habsburger nicht. Das Heilige Römische Reich war gerade Geschichte geworden (kennt man vielleicht noch aus der Schule: 1803 Reichsdeputationshauptschluss). Da konnten Krone, Schwert, Kreuz, Apfel und Lanze auch gleich in Wien bleiben.

Abschließend sind noch die Ornate des Ordens vom Goldenen Vlies und die überaus kostbar bestickten burgundischen Messornate zu sehen.

Info

Hinkommen: U 3 bis Herrengasse, Straßenbahn D, 1, 2 und 71 bis Burgring.
Information: **Kaiserliche Schatzkammer Wien**, Hofburg (Schweizerhof), 1010 Wien, Tel. 01/525240, www.kaiserliche-schatzkammer.at, tgl. außer Di 9–17.30 Uhr, Eintritt 12 €, erm. 9–11 €, bis 19 Jahre frei.
Essen & Trinken: **Café Bräunerhof** 70b (S. 158).
In der Nähe: Hofburg (S. 18), Spanische Hofreitschule (S. 80), Sisi-Museum (S. 60), Nationalbibliothek (S. 138)

57 Das Weltmuseum – in 14 Sälen um die Welt

Hofjagd- und Rüstkammer

Wer meint, noch nicht genug besichtigt zu haben, findet im Obergeschoss die Hofjagd- und Rüstkammer. Hier steht allerlei Blechernes zu Wehr- und Zierzwecken, vornehmlich aus dem Herbst des Mittelalters: Rüstungen, Waffen, Schilde und noch mehr Harnische, manches davon zu Pferde präsentiert, anderes orientalisch, das meiste wohl nicht wehrtauglich, dafür aber recht stattlich.

Café in der prachtvollen Säulenhalle

Es will keinen rechten Anfang haben und hat entsprechend auch kein eindeutiges Ende. Kein roter Faden und keine Richtungshinweise leiten durch die Ausstellung auf ein definierbares Ziel hin. Und genau das ist eine der Stärken des überaus faszinierenden Weltmuseums in der Wiener Hofburg.

Bevor man staunend durch exotische Welten streift, steht man erst einmal – nicht minder staunend – in der zentralen Säulenhalle. Im Zwischengeschoss rund um diese prachtvolle Halle ist das Weltmuseum untergebracht (im Obergeschoss finden sich die Hofjagd- und Rüstkammer sowie die Sammlung alter Musikinstrumente). Das Weltmuseum Wien hat eine lange Tradition. Ein Highlight der Ausstellung ist zugleich auch der Ursprung des Museums: Kunstvolle Objekte, die durch James Cooks Südseereisen nach Europa gelangten, bildeten den Kern der „k. k. Ethnographischen Sammlung", die später zum Museum für Völkerkunde wurde. Letzteres öffnete Ende 2017 nach mehrjähriger Schließung neugestaltet als Weltmuseum wieder seine Pforten. In 14 Sälen um die Welt: Man besucht ein buddhistisches Dorf im Himalaya, afrikanische Königreiche und die alten Kulturen Amerikas, den nahen Orient, ferne Südseewelten und vieles mehr. Ein Saal befasst sich mit Japans Beitrag zur Wiener Weltausstellung von 1873, ein weiterer Saal beleuchtet die Sammelwut der Habsburger. Bei diesem Spaziergang um die Welt bekommt man zumeist überaus kunstvolle und stets faszinierende Objekte zu sehen: aztekischen Kopfschmuck und hawaiische Götter, filigrane Schnitzerei aus Afrika und kostbare Webkunst aus dem arabischen Raum, indonesische Puppen und eindrucksvolle Masken aus der Südsee, chinesische Seide, japanische Malerei und vieles mehr.

Sammlung alter Musikinstrumente

Ziviler und deutlich empfindsamer, aber nicht weniger prachtvoll geht es in der anschließenden Sammlung alter Musikinstrumente weiter. Natürlich wird die in Heimatmuseen übliche Blockflötensammlung um Längen geschlagen. Kostbare Instrumente aus allen Epochen der Musikgeschichte bespielen die Vitrinen. Darunter finden sich auch ungewöhnliche Klangkörper wie die Basslautencister, das Spinett mit Spielbrett oder das Clavicytherium.

In diesem Museum lässt sich problemlos ein ganzer Tag und mehr verbringen. Die sehr ansprechend gestaltete Ausstellung ist überwältigend in ihrer farbenprächtigen Detailfülle, wirkt dabei aber nie überladen. Die begleitenden, teils interaktiven Texte sind überaus informativ. Dass hierbei nicht nur die koloniale Vergangenheit kritisch beleuchtet, sondern auch die eigene Sammlung – im Spannungsfeld zwischen erworbenen und geraubten Objekten – hinterfragt wird, ist eine weitere Stärke des sehenswerten Weltmuseums.

Aus fernen Südseewelten

Info

Hinkommen: Straßenbahn D, 1, 2 und 71 bis Burgring; U2/U3 bis Volkstheater, Ausgang Dr. Karl Renner Ring
Information: **Weltmuseum Wien**, Neue Burg, Heldenplatz, 1010 Wien, Tel. 01/53430-5053, www.weltmuseumwien.at, Do–Di 10–18, Fr bis 21 Uhr, Mi geschl., Erw. 12 €, erm. 9 €, unter 19 Jahren frei. Der Eintritt zur **Hofjagd- und Rüstkammer** sowie zur **Sammlung alter Musikinstrumente** ist im Ticket zum Weltmuseum inbegriffen, weitere Infos unter www.khm.at.
Einkaufen: **Imperial Shop Vienna**: „Where Sisi would shop", wirbt der neue Laden in der Hofburg. Nun gut, wir vermuten, dass Sisi hat shoppen lassen, aber sei's drum – wer ein Wien-Souvenir sucht, wird hier sicher fündig. Nebenan befindet sich das **Hofburg-Info-Center**. Tgl. 9–18 Uhr geöffnet.
Essen & Trinken: In der prachtvollen Säulenhalle befindet sich ein kleines Café, in dem man sich prächtig vom Museumsrundgang erholen und etwas entspannen kann.
Drumherum: Hofburg (S. 18), Haus der Geschichte Österreichs (S. 70), Schatzkammer (S. 128), Sisi-Museum (S. 60), Spanische Hofreitschule (S. 80), Prunksaal der Nationalbibliothek (S. 138)
In der Nähe: Burggarten (S. 92), Naturhistorisches Museum (S. 124), Kunsthistorisches Museum (S. 122), Maria-Theresien-Platz (S. 94)

58 MAK – Österreichisches Museum für angewandte Kunst / Gegenwartskunst

Achtung Designstudenten wie auch alle anderen Liebhaber der schönen und außergewöhnlichen Form: Dieses Museum ist ein Muss! Der mächtige Neorenaissancebau wurde 1871 von Heinrich Ferstel als Sitz für das **Österreichische Museum für Kunst und Industrie** hier am Stubenring vollendet, Vorbild war das Londoner South Kensington Museum von 1851. Angeschlossen war schon damals die Kunstgewerbeschule, und auch heute liegt die Universität für Angewandte Kunst gleich nebenan. In den 1980er-/1990er-Jahren wurden die Schausäle des Österreichischen Museums für angewandte Kunst /Gegenwartskunst (MAK) von namhaften Architekten/Designern umgestaltet. 1991 wurde der gläserne Verbindungstrakt zu den Ausstellungshallen angebaut, die heute wechselnden Sonderausstellungen vorbehalten sind.

Allein schon die mächtige Säulenhalle mit den zweigeschossigen Arkaden beeindruckt, von hier gelangt man in die sechs Ausstellungsräume des Erdgeschosses, deren individuelle Gestaltung in besonderem Kontext zu den Exponaten steht. Abgesehen von der **Asien-Sammlung**, die Objekte aus quasi allen Epochen asiatischer Gestaltungskunst zeigt, wie auch im extra klimatisierten **Saal der Teppiche** mit teilweise sehr großen, aufgespannten Stücken hauptsächlich aus dem 16. und 17. Jh., sind die Räume den verschiedenen Stilepochen gewidmet. In der Schausammlung **Historismus – Jugendstil** beispielsweise hat die Künstlerin Barbara Bloom unzählige Modelle des berühmten Thonet-Stuhls als Schattenfiguren hinter Leinwand eindrucksvoll inszeniert. Der von Jenny Holzer gestaltete Saal **Empire – Biedermeier** erstrahlt in Rot, das elektronische Laufband an den Wänden zeigt Texte aus dieser Epoche.

Die für Wien-Besucher vielleicht interessanteste ist die Schausammlung **Wien 1900** (Design / Kunstgewerbe 1890–1938) im ersten Stock. Die Ausstellungsstücke u.a. von Otto Wagner, Adolf Loos, Koloman Moser, Joseph Maria Olbrich und Josef Hoffmann sowie Entwürfe von Gustav Klimt dokumentieren eindrucksvoll den Aufbruch in die Moderne (und die Abkehr vom rückwärtsgewandten Historismus). Insgesamt sind hier über 500 Exponate nicht nur zur Wiener, auch zur internationalen Designkunst der Jahrhundertwende und des frühen 20. Jh. zu sehen – darunter auch der ein oder andere internationale Designklassiker und die Erzeugnisse der von Josef Hoffmann, Koloman Moser und dem In-

Werkzeichnung „Erwartung" von Gustav Klimt für den Mosaikfries im Palais Stoclet, Kammerl am Attersee

Im Österreichischen Museum für angewandte Kunst / Gegenwartskunst

dustriellen Fritz Waerndorfer gegründeten **Wiener Werkstätte** (1903–1932), in der zahlreiche Entwürfe nicht nur der „Secessionisten" (s. auch S. 126) produziert wurden. Der auf der anderen Seite des ersten Stocks beheimatete Saal der **Kunstblättersammlung** bietet den Rahmen für wechselnde Ausstellungen.

Das **MAK Design Labor** im Untergeschoss setzt weite Teile der MAK-Studiensammlung mit ihrem umfangreichen Bestand an Möbeln, Textil, Glas, Keramik in Kontrast zur sich ändernden Rolle von Design in der Gegenwart.

Eines der interessantesten Exponate des MAK Design Labors ist die berühmte **„Frankfurter Küche"** von Margarete Schütte-Lihotzky aus dem Jahr 1926 – ein überaus moderner Prototyp der heutigen Einbauküche. Modefreunde können sich im **Helmut Lang Archiv** an den stilprägenden Ideen des gebürtigen österreichischen Designers erfreuen. Einige der Räume sind auch hier wechselnden Ausstellungen vorbehalten.

Info

Hinkommen: U 3 oder Straßenbahn 2 bis Stubentor, U 4 bis Landstraße/Wien Mitte.
Information: **MAK – Österreichisches Museum für angewandte Kunst / Gegenwartskunst**, Stubenring 5, 1010 Wien, Tel. 01/711360, www.mak.at, Mi–So 10–18, Di 10–22 Uhr, Erw. 12 €, erm. 9 €, Familienkarte 15 €, bis 19 Jahre frei, Di ab 18 Uhr Eintritt nur 5 €! Führungen Sa 11 Uhr, 3,50 €.
Essen & Trinken: Das **Café Prückel** 5e (S. 111) und das **Café Engländer** 70c (S. 158) sind jeweils nur wenige Gehminuten entfernt.
Einkaufstipp: Stöbern im angeschlossenen **Designshop** des MAK, www.makdesignshop.at.
In der Nähe: Stadtpark (S. 110)

59 Die Sammlung österreichischer Kunst im Oberen Belvedere

Tipp
Von der heutigen Rückseite des Oberen Belvedere hat man den schönsten Blick auf das Schloss, das sich im Bassin davor spiegelt und so noch eleganter wirkt.

Im ohnehin schon grandiosen Gesamtensemble „Belvedere" (s. auch S. 98) bildet das Obere Belvedere die Krönung. Erhaben thront das Schloss auf der Anhöhe über der Stadt, die dem Betrachter hier zu Füßen liegt. Vom Oberen Belvedere aus malte Bernardo Bellotto (Canaletto) 1759/1760 seine berühmte Wien-Vedute. Am 15. Mai 1955 wurde im zentralen Marmorsaal des Oberen Belvedere mit dem österreichischen Staatsvertrag die Unabhängigkeit der Alpenrepublik besiegelt, begleitet von Außenminister Leopold Figls berühmten Worten: „Österreich ist frei!" Heute beherbergt das Obere Belvedere die größte und bedeutendste Sammlung österreichischer Kunst und die größte Sammlung von Werken Gustav Klimts (1862–1918).

Das 1723 unter Johann Lucas von Hildebrandt vollendete Schloss hatte einen Konstruktionsfehler. Was beim Betreten der **Sala Terrena** (Eingang) heute nach kunstvoller Säulengestaltung (in Form von schwer tragenden Atlanten) aussieht, wurde aus der Not geboren, denn zehn Jahre nach Fertigstellung stürzte die Decke ein und Stützpfeiler mussten her. Von besagter Sala Terrena rechter Hand erstreckt sich in vier Sälen die **Mittelaltersammlung** mit rund 60 Exponaten – hauptsächlich gotische Sakralkunst. Sehenswert sind auch Wand- und Deckenausmalung im ersten und letzten Raum. Im anderen Flügel des Erdgeschosses befinden sich **Expressionismus**, **Zwischenkriegszeit** und **Kunst im Exil** mit allem was in dieser Zeit nicht nur in Österreich Rang und Namen hatte (u.a. Max Oppenheimers großformatiges Gemälde „Philharmoniker" mit Gustav Mahler als Dirigent).

Über die restaurierte Prunkstiege gelangt man zur Beletage mit an sich schon prachtvoller Ausstattung – im Besonderen der zweigeschossige Marmorsaal mit dem Deckenfresko zur Huldigung des Erbauers Prinz Eugen (von 1721). Highlight dieser dem **Barock** sowie dem **19. und beginnenden 20. Jahrhundert** gewidmeten Abteilungen sind sicher die „Studienköpfe" (1771–1783) von Franz Xaver Messerschmidt im oktagonalen Spiegelzimmer und natürlich die 24 Werke von **Gustav Klimt** – darunter der berühmte „Kuss" und die kaum weniger berühmte „Judith" – sowie weitere Frauenporträts und Landschaften des Künstlers. Des Weiteren werden Werke u.a. von Hans Makart, Anselm Feuerbach, Ferdinand Hodler, Koloman Moser, Ernst Klimt und Franz von Matsch, Carl Moll, Richard Gerstl, Oskar Kokoschka und Egon Schiele gezeigt.

Im zweiten Stock sind in vier Räumen des Ostflügels (man beachte die tolle Aussicht über die Stadt bis zum Kahlenberg) Werke des **Klassizismus**, der **Romantik** und des **Biedermeier** zu sehen, darunter ein paar Ansichten von Caspar David Friedrich und im Besonderen Gemälde des bekannten Biedermeier-Malers Ferdinand Georg Waldmüller. Die vier Räume im Westflügel widmen sich dem **Realismus** und dem **Impressionismus** wiederum mit Waldmüller und Emil Jakob Schindler sowie einer besonders schönen Ansicht des Naschmarkts von Carl Moll

Bedeutende Werke österreichischer Kunst sind im Oberen Belvedere zu bewundern

(1894). Der letzte Raum der Ausstellung zeigt schließlich Hochkarätiges aus dem Impressionismus – Manet, Monet, Renoir, Corinth, Liebermann. Zurück in die Gegenwart führt Sie Marina Abramovic mit einer ihrer Videoinstallationen (im Gang).

Für die ausführliche Besichtigung des Oberen Belvedere sollte man mehrere Stunden einplanen!

Info

Hinkommen: Straßenbahn D bis Schloss Belvedere oder Straßenbahn 18 und O bis Quartier Belvedere.
Information: **Oberes Belvedere**, Prinz Eugen-Straße 27, 1030 Wien, Tel. 01/79557134, www.belvedere.at, tgl. 9–18, Fr bis 21 Uhr, Eintritt 15 €, erm. 12,50 €, Kombiticket Oberes und Unteres Belvedere 22 €, erm. 19 €, bis 19 Jahre frei. Audioguide 4 € (Kombi 6 €).
Essen & Trinken: Das **Bistro Menagerie** im Oberen Belvedere (Tel. 01/ 3201113, tgl. 10–18 Uhr) bietet Kaffee, Kuchen und internationale Küche zu gehobenen Preisen. Wenige Fußminuten vom Oberen Belvedere befindet sich das besonders schöne **Café Goldegg**, Argentinierstraße 49/Ecke Goldeggasse, 1040 Wien, Tel. 01/5059162, www.cafegoldegg.at, Mo–Fr 8–20, Sa 9–20, So 9–19 Uhr. Neben Kaffee, Torten und Frühstück sind auch Burger, Käsetoast oder Würstel im Angebot.
In der Nähe: Unteres Belvedere (S. 99), Heeresgeschichtliches Museum im Arsenal (S. 76)

60 WestLicht und OstLicht – Kunst, belichtet

Wer einen ausgeprägten Sinn für Fotokunst hat, wird diesen Ort lieben. Die Gründung des **Fotomuseums WestLicht** 60a 2001 unweit des Westbahnhofs ist einer Privatinitiative zu verdanken. In einer ehemaligen Glasfabrik, die später auch als Fotostudio diente, entstand der „Schauplatz für Fotografie". Das WestLicht beleuchtet mit fantastischen Fotoausstellungen nicht nur den ästhetisch-künstlerischen Teil des Fotografierens, sondern auch den technischen Aspekt.

Im **Kameramuseum** ist eine bemerkenswerte Sammlung von Fotoapparaten zu sehen, von der Vor- und Frühgeschichte der Fotografie bis zu ihrer Digitalisierung. „Prä-fotografische" Projektionsapparate sind hier ebenso zu bestaunen wie frühe Spiegelreflexkameras, die jedes nostalgische Sammlerherz höherschlagen lassen, oder auch spionagetaugliche Miniaturkameras wie aus alten Agentenfilmtagen. Kostbarstes Exponat ist zweifellos der „Susse Frères Daguerréotype" von 1839. Die Schiebekastenkameras der Brüder Susse waren weltweit die ersten produzierten Fotoapparate.

Zusätzlich machen die mehrmals im Jahr wechselnden **Fotoausstellungen** das WestLicht zu einem beliebten Anlaufpunkt für Fotofreunde. In den Ausstellungen wird ein vielfältiges Spektrum gezeigt: Historische Werkschauen und klassische Fotoreportagen, Porträt-, Akt- oder Modefotografien, Reise- und Landschaftsansichten etc. Die ganz großen Namen klassischer Fotokunst, z. B. legendäre Magnum-Fotografen wie René Burri, Henri Cartier-Bresson, werden hier ebenso ge-

Die Fotogalerie OstLicht widmet sich internationaler zeitgenössischer Fotokunst

zeigt wie (noch) unbekanntere, zeitgenössische Fotografen. Zweimal im Jahr finden Auktionsausstellungen statt, gefolgt von der **WestLicht Foto Auction**. Wer gerade nicht das Kleingeld für Originale oder Sammlerstücke dabei hat: Der **Bookshop** ist sehr gut mit Ausstellungsplakaten und interessanten Fotobüchern ausgestattet (hier befindet sich auch ein Café).

Das WestLicht bietet fantastische Fotoausstellungen in einer ehemaligen Glasfabrik

Seit 2012 gesellt sich zum WestLicht eine Dependance beim Hauptbahnhof, deren Ausstellungsräume ebenfalls in einem renovierten Fabrikgebäude untergebracht sind. In einer ehemaligen Brotfabrik erstrahlt die **Fotogalerie OstLicht** 60b. In den hellen, nüchternen Räumen lenkt nichts den Blick von den Fotokunstwerken ab. Das OstLicht bietet Raum für wechselnde Ausstellungen internationaler zeitgenössischer Fotografie, u. a. von Nobuyoshi Araki, René Burri, Stefanie Moshammer oder Julian Schnabel.

Gleich gegenüber der Galerie OstLicht befindet sich das dazugehörige **Depot für Fotografie**, dessen Bestand rund 85.000 Fotografien umfasst. In der **Brotfabrik Wien** entstand in den letzten Jahren ein wachsendes kreatives Umfeld aus Galerien, Ateliers und Kunsträumen.

Info

Hinkommen: **WestLicht**, U 3 bis Zieglergasse, U 6 bis Burgstraße/Stadthalle, Straßenbahn 5 bis Westbahnstraße, Straßenbahn 6, 9, 18 bis Urban-Loritz-Platz, Straßenbahn 49 bis Kaiserstraße. **OstLicht**, U 1 bis Reumannplatz oder mit der U 3 bis Enkplatz und mit Straßenbahn 6, Station Absberggasse.

Information: **WestLicht. Schauplatz für Fotografie** 60a, Westbahnstraße 40, 1070 Wien, Tel. 01/522663660, www.westlicht.com, Di–Fr 14–19, Do 14–21 Uhr, Sa/So 11–19 Uhr, Eintritt 8 €, Studenten/Senioren 5 €.
OstLicht. Galerie für Fotografie 60b, Absberggasse 27, 1100 Wien, Tel. 01/9962066, www.ostlicht.at, Mi–Sa 12–18 Uhr, Bibliothek Mi–Fr 12–18 Uhr, Eintritt frei.

Einkaufen: Inspiriert? Vor dem WestLicht befindet sich der **Leica Shop**, in dem man sich mit den legendären Kameras ausstatten kann (auch gebrauchte Leicas und Sammlerstücke). Westbahnstraße 40, 1070 Wien, Tel. 01/5235659, www.leicashop.com, Mo–Fr 10–18, Sa 10–13 Uhr.

In der Nähe: WestLicht: Hofmobiliendepot (S. 74), OstLicht: Heeresgeschichtliches Museum im Arsenal (S. 76)

61 Der Prunksaal der Österreichischen Nationalbibliothek – barocker Büchertempel

Jedem Bücherfreund geht das Herz über angesichts des Prunksaals der Österreichischen Nationalbibliothek. Sicherlich auch wegen des unfassbaren Bestandes von 200.000 Bänden. Doch vor allem verschlägt es dem Bücherfreund, der zu Hause aus Platznot seine Bücher bereits zweireihig zu stellen gezwungen ist, die Sprache ob der schier unzählbaren zur Verfügung stehenden Regalmeter.

Doch auch all denjenigen, die nicht ein derart inniges Verhältnis zu ihrem Buchbestand haben, verschlägt es im Prunksaal den Atem: Angesichts der überaus üppigen barocken Pracht der Räumlichkeiten. Der Auftrag für den Bau einer Hofbibliothek, die eines Kaiser würdig war, gab Karl VI. Die Pläne lieferten zwei Stararchitekten ihrer Zeit, Spezialisten für barocke Pracht, die bereits auf der Baustelle Karlskirche zugange waren: Johann Bernhard Fischer von Erlach und sein Sohn Joseph Emanuel. Das Gebäude wurde 1723–1726 errichtet, die von Daniel Grans geschaffenen Deckenfresken des Prunksaals 1730 vollendet. Entstanden war eine grandiose Bibliothek, ein barockes Gesamtkunstwerk, das in seiner eindrucksvollen Geschlossenheit bis heute Bestand hat.

Zweistöckig ziehen sich die Regale durch den 77,70 Meter langen Saal, dessen Decke sich auf fast 20 Metern Höhe wölbt. Zugänglich sind die Bände in den Nussholzregalen mit meterhohen Stiegen und Leitern, Parterre oder auf der umlaufenden Galerie. Marmorne Statuen von Karls Vorfahren flankieren die Regale. Die beiden Flügel werden durch mächtige Säulen vom zentralen, ovalen Kuppelraum getrennt. Tritt man hindurch, hat

Barocke Pracht in der Österreichischen Nationalbibliothek

man den Eindruck einen Tempel zu betreten – und dieser Eindruck ist durchaus gewollt. Tageslicht fällt aus Rundbogenfenstern und bringt die majestätische Statue Karls VI., gewandet als römischer Imperator, zur Geltung. Vor den Regalen stehen zwei prächtige Globenpaare (Himmels- und Erdglobus) von Vincenzo Coronelli. Und darüber erhebt sich die kolossale Kuppel auf nahezu 30 Meter Höhe. Während die Deckenfresken allegorisch Krieg und Frieden thematisieren, zeigt das Kuppelfresko Karl (im Medaillon) umgeben von antiken Gottheiten, die für Herrschertugenden, Künste und Wissenschaft stehen. Kurzum: Das gestalterische Programm des Prunksaals sah beides vor – ein Tempel der Kunst und Wissenschaft zu sein und ein repräsentativer Ort zur Verherrlichung des Habsburger Kaisers.

Hinter den Vitrinen übrigens, in denen kostbare Handschriften klimatisiert aufbewahrt werden, entdeckt man vielleicht die eine oder andere Tür, die sich in den Regalen auftut, und dahinter über und über mit Regalen bestellte kleine Kammern. Dann wird der Bücherfreund vielleicht überrascht feststellen: Selbst der Kaiser musste seine Bücher doppelt stellen.

Das Kuppelfresko im Prunksaal

Info

Hinkommen: U 3 bis Herrengasse, Straßenbahn D, 1, 2 und 71 bis Burgring oder Kärntner Ring/Oper, Bus 2 A bis Albertinaplatz.
Information: **Prunksaal der Österreichischen Nationalbibliothek**, Josefsplatz 1, 1010 Wien, Tel. 01/ 53410394, www.onb.ac.at, Di–So 10–18, Do bis 21, Juni–Sept. auch Mo 10–18 Uhr, Eintritt 8 €, erm. 6–7 €, bis 19 Jahre frei.
Essen & Trinken: **Café Bräunerhof** 70b (S. 158), Stallburggasse 2, 1010 Wien, Tel. 01/ 5123893. Erschöpft von all der Bücherpracht, kann man sich im Café Bräunerhof erholen. Zugegeben, das sympathische Kaffeehaus hat mit barocker Pracht herzlich wenig zu tun, doch ist man hier auf den Spuren eines der ganz großen Literaten Österreichs: Der Bräunerhof war das Stammcafé von Thomas Bernhard. Das Kaffeehaus, mit Anstand in die Jahre gekommen und mit einem überaus freundlichen Service gesegnet, gehört zu den Klassikern Wiens.
In der Nähe: Hofburg (S. 18), Spanische Hofreitschule (S. 80), Sisi-Museum (S. 60), Schatzkammer (S. 128), Albertina (S. 116), Globenmuseum (S. 178), Haus der Geschichte Österreich (S. 70), Weltmuseum (S. 130)

63 Das letzte Atelier des Meisters – die Klimt Villa in Hietzing

Zugegeben, sie liegt ein wenig abseits und original ist das Atelier auch nicht erhalten – dennoch gibt die Klimt Villa in Hietzing einen interessanten Einblick in Werk und Wirken des vielleicht berühmtesten Wiener Künstlers aus der Zeit um 1900. Ein schiefes Häuschen mit wildromantischem Garten, wie es die Fotos aus der Zeit ab 1911 bis zu Klimts Tod 1918 zeigen, wird man also nicht vorfinden, vielmehr eine elegante zweistöckige Villa, sorgfältig restauriert und seit 2012 (anlässlich Klimts 150. Geburtstags) der Öffentlichkeit zugänglich. 1923 wurde das Atelierhaus überbaut und zur Villa umgestaltet. Schon 1939 aber enteigneten die Nationalsozialisten die jüdischen Besitzer Felix und Tina Klein. Nach dem Zweiten Weltkrieg wurde die Villa restituiert und von der Familie Klein an den Staat Österreich verkauft. Danach diente sie eine Weile als Schule.

In den fünf Räumen des Museums werden weniger die Werke Gustav Klimts gezeigt als die sie umgebende Geschichte dokumentiert und erläutert. So werden etwa Klimts Mäzene vorgestellt und es finden sich interessante Fotos von Klimt-Gemälden an den Wänden des Wiener Großbürgertums. Auch der Verlust vieler Klimt-Werke durch Krieg, Raub, Enteignung und Vernichtung (zahlreiche Gemälde verbrannten am 5. Mai 1945 im Schloss Immendorf durch ein von der SS gelegtes Feuer) wird thematisiert sowie schließlich die späte Restitution u. a. mit der Rückgabe des berühmten Porträts „Adele Bloch-Bauer I". In einem der Räume ist zudem das Atelier Klimts nachgestellt, ebenso findet sich das Empfangszimmer.

Geboren wurde Gustav Klimt am 14. Juli 1862 im heute eingemeindeten Baumgarten bei Wien, sein Vater arbeitete als Ziseleur und Graveur. Schon mit 14 Jahren erhielt Gustav ein Stipendium an der Kunstgewerbeschule, die er von 1876 bis 1883 besuchte. Mit zwei Studienkollegen, seinem jüngeren Bruder Ernst sowie Franz Matsch, gründete er die „Malercompagnie". Gemeinsam malten sie die Feststiegen des Burgtheaters aus sowie einige Wände von Sisis Hermesvilla. 1888 bekam Gustav Klimt von Kaiser Franz Joseph für seine Werke das Goldene Verdienstkreuz überreicht. Die „Malercompagnie" malte 1890 Teile des Stiegenhauses im Kunsthistorischen Museum in prächtigen Allegorien aus, gleichzeitig verdiente sie ihr Geld zunehmend auch mit Porträtaufträgen. Ein Auftrag zur Ausstattung

Die Klimt Villa bietet einen interessanten Einblick in Leben und Werk des Wiener Künstlers

der Universität sollte später zu einem Skandal führen: Die sogenannten „Fakultätsbilder" wurden als ein Affront gegen die etablierten Kräfte der Wissenschaft gesehen – zu schwach der Mensch und zu hässlich, eine Zumutung für die konservative Wiener Gesellschaft der damaligen Zeit.

Das nachgestellte Atelier Gustav Klimts

Mit der Künstlergruppe Secession (S. 126), deren Gründungsmitglied (1897) und erster Präsident er war, wandte sich Klimt gegen Akademismus und bürgerliche Konventionen. Sein Beethovenfries von 1901, der heute als Schlüsselwerk des Jugendstils gilt, erzeugte den nächsten Skandal, denn auch hier schockten den zeitgenössischen Besucher zu viel hässliche Nacktheit und existentielle Zweifel, dazu der bedrohliche Affe … Öffentliche Aufträge waren Klimt von da an nicht mehr beschieden. Finanzielle Unabhängigkeit erlangte er dennoch durch die zahlreichen Porträts von Ehefrauen des Wiener Großbürgertums sowie Ausstattungsaufträge seitens seiner Mäzene. Seine Frauenporträts sind heute weltberühmt, über 20 hängen im Oberen Belvedere (S. 134).

Privat lebte Klimt ein unkonventionelles, doch eher zurückgezogenes Leben. Er hatte Affären mit seinen jungen Modellen (aus denen mindestens sechs von ihm anerkannte Kinder hervorgingen), war nie verheiratet und verbrachte die Sommer regelmäßig mit seiner Langzeitfreundin Emilie Flöge am Attersee. Am 11. Januar 1918 erlitt Gustav Klimt einen Schlaganfall und verstarb am 6. Februar desselben Jahres im Wiener AKH.

Info

Hinkommen: U 4 bis Unter St. Veit, ab Ausgang der U-Bahn-Station weisen braun-gelbe Fußgänger-Schilder den Weg (zunächst die Sankt-Veit-Gasse hinauf, dann rechts in die Auhofstraße und die erste links in die Feldmühlgasse.

Information: Klimt Villa Wien, Feldmühlgasse 11, 1130 Wien, Tel. 01/8761125, www.klimtvilla.at, Mi–So 10–18 Uhr, Eintritt 10 €, erm. 8 €. Mit kleinem Museumsshop.

Tipp: Immer samstags (zuletzt teilweise auch sonntags) findet um 14 Uhr eine einstündige Führung statt, 2 € zusätzlich zum Eintritt.

In der Nähe: Schloss Schönbrunn (S. 96), Tiergarten Schönbrunn, Palmenhaus und Wüstenhaus (S. 202), Technisches Museum (S. 88)

Bummeln und Einkaufen, Essen und Ausgehen

64 Dorotheum – berühmtes Auktionshaus und Pfandleiher de Luxe

Tipp

Die **Dorotheergasse** liegt mitten im Wiener Antiquitätenviertel – die Gassen zwischen Hofburg und Stephansdom sind voller kleiner und auch größerer Antiquitätenläden, die zum Stöbern einladen.

Das Dorotheum ist beides, Auktionshaus und Pfandleiher und dazu auch noch ein Museum, oder konkreter: eine Galerie, in der jedes der Ausstellungsstücke auch erworben werden kann.

Hier kann man – überaus diskret, versteht sich – das eine oder andere, kleinere oder auch größere finanzielle Problem loswerden. In der Abteilung mit dem schönen Namen „**Belehnungen**" im Hochparterre werden die guten Erbstücke entgegengenommen und ein Betrag x ausgezahlt. Wann man das belehnte Objekt wieder auslöst, wird individuell vereinbart, manches wird auch nie wieder abgeholt und geht in den Verkauf.

Aber auch ohne akute Finanznot lohnt es sich, einen Blick in das ehrwürdig-elegante Stadtpalais in der Dorotheergasse mit seinen auffälligen roten Fahnen am Eingang zu werfen. In den Schauvitrinen im edlen Gewölbe im Erdgeschoss ist Schmuck zu sehen sowie ausgewählte Möbel und Gemälde, über eine prachtvolle Stiege gelangt man hinauf zum Mezzanin, in dem die Verwaltung und der Kundenservice für Auktionen zu finden sind. Im ersten Stock werden schließlich – in den

Das Dorotheum ist Auktionshaus, Verkaufsgalerie und Pfandhaus zugleich

ein bis zwei Wochen bis zum Auktionstermin – die zu veräußernden Kunstwerke ausgestellt, die immer ein wenig auch einen Einblick in die exzentrischen Vorstellungen früherer Zeiten erlauben. Skurrile Esszimmergarnituren sind darunter und abgefahrene Skulpturen, Miniaturflügel für den Beistelltisch und mannshohe Kerzenständer, aber auch sehr wertvolle Möbel und großformatige Ölgemälde. Vieles gibt es jedoch auch ein paar Nummern kleiner. Kataloge mit den Rufpreisen (Startpreisen) und/oder Schätzwerten der jeweiligen Auktionsstücke hängen aus.

Auktionen im Dorotheum

Mehrmals wöchentlich finden im Palais Dorotheum thematisch gebundene Auktionen statt. In vier großen Schwerpunktauktionswochen im April, Mai, Oktober und November kommen ausgewählte alte, moderne und zeitgenössische Kunst sowie hochkarätige Juwelen zum Aufruf. Hat man den Zuschlag für ein Objekt erhalten, kommen zum Preis 25 % Gebühr hinzu (ab 100.000 € wird es günstiger ...).

Die aktuellen **Auktionstermine** sind auf der Website (www.dorotheum.com) zu finden, es gibt auch einen Aushang im Dorotheum. Und natürlich kann man auch online bieten.

Im zweiten Stock befinden sich die **Dorotheum Galerie** und der **Dorotheum Juwelier**: Hier kann man Antiquitäten, Bilder, Möbel, Schmuck etc. auch zum Festpreis kaufen (Zusatz „VKP" am Preisschild).

In der **Galerie im Glashof** und in der **Design-Galerie** im Erdgeschoss (Eingang hinter der Stiege) gibt es Lampen, Porzellan, Gemälde/Grafiken, kleinere Möbel etc. des 20. Jh. ebenfalls zum Festpreis. Das Dorotheum verfügt ebenso über eine Verkaufsgalerie für Münzen, Medaillen, Briefmarken sowie für Orden(!).

Die mehr als 300-jährige Geschichte des ältesten der großen Auktionshäuser der Welt wurde von drei habsburgischen Kaisern entscheidend geprägt: Joseph I. gründete 1707 das kaiserlich-königliche „Versatz und Fragamt". 1787 übersiedelte das Haus ins soeben aufgelassene Dorotheerkloster, das später Namensgeber werden sollte. Auftraggeber war Joseph II., von ihm gingen zahlreiche Reformen aus. Franz Joseph veranlasste den prachtvollen neobarocken Neubau, der 1901 eröffnet wurde. 2001 ging das berühmte Auktions- und Leihhaus von staatlichen in private Hände. Heute gibt es Filialen nicht nur in Wien, Niederlassungen finden sich in London, Prag, Mailand, Rom, Düsseldorf und München sowie in Brüssel.

Info

Hinkommen: U 1/U 3 bis Stephansplatz, Straßenbahn D, 1, 2 und 71 bis Kärntner Ring/Oper.
Information: **Palais Dorotheum**, Dorotheergasse 17, 1010 Wien, Tel. 01/515600, www.dorotheum.com, Mo–Fr 10–18, Sa 9–17 Uhr.
Essen & Trinken: Das **Dorotheum Café** im 2. Stock ist ein schöner ruhiger Ort mit Blick in die Halle, Melange und Apfelstrudel zu zivilen Preisen. Mo–Fr 9–18, Sa 9–17 Uhr.
In der Nähe: Hofburg (S. 18), Spanische Hofreitschule (S. 80), Flaniermeilen der Innenstadt (S. 16), Kulinarisches um den Graben (S. 148), Pestsäule am Graben (S. 78)

65 Julius Meinl, Demel und das Schwarze Kameel

Julius Meinl am Graben 65a zählt fraglos zu den bekanntesten kulinarischen Adressen Wiens, wenn nicht ganz Österreichs. Der böhmische Kaufmann Julius Meinl (1824–1914) gründete 1862 zunächst am Fleischmarkt (man beachte dort das repräsentative Gebäude mit der Hausnr. 7) einen Kolonialwarenladen und bot als Erster geröstete Kaffeebohnen an – mit enormem Erfolg und baldiger Expansion. Das heutige Delikatessen-Kaufhaus am Graben bietet im Prinzip alles, was die Sinne des Gourmets in Verzückung versetzt, darunter natürlich auch den Meinl-Kaffee, ansonsten aber zu viel der Köstlichkeiten, um sie in Worte zu fassen. Ein günstiges Mittagsmenü kann man hier in **Meinls Weinbar** genießen *(Mo–Fr 11.30–14.30 Uhr, unter 15 € für drei Gänge)*, teuer und nobel (Gault Millau vergibt regelmäßig 16 Punkte und zwei Hauben) und mit tollem Ausblick speist man im angeschlossenen **Restaurant**.

Julius Meinl am Graben, Graben 19, Tel. 01/5323334 6000, www.meinlamgraben.at, Mo–Fr 8–19.30, Sa 9–18 Uhr, Restaurant Mo–Fr 8–24, Sa 9–24 Uhr, Küche bis 22 Uhr.

Der Tortenstreit

Wer hat sie erfunden, die **Sachertorte** – Sacher oder Demel? Was einfach scheint (natürlich Sacher, sagt doch schon der Name), ist kompliziert, denn das Rezept wurde sozusagen weitergereicht. 1832 entwickelte der Konditorlehrling **Franz Sacher** (1816–1907) eigens für den Fürsten Metternich eine Nachspeise, die spätere Sachertorte, die aber dann von seinem Sohn **Eduard Sacher** (1843–1892) – er hatte das Rezept des Vaters mitgenommen – bei dessen Zuckerbäckerlehre im **Demel** verfeinert wurde. Eine friedliche Koexistenz der beiden Sachertorten herrschte bis 1938, als das Hotel Sacher seine Torte mit dem Attribut „original" versah, zum Rechtsstreit kam es 1954, der erst nach langen Jahren beigelegt wurde: Seither ist die Torte des Sacher die „Original Sacher-Torte", die von Demel „Demel's Sachertorte".

Wer auf kulinarischer Spurensuche am Graben ist, findet sicher auch den Weg zum **k. u. k. Hofzuckerbäcker Demel** 65b am Kohlmarkt. Fast immer ist es hier voll, wer Glück hat, ergattert im feinen Salon im ersten Stock einen Tisch, nachdem man die einladende, leider aber stets besetzte **Bar** mit edler Holzvertäfelung und – auf dem Weg nach oben – die Schaukon-

Köstliche Tortenauswahl und „Demel's Sachertorte" bei Demel

ditorei passiert hat. Demel wurde 1874 zum Hofzuckerbäcker auserkoren und steht heute synonym für die noble Eleganz der ehemaligen Hoflieferanten. Extra für Kaiserin Sisi sollen die kandierten Veilchen (gibt es heute noch im angeschlossenen Shop) kreiert worden sein. Zweites Aushängeschild der berühmten Konditorei ist Demel's Sachertorte.
Demel, *Kohlmarkt 14, Tel. 01/ 53517170, www.demel.com, tgl. 8–19 Uhr.*

Ganz besonderer „Place to be“ um den Graben ist das **Schwarze Kameel** 65c in der Bognergasse. Wer sich hier nach Feierabend oder am Samstag im feinsten Zwirn und in lässiger Runde mit einem Aperitif in der einen und einem der berühmten Kanapees des Hauses in der anderen Hand einfindet, gehört höchstwahrscheinlich zur Wiener Hautevolee. Von den Institutionen am Platz ist das Schwarze Kameel übrigens die älteste: Bereits im Jahr 1618 wurde der Gewürzladen hier eröffnet, Feinkost gibt es noch immer. Im **Restaurant** „Zum Schwarzen Kameel“ kann man gediegen und fein essen (zu gehobenen Preisen).
Zum Schwarzen Kameel, *Bognergasse 5, Tel. 01/5338125, www.kameel.at, tgl. 8–24 Uhr, Feinkostladen nebenan Mo–Sa 8–21 Uhr.*

„Zum Schwarzen Kameel“

Info

Hinkommen: U 1/U 3 bis Stephansplatz.
Essen & Trinken: Den perfekten Snack in etwas weniger prätentiöser Umgebung gibt es bei **Trześniewski** in der Dorotheergasse 1 gleich am Graben: eine leckere Auswahl aus „Brötchen“ (kleine belegte Brote) zum Preis von 1,30 € pro Stück. www.trzesniewski.at, Mo–Fr 8.30–19.30, Sa 9–18, So 10–17 Uhr.
Tipp: Die Firma **Manner**, die zu Wien ja ebenso gehört wie Sachertorte und Fiaker, soll an dieser Stelle nicht unerwähnt bleiben. Der Laden befindet sich direkt am Stephansdom am Stephansplatz 7/Ecke Rotenturmstraße, geöffnet tgl. 10–21 Uhr. Hier gibt es nicht nur die berühmten *Manner-Schnitten* mit Haselnussfüllung und andere süße Köstlichkeiten, sondern auch Manner-Taschen und -Taschenmesser, Babystrampler und Kappen, Skihelme und Brotdosen u. v. m. Näheres unter: www.manner.com.
In der Nähe: Flaniermeilen der Inneren Stadt (S. 16), Pestsäule am Graben (S. 78), Stephansdom (S. 54)

66 Wiener Märkte – nicht immer nur Naschmarkt

Der **Naschmarkt** (S. 26) ist zweifelsohne der Besuchermagnet und zentralste Markt in Wien, bestimmt auch der schönste, für viele aber nicht der beste, schon gar nicht der echteste oder gar billigste Markt der Stadt. Da kommen andere ins Spiel, weiter draußen zwar und sicher nicht so schick, aber durchaus einen Besuch wert – am besten Freitag nachmittags oder samstags, wenn hier am meisten geboten ist.

Der **Brunnenmarkt** 66a im teilweise etwas grauen Ottakring (16. Bezirk) ist so ein nicht schöner, aber besonders beliebter Markt in Wien. Unter der Woche reihen sich am größten Wiener Straßenmarkt auf der autofreien Brunnengasse die Stände mit Obst und Gemüse, exotischen und heimischen Kräutern, viel Fleisch und etwas Fisch (teils noch im Bassin), Brot und Käse aneinander, unterbrochen von Bekleidungs- und Haushaltsständen sowie verschiedenen Imbissbuden – wenig spektakulär, gut und günstig. Viele türkisch- und griechischstämmige Wiener sind in Ottakring zu Hause, entsprechend mediterran bis orientalisch ist das Warenangebot.

Frische Auswahl auf dem Wochenmarkt

Freitags und samstags verlängert sich das Geschehen auf den weitläufigen **Yppenplatz**, an dem vor allem um die Mittagszeit das Leben tobt, in den vielen kleinen Restaurants und Cafés in den Marktbuden und rundum. Weithin bekanntes Traditionsgeschäft ist „**Staud's**" am Yppenplatz *(www.stauds.com, Di–Fr 8.30–12.30 und 15–18, Sa 8–13 Uhr, So/Mo geschl.)* mit seinen köstlichen Marmeladen und allerlei Eingelegtem.

Der Viktor-Adler-Markt in Favoriten liegt zwar nicht im touristischen Zentrum Wiens, lohnt aber einen Abstecher

Nur ein Stück weiter ist es zum Pavillon des **Café AN DO**, in dem man bis 16 Uhr bodenständig frühstücken kann, aber auch leckere mediterrane Sandwiches und Salate zu günstigen Preisen bekommt *(Stand 169, Tel. 01/3087575, www.ando.at, Mo–Sa 8–23 Uhr)*. Nicht minder empfehlenswert ist das **Café Frida** schräg gegenüber mit ebenfalls großem Frühstücksangebot und vielen veganen Gerichten (*Payergasse 12, Tel. 0678/1229464, www.cafefrida.at, tgl. 9–24 Uhr*).

Der **Brunnenmarkt** *ist Mo–Fr 6–18.30 (im Sommer bis 19.30), Sa 6–17 Uhr geöffnet, die Marktstände am Yppenplatz nur Fr nachmittags und samstags.*

Hinkommen: *Straßenbahn 46 ab Karl-Renner-Ring bis Thaliastraße/Brunnengasse oder Nr. 2 ab Kärntner Ring/Oper bis Neulerchenfelder Straße/Brunnengasse.*

Großer Beliebtheit erfreut sich auch der **Karmelitermarkt** **66b** in der Leopoldstadt (2. Bezirk). *Slow Food* hat sich hier niedergelassen, ebenso Cafés und hippe vegane Restaurants, ungerührt besteht aber nur wenige Buden weiter die Pferdemetzgerei – ein bunter kleiner Markt mit vielfältigem Angebot. Der Karmelitermarkt ist der älteste Markt der Stadt, hier gab es – wenn auch unter anderem Namen – bereits 1671 einen Marktplatz. Wer es einrichten kann, sollte am Freitag oder Samstag kommen, wenn der Platz voll ist mit den Ständen des Bauernmarkts. Rund um den Karmelitermarkt gibt es einige angesagte Restaurants (u.a. das Skopik & Lohn, S. 163).

Der **Karmelitermarkt** *ist Mo–Fr 6–18.30 (im Sommer 19.30), Sa 6–17 Uhr geöffnet, Fr und Sa ist zusätzlich 8–13 Uhr Bauermarkt.*

Hinkommen: *U 2 bis Taborstraße, diese ein Stück zurück und nach rechts in die Haidgasse, Straßenbahn 2 bis Karmeliterplatz, dann halblinks über selbigen und die Karmelitergasse zum Markt.*

Am **Rochusmarkt** **66c** schlägt das Herz des 3. Bezirks. Der kleine Markt, früher *Augustinermarkt* genannt, bei der barocken Rochuskirche ist sehr beliebt und meist gut besucht. Hier finden sich Feinkostläden, Stände mit Lebensmitteln frisch vom Bauernhof und natürlich auch Imbissbuden. Die Blumenstände erinnern daran, dass der traditionsreiche Markt an der Landstraßer Hauptstraße einstmals ein Blumenmarkt war (s. auch S. 44).

Rochusmarkt, *Mo–Fr 6–19.30, Sa 6–17 Uhr, Gastronomie Mo–Fr 6–23 Uhr.*

Hinkommen: *U 3 bis Rochusgasse, Bus 4 A und 74 A bis Rochusgasse.*

Der **Viktor-Adler-Markt** **66d** in Favoriten zählt zu den touristisch eher abseitigen Wiener Märkten – kaum ein Besucher verirrt sich hierher. Dabei geht es hier so herrlich urig zu, die Tonart ist wienerisch-derb, dabei aber herzlich und hilfsbereit, und durch die eng aneinander gebauten Pavillons mit ihren überlappenden Markisen hat man fast den Eindruck eines überdachten Basars. Leckere Snacks gibt es auch hier, z.B. bei „**Duran**" an der Ecke zur Favoritenstraße mit seinen belegten Brötchen *(www.duran.at, Mo–Fr 8–18, Sa 8–14.30 Uhr)*.

Viktor-Adler-Markt, *Mo–Fr 6–18, Sa 6–15 Uhr, im Sommer etwas länger, die Stände in der Leibnitzstraße werden schon um 13 Uhr abgebaut.*

Hinkommen: *U 1 bis Reumannplatz, die Fußgängerzone Favoritenstraße hinuntergehen, der Markt ist nicht zu übersehen.*

67 Vienna handmade – feines Tuch und edle Schuhe wie zu k. u. k. Zeiten

Die Hofburg als Großkunde ist zwar nicht mehr da, von den ehemaligen k. u. k. Hoflieferanten gibt es aber noch heute etwa zwei Dutzend in der Stadt, traditionsreiche Geschäfte mit dem edlem Ambiente vergangener Zeiten, das oft allein schon einen Besuch lohnen würde. In den noblen Läden der Inneren Stadt kann man sich beispielsweise Herrenhemd und/oder Anzug nach Maß anfertigen lassen, die passenden Accessoires bieten die Geschäfte gleich mit.

Ein wunderschönes, altehrwürdiges Geschäft ist der Herrenausstatter **Wilhelm Jungmann & Neffe** 67a gegenüber der Albertina (und neben dem Café Mozart). Das Geschäft gibt es schon seit 1866, seit 1881 an dieser Adresse und als Hoflieferant, berühmteste aller Kundinnen war Kaiserin Sisi. Erst nach Ende des Ersten Weltkriegs stellte man von Damen- auf Herrenmode um. In den Regalen der holzvertäfelten Wände stapeln sich heute die Stoffe bis unter die Decke (beim Blick nach oben sollte man auch der kunstvollen Deckenausmalung ein wenig Beachtung schenken), dazwischen edle Krawatten, Schals und Taschentücher, Gürtel und Schuhe, Manschettenknöpfe und Regenschirme … alles eher teuer. Wer sich hier einen Anzug maßanfertigen lassen will, sollte je nach Stoffwahl mit einem Preis von mindestens ca. 1.300 €, zwei Anproben und etwa sechs bis acht Wochen Arbeitszeit rechnen, ein maßgeschneidertes Hemd ist ab ca. 450 € zu haben.
Wilhelm Jungmann & Neffe, *Albertinaplatz 3, www.feinestoffe.at, Mo–Fr 9.30–19, Sa 10–18 Uhr.*

Bekanntester Herrenaustatter und -schneider Wiens ist heute sicherlich **Knize** 67b am Graben, ein traditionsreiches Geschäft, das 1858 von dem böhmischen Schneidermeister Josef Knize gegründet wurde. Im gleichen Jahr wurde der Herrenausstatter k. u. k. Hoflieferant. Einen nicht unerheblichen Anteil an der heutigen Bekanntheit hat Adolf Loos, der 1910–1913 die Geschäftsräume neu gestaltete – was sich vor allem im ganz besonderen Ambiente im ersten Stock des Geschäfts zeigt.

Für ein maßgeschneidertes Herrenhemd und vor allem für einen Zwei- bzw. Dreiteiler muss man mit langen Wartezeiten rechnen

Rudolf Scheer: Traditionsschuhmacher und k. u. k. Hofschuhmacher

und tief in die Tasche greifen – beides kann jedoch eingefleischte Knize-Anhänger nicht davon abhalten, hier ihre Kleidung maßanfertigen zu lassen.
Knize, *Graben 13, www.knize.at, Mo–Fr 9.30–18, Sa 10–17 Uhr.*

Das passende Schuhwerk gibt es gleich ums Eck bei **Scheer** 67c, dem 1816 gegründeten und 1878 zum k. u. k. Hofschuhmacher aufgestiegenen Nobelschuster. Damen- und Herrenschuhe, Taschen und Accessoires sind handgefertigt, die Preise leider schwindelerregend – ein Paar Maßschuhe von Scheer kosten etwa einen akademischen Monatslohn.
Scheer, *Bräunerstraße 4, www.scheer.at, Mo–Fr 10–18, Sa 10–16 Uhr.*

Der traditionsreiche Familienbetrieb Ludwig Reiter verkauft im historischen „Drei Mäderl Haus" Herren- und Damenschuhe

Der Kompromiss – zumindest preislich – befindet sich im historischen „Drei Mäderl Haus" auf der Mölkerbastei bei **Ludwig Reiter** 67d, einem Familienbetrieb in langer Tradition, in dem es die rahmengenähten Klassiker aus Rindsleder für den Herren ebenso gibt wie das sportlich-mediterrane Modell oder den eleganten Sneaker oder Mokassin, dazu eine – etwas weniger umfangreiche – Damenkollektion sowie handgenähte Koffer und Taschen.
Ludwig Reiter, *Mölkersteig 1, www.ludwig-reiter.com, Mo–Fr 10–18.30, Sa 10–17 Uhr.*

Schließlich bietet die **Hutmanufaktur Mühlbauer** 67e in der Seilergasse eine große Auswahl an handgefertigten Hutkreationen für sie und ihn – zu teilweise erstaunlich günstigen Preisen.
Mühlbauer, *Seilergasse 10, www.muehlbauer.at, Mo–Fr 10–18.30, Sa 10–18 Uhr.*

Info

Hinkommen: U 1 oder U 3 bis Stephansplatz, Straßenbahn D, 1, 2 und 71 bis Kärntner Ring/Opernring, zu Ludwig Reiter Straßenbahn D, 1 und 71 bis Rathaus.
Essen & Trinken: Natürlich geht k. u. k. auch kulinarisch, z. B. beim ehemaligen **Hofzuckerbäcker Demel** 65b (s. auch S. 148) am Kohlmarkt 14 (www.demel.at, tgl. 8–19 Uhr). Wem mehr nach Herzhaften ist, findet bei **Trześniewski** (s. auch S. 149) in der Dorotheergasse 1 eine riesige Auswahl köstlich belegter „Brötchen" (www.trzesniewski.at, Mo–Fr 8.30–19.30, Sa 9–18 Uhr).
In der Nähe: Albertina (S. 116), Dorotheum (S. 146), Pestsäule am Graben (S. 78), Flaniermeilen der Innenstadt (S. 16)

68 Shoppingmeilen Gumpendorfer und Mariahilfer Straße

Eine der interessantesten Meilen Wiens in Sachen Shopping ist die **Gumpendorfer Straße** 68a auf dem Abschnitt zwischen Getreidemarkt (also deren unterem Ende) und dem Flakturm. Nicht zuletzt auch durch die Nähe zur Akademie der bildenden Künste und der (Technischen) Uni hat sich hier eine ganze Reihe an jungen Designläden und Galerien (u.a. „Knoll" in der Gumpendorfer Str. 18 und „Reinthaler", Hausnr. 53), Cafés (u.a. „Phil", s. unten) und coolen Bars etabliert (z.B. „If Dogs run free", Hausnr. 10), dazwischen gibt es unglaublich viele Friseurläden und asiatische Restaurants, außerdem Schneidereien, Haushaltsgeschäfte etc. Von der Gumpendorfer Straße führen diverse kleine Gassen hinauf zur Mariahilfer Straße, am schönsten gelangt man dorthin über die Fillgraderstiege im Jugendstil aus dem Jahr 1905 (Gumpendorfer Straße rechts hinauf in die Fillgradergasse).

Wenn die Gumpendorfer Straße der Hotspot für Studenten und Kreative aller Art ist, dann bedient die beliebte **Mariahilfer Straße** 68b vorwiegend den Geschmack des Mainstreams – bzw. was dafür gehalten wird. Sie verläuft vom MuseumsQuartier bergan fast zwei Kilometer bis zum Westbahnhof, die Straße wurde vor einigen Jahren verkehrsberuhigend umgestaltet und in weiten Teilen in eine Fußgängerzone verwandelt. Die Innere Mariahilfer Straße – so heißt der Abschnitt zwischen MQ und Gürtel, dahinter erstreckt sich stadtauswärts die Äußere Mariahilfer Straße – ist auch eine der ältesten Shoppingstraßen Wiens. Bereits in den 1860er- und 1870er-Jahren siedelten sich hier die ersten Warenhäuser an, darunter das noch heute bestehende, schicke **Kaufhaus Gerngross** (Mariahilfer Straße 42–48). Zuvor war die Straße der bevorzugte Weg des Kaisers von den Hofstallungen (heute MuseumsQuartier) nach Schönbrunn. Das erste Einkaufszentrum Österreichs wurde übrigens hier in der Ma-

Buchhandlung mit Wohnzimmeratmosphäre: das Phil auf der Gumpendorfer Straße

riahilfer Straße eröffnet: das **Generali Center** von 1968 (Hausnr. 77, existiert als solches nicht mehr).

Bunte Auswahl im Zuckerlgeschäft „BONBONS", Neubaugasse 18

Etwa auf Höhe von Peek & Cloppenburg lohnt es sich, auf der linken Seite einen Blick in den **Raimundhof** (Mariahilfer Straße 45) zu werfen, der aus mehreren Innenhöfen mit diversen kleinen Geschäften besteht. Benannt wurde der Hof aus dem späten 18. Jh. nach dem Schauspieler und Bühnenautor Ferdinand Raimund (1790–1836), der hier geboren wurde. Nur ein paar Schritte sind es von hier zur hübschen **Barockkirche Mariahilf** (Hausnr. 55) aus dem späten 17. Jh. mit Umbauten um 1720. Auf dem Platz davor findet mehrmals wöchentlich ein Bauernmarkt statt, im Advent auch ein kleiner Weihnachtsmarkt.

Etwas für Entdecker sind die Shoppingstraßen nördlich der Mariahilfer Straße – **Lindengasse**, **Kirchengasse** und **Neubaugasse**. Und auch der idyllische **Spittelberg** birgt das ein oder andere Shopping-Highlight (s. Neubau, S. 34).

Info

Hinkommen: U 2 bis MuseumsQuartier, U 3 bis Neubaugasse.

Information: Die großen Geschäfte in der Mariahilfer Straße sind i. d. R. Mo–Fr 9–19, Sa bis 18 Uhr geöffnet, kleinere Läden in der Gumpendorfer Straße, Lindengasse u. a. teils nur bis 18 Uhr und Sa bis 17 Uhr.

Essen & Trinken: **Café Sperl** 70a, Gumpendorfer Str. 11, 1060 Wien, Tel. 01/5864158, www.cafesperl.at, Mo–Sa 7–22, So 10–20 Uhr, im Juli/Aug. So geschl. Das vielleicht schönste Kaffeehaus der Stadt gibt es hier seit 1880, die Sachertorte ist der Wahnsinn, Näheres s. auch S. 158.

Phil, Gumpendorfer Str. 10–12, 1060 Wien, Tel. 01/5810489, https://phil.business.site, Mo 17–1, Di–So 9–1 Uhr. Schräg gegenüber dem Sperl, eine Art modernes Wohnzimmer mit gemütlichen Sitzgruppen und Sofas für längere Aufenthalte, außerdem ein sehr gut sortierter Buchladen, viele Studenten, alle sind entspannt. Abends oft Programm.

Café Ritter, Mariahilfer Str. 73, 1060 Wien, Tel. 01/5878238, www.caferitter.at, Mo–Sa 7.30–22, So 9–21 Uhr. Sehr typisches, aber nicht ganz so schickes Kaffeehaus mit kleinem Glaskasten für Raucher.

Café Westend, Mariahilfer Straße 128, 1070 Wien, Tel. 01/5233183, tgl. 7–24 Uhr geöffnet. So viel altehrwürdige Eleganz vermutet man in dem Eckhaus am Gürtel gegenüber vom Westbahnhof gar nicht, aber hier ist sie, jüngst renoviert, mit Pianomusik und einer sehr guten Küche. Nicht ganz günstig.

In der Nähe: Neubau (S. 34), MuseumsQuartier (S. 30), Flakturm mit Meeresmuseum (S. 104), Naschmarkt (S. 26), Freihausviertel (S. 42)

69 Wiener Weihnachtsmärkte – Adventszauber und Punsch

Über 20 Weihnachtsmärkte zählt man heute in der Donaumetropole, und geschlemmt werden darf bei allen ausführlich, mit wärmendem Punsch und heißen Maroni sowie natürlich den berühmten Wiener Wurstspezialitäten. Das Angebot an Weihnachtssouvenirs reicht von der Acrylmütze *made in China* bis hin zum filigransten kunsthandwerklichen Christbaumschmuck. So alt wie sie scheinen, sind die meisten Wiener Weihnachtsmärkte nicht, zumindest nicht am heutigen Ort: Den Markt am Rathaus gibt es seit 1975, den auf der Freyung seit 1987, den Weihnachtsmarkt am Spittelberg ebenfalls seit Ende der 1980er-Jahre. Lediglich der Markt Am Hof kann auf eine längere Geschichte zurückblicken: Hier wird – mit Unterbrechungen – bereits seit Anfang des 19. Jh. ein Christkindlmarkt abgehalten.

Größter Weihnachtsmarkt in Wien ist der **Christkindlmarkt vor dem Rathaus** 69a. Die mächtigen Bäume sind mit leuchtenden Herzen und bunten Paketen behängt, in der Mitte prangt ein riesiger Weihnachtsbaum, unter dem allabendlich um 20 Uhr beim „Turmblasen" Bläserensembles aus verschiedenen Regionen Österreichs ihren Auftritt haben. Etwas abseits – wenn man aufs Rathaus schaut auf der linken Seite – befindet sich das historische Rentier-Karussell vom Prater, nicht weit davon steht das „Waldhaus". Auf der anderen Seite kann man beim „Wolkenpostamt" seine ganz besondere Weihnachtspost aufgeben: Vor allem für Kinder bietet der Christkindlmarkt viel. An den Wochenenden treffen sich Chöre aus vielen Ländern im Rathaus zum „Internationalen Adventssingen" *(Fr–So 15.30–19 Uhr, Eintritt frei)*, in den Rathausarkaden ist außerdem eine kleine Krippenausstellung zu sehen. Kulinarisch bietet der Markt ein Crossover aus Käsekrainer, Langos, Maroni, Waldviertler Mohnkuchen und Schwedenbomben, dazu natürlich alle gängigen Punschvarianten. Wer noch das passende Weihnachtssouvenir sucht, wird hier sicher fündig. Neben dem obligaten Christbaumschmuck und Kerzen sind auch Spielsachen aller Art im Angebot.

Christkindlmarkt vor dem Rathaus, *www.wienerweihnachtstraum.at, geöffnet ca. 15.11.–26.12. tgl. 10–21.30, Fr/Sa bis 22 Uhr, am 24.12. 10–17 Uhr.*
Hinkommen: *U 2 Rathaus oder Straßenbahn D, 1 und 71 bis Rathausplatz/Burgtheater.*

Deutlich kleiner, dafür aber umso beschaulicher präsentiert sich der **Altwiener Weihnachtsmarkt auf der Freyung** 69b. Zwar gibt es hier – rund um Ludwig Schwanthalers Austriabrunnen von 1846 – nicht allzu viele Stände, diese überzeugen aber mit einem besonders hochwertigen Angebot an Kunsthandwerk (und diversen Kunsthandwerksvorführungen). Nebenan, vor den eindrucksvollen Stadtpalais Kinsky und Ferstel, befindet sich der Bio-Weihnachtsmarkt mit Spezialitäten aus ganz Österreich sowie der karitative Weihnachtsmarkt. Nur wenige Schritte Richtung Graben sind es bis zum **Weihnachtsmarkt Am Hof**, mit über 70 Buden etwas größer als jener auf der Freyung, aber mit einem ähnlichen Angebot.

Weihnachtsmarkt auf der Freyung, *www.altwiener-markt.at, geöffnet ca. 20.11.–23.12. tgl. 10–21 Uhr;* **Am Hof**, *www.weihnachtsmarkt-hof.at, geöffnet ca. 16.11.–23.12. tgl. 11–21, Fr–So ab 10 Uhr, Gastronomiestände bis 22 Uhr.*

Hinkommen: *Freyung: U 2 Schottentor oder U 3 Herrengasse; Am Hof: U 3 Herrengasse.*

Der vielleicht romantischste Wiener Weihnachtsmarkt erstreckt sich über die drei Hauptgassen am **Spittelberg** 69c. Er präsentiert sich klein und überaus stimmungsvoll. Es werden viele Fair-Trade-Produkte angeboten und insgesamt ist es hier günstiger als auf den anderen Innenstadt-Weihnachtsmärkten.

Im Ganzen geht es hier – passend zum Viertel – alternativer zu. Die Restaurants und Kneipen am Spittelberg haben ihre Punschstände aufgebaut und die Atmosphäre ist deutlich familiärer als am Rathaus. Vor der „Witwe Bolte" beispielsweise wird Bratapfelpunsch und Feuerzangenbowle ausgeschenkt. Die Stände überraschen mit überaus leckeren Punschkreationen (etwa mit Orangen, diversen Beeren und natürlich auch alkoholfrei) sowie einem einladenden Angebot an Vorweihnachtlichem. Für uns der schönste Weihnachtsmarkt Wiens!

Weihnachtsmarkt am Spittelberg, *www.spittelberg.at, geöffnet ca. 15.11.–23.12. Mo–Do 14–21, Fr 14–21.30, Sa 10–21.30, So 10–21 Uhr.*

Hinkommen: *U 2/U 3 Volkstheater.*

Auf dem Bio-Weihnachtsmarkt am Karlsplatz

Daneben gibt es noch verschiedene andere Weihnachtsmärkte in Wien, etwa das Weihnachtsdorf am **Uni-Campus** im großen Innenhof (Hof I) oder das Weihnachtsdorf am **Maria Theresia-Platz** zwischen Kunsthistorischem und Naturhistorischem Museum. Nur ein paar Gehminuten entfernt kommt man zum besonders schönen Bio-Weihnachtsmarkt **Art Advent am Karlsplatz**. Etwas außerhalb vom Zentrum lädt der beliebte Weihnachtsmarkt vor dem **Schloss Schönbrunn** die Besucher zum vorweihnachtlichen Bummeln ein *(U 4 Schönbrunn)*.

71 Wiener Küche I – Wirtshäuser und Beisl

Die Wiener Küche ist berühmt, und wo sonst sollte man ihr angemessen huldigen, wenn nicht in der Ur-Wiener Wirtschaft, dem **Beisl**, in dem man sich nicht selten wie auf eine Reise in die gute alte Zeit versetzt fühlt. Die meisten Wiener haben „ihr" Stamm-Beisl, dem sie über viele Jahre die Treue halten, oft im eigenen Bezirk gleich um die Ecke – hier kommt man öfter her. Typisch für ein Beisl ist übrigens, dass Samstag und Sonntag geschlossen ist, auch machen manche nur am Abend auf: Mo–Fr ab 18 Uhr ist dann Essenszeit, für die man immer besser reservieren sollte. Der Name „Beisl" kommt vermutlich aus dem Hebräischen und bedeutet soviel wie „kleines Wirtshaus". Andere Theorien gehen auf einen böhmischen Ursprung des Wortes zurück, was aber ähnlich übersetzt wird: Kneipe oder Wirtshaus. Kurzum: Ein Wien-Aufenthalt ohne Beisl-Besuch ist unvollständig!

Gmoakeller 71a – eine Wiener Institution

Dieses Wirtshaus hinter dem Konzerthaus und Akademietheater ist fast immer gut besucht, besonders nach dem kulturellen Genuss widmet man sich hier dem kulinarischen. Der Gmoakeller blickt auf über 150 Jahre Geschichte zurück, Stimmung und Essen sind bestens. Auf den Tisch kommen Klassiker der Wiener Küche wie Tafelspitz, Zwiebelrostbraten, Gulasch, Blunzen-Gröstl, gebackene Leber oder auch geröstetes Hirn (und auch Fisch sowie ein wenig Vegetarisches). Freundlicher, aufmerksamer Service. Blickfang im hinteren Gastraum ist eines der großen Schüttbilder des Künstlers Hermann Nitsch.

Gmoakeller, *Am Heumarkt 25, 1030 Wien, Tel. 01/7125310,www.gmoakeller.at, Mo–Sa 11–24 Uhr.*

Hinkommen: *Straßenbahn 71 bis Heumarkt oder Straßenbahn D bis Schwarzenbergplatz/Mitte.*

Kleiner Exkurs zur Altwiener Küche

Aus allen Ecken der Donaumonarchie generiert sich die echte (Alt-)Wiener Küche, mit dem Gulasch aus Ungarn, dem Schnitzel vermutlich aus Norditalien (und unbedingt vom Kalb), den Knödeln und Mehlspeisen aus Böhmen und den Grillgerichten aus dem Balkan. Tafelspitz und Backhendl sind auf vielen Speisekarten zu finden, aber es geht auch deftiger: „Blunzen-Gröstl" (gebackene Blutwurst) etwa, oder aber jede Menge Innereien – Hirn mit Ei, „Beuschel" (Lunge und Herz), Kutteln, saure Nieren etc. Bei allen kulinarischen Genüssen und Experimenten gilt es eines nicht zu vergessen: Stets noch etwas Platz für den Nachtisch lassen!

Gasthaus Pöschl 71b – kleines Beisl am Franziskanerplatz

Eng stehen die Tische in dem kleinen, freundlich hellen Gastraum. Die Atmosphäre ist nachbarschaftlich entspannt, der Service freundlich-herb und die Wiener Schnitzel herausragend köstlich. Entsprechend beliebt ist auch unser Lieblingsbeisl im 1., daher: Reservierung (auch mittags) dringend ratsam.

Gasthaus Pöschl, *Weihburggasse 17, 1010 Wien, Tel. 01/5135288, tgl. 12–24 Uhr.*

Hinkommen: *U 1/U 3 bis Stephansplatz.*

Fromme Helene 71c

Innen gemütliches Beisl, draußen idyllischer Garten im Hinterhof. Die Nähe zum Theater in der Josefstadt wird im Nebenraum deutlich: Zahllose Fotos von Schau-

Gehört zur österreichischen Küche dazu: der Kaiserschmarrn

spielern zeugen von kunstschaffender Kundschaft. Überaus freundlicher und zuvorkommender Service. Nicht untergehen aber sollte zwischen Theatertradition und Beisl-Behaglichkeit: Super Küche!

Fromme Helene, *Josefstädterstraße 15, 1080 Wien, Tel. 01/4069144, www.frommehelene.at, tgl. 11–24 Uhr.*

Hinkommen: *U 2 bis Rathaus, Straßenbahn 2 bis Lederergasse oder Rathaus.*

Der Stadtwirt 7Id – Qualitätsbeisl im 3. Bezirk

Ein besonders schönes Wirtshaus mit ebensolchem Ambiente, im Stil zwischen Eleganz und traditioneller Urigkeit mit Holzvertäfelung, hervorragender, klassischer Wiener Küche und einer guten Weinauswahl zu mittleren Preisen. Sehr beliebt und meist voll, daher zumindest für abends unbedingt reservieren!

Der Stadtwirt, *Untere Viaduktgasse 45, 1030 Wien, Tel. 01/7133828, www.stadtwirt.at, Mo–Fr 9–24, Sa 11–24 Uhr, So geschl.*

Hinkommen: *U 3/U 4 bis Landstraße/Wien Mitte.*

Glacis-Beisl 7Ie – versteckte Lage hinter dem MuseumsQuartier

Obwohl ein Schild oben an der Breiten Gasse den Weg weist (und sogar ein Kasten mit Speisekarte aushängt), wer es nicht weiß, welch wunderbares Lokal sich ein paar Treppen hinunter verbirgt, kommt hier kaum zufällig vorbei. Gemütlich zum Sitzen, einladend die schönen Nischen und auch die Küche überzeugt – z. B. das Gulasch, ein Traum von besonderer Zartheit. Auch vegetarische Tagesgerichte. Mit Wintergarten, im Sommer schöner Gastgarten fernab der Straße.

Glacis-Beisl, *Breite Gasse 4, 1070 Wien, Tel. 01/5265660, www.glacisbeisl.at, tgl. 11–2 Uhr.*

Hinkommen: *U 2/U 3 bis Volkstheater.*

Weitere Beisl-Empfehlungen: Zum alten Fassl im 5. Bezirk (S. 43), Grünauer im 7. Bezirk (S. 35) und Meixner's im 10. Bezirk (S. 195).

72 Wiener Küche II – Gourmettempel und Restaurants

Neben der berühmten und eher deftig-bodenständigen „Alt-Wiener Küche" bietet die 1,9 Millionen-Metropole natürlich auch ein immenses Angebot für Freunde der kulinarischen Raffinesse – wobei die Grenzen zwischen gehobener Beisl-Küche und der des feinen Restaurants manchmal ineinanderfließen. Die meisten Gourmetrestaurants liegen, kaum überraschend, im 1. Bezirk, was ein wenig auch den vielen Hotelrestaurants der noblen Ringhotels geschuldet ist: Palais Coburg, Imperial, Grand Hotel und andere bieten die entsprechend gehobene Gastronomie, die selbstverständlich nicht nur den Hausgästen zur Verfügung steht. Aber auch darüber hinaus gibt es in den Innenstadtbezirken eine riesige Auswahl an hervorragenden Restaurants.

Steirereck und Meierei im Stadtpark 72a

Wahrscheinlich das beste Restaurant in Wien – finden Gault Millau (19 Punkte, vier Hauben) und Michelin (zwei Sterne). Sehr modernes Ambiente mit großen Glasfronten und Blick in die Küche, aus der die berühmten Kreationen von Heinz Reitbauer kommen: Menü abends 149–165 €, mittags ab 98 €. Wer nicht ganz so viel investieren möchte, ist in der angeschlossenen **Meierei im Stadtpark** mit herrlicher Terrasse und Blick auf Wienfluss und Stadtpark richtig. Hier kann man tgl. zwischen 8 und 12 Uhr (Sa/So ab 9 Uhr) auch hervorragend frühstücken, ansonsten kommt das Hauptgericht auf ca. 14–22 €. Bekannt ist die Meierei auch für ihre exquisite Käseauswahl.

Beste Adressen in Wien: Steirereck und Meierei im Stadtpark

Restaurant Steiereck, *Am Heumarkt 2A, 1030 Wien, Tel. 01/7133168, www.steirereck.at, Mo–Fr 11.30–14.30 und ab 18.30 Uhr geöffnet, Meierei Mo–Fr 8–23, Sa/So 9–19 Uhr.*

Hinkommen: *U 4 Station Stadtpark, Straßenbahn 2 bis Weihburggasse.*

Skopik & Lohn 72b – Place to be in der Leopoldstadt

Ganz auf dem Weg liegt es nicht, das Lokal im 2. Bezirk, aber die Reise über den Donaukanal lohnt sich garantiert. Im Sommer mit nettem Schanigarten, innen dominiert das Deckengemälde von Otto Zitko, das Ambiente ist schick und gemütlich zugleich, das Publikum in Feierlaune, die Ober von ausgesuchter Aufmerksamkeit. Ganz hervorragende Küche in allerdings kleiner Auswahl (Hauptgerichte 12,50–28 €). Was den Abend im Skopik & Lohn zu einem besonderen macht, ist aber auch die gelungene Musik-Auswahl, die ideale akustische Untermalung zum wunderbaren Ambiente dieses Lokals.

Skopik & Lohn, *Leopoldsgasse 17, 1020 Wien, Tel. 01/2198977, www.skopikundlohn.at, Di–Sa 18–1 Uhr.*
Hinkommen: *U 2 und Straßenbahn 2 bis Taborstraße.*

Schnattl 72c – Traditionslokal in der Josefstadt

Das Schnattl könnte auch als edles Beisl durchgehen, wofür die elegant-rustikale Einrichtung spricht, die feine Gourmetküche spricht dagegen eher für ein gehobenes Restaurant. Um deren Kochkünste angemessen genießen zu können, gibt es ein Degustationsmenü in der Fleisch- und eines in der vegetarischen Variante, vieles kommt dabei von regionalen Bioproduzenten. Gute Weinauswahl, geflissentlicher und freundlicher Service, schöner ruhiger Innenhof.

Schnattl, *Lange Gasse 40, 1080 Wien, Tel. 01/4053400, www.schnattl.com, Mo–Do 11.30–17, Fr 11.30–24 Uhr.*
Hinkommen: *U 2 bis Rathaus.*

Oswald & Kalb 72d – eine Institution in der Bäckerstraße

Hier sitzt man verteilt auf mehrere kleine Räume im Gewölbe, der Ober bringt den berühmten „Schmäh“ mit und die Qualität der Speisen – überwiegend, aber nicht nur klassische Wiener Küche – wie auch der Weine ist sehr gut. Falco war hier in den legendären 1980er-Jahren Stammgast, ein riesiges Porträt von ihm schmückt die Wand im Schankraum. Leicht gehobene Preise.

Oswald & Kalb, *Bäckerstraße 14, 1010 Wien, Tel. 01/5121371, Mo–Sa 17–23.30 Uhr.*
Hinkommen: *U 1/U 3 bis Stephansplatz oder U 3 bis Stubentor.*

Motto am Fluss 72e – urbaner Spot am Donaukanal

Die Lage über dem Donaukanal ist fantastisch – mit großen Glasfronten und Dachterrasse zum Abhängen –, das Publikum szenig und eher jung. Auch Café (ab 8 Uhr, hier kann man auch frühstücken), abends Bar und häufig auch DJs. Kreative, internationale Küche, viel Mediterranes, zu etwas gehobenen Preisen. Im Café gibt es eine günstige Tageskarte, darunter auch viel Vegetarisches und Salate. Vor allem im Sommer ein herrlicher Platz in Wien.

Motto am Fluss, *Franz Josefs Kai 2, 1010 Wien, Tel. 01/25255, www.mottoamfluss.at, Restaurant tgl. 11.30–14.30, 18–23.30 Uhr, Café 8–24 Uhr, Bar 18–2 Uhr.*

Hinkommen: *U 1/U 4 bis Schwedenplatz.*

73 Und bei Nacht – Wiener Barleben

Wien verfügt über ein reges Nachtleben, angesagte Clubs gibt es einige, z. B. der „Volksgarten“ (Disko) zwischen Burgring und Heldenplatz, das legendäre „U 4“ in der Schönbrunner Straße 222 oder aber die „Pratersauna“ unweit des gleichnamigen Vergnügungsparks, nicht zu vergessen die zahlreichen Locations in den Gürtelbögen der Stadtbahn und am Donaukanal. In der Inneren Stadt begibt man sich dagegen in die vielfältigen und besonders beliebten stylishen Bars. Eine Auswahl:

Die Sky Bar – Cocktails über den Dächern der Stadt

Die Location ist einmalig, im siebten Stock des „Kaufhauses Steffl“ mit Blick über die Dächer und auf den Stephansdom. Relativ groß mit zwei Bars, an denen die hervorragenden Cocktails (ab ca. 13 €) gemixt werden. Im Sommer mit Dachterrasse, unter der Woche abends Livemusik, das Publikum ist schick, aber nicht zu sehr. Gläserner Aufzug von der Kärntner Straße hinauf.

Sky Bar, *Kärntner Straße 19, 1010 Wien, Tel. 01/5131712, www.steffl-vienna.at, Mo–Fr 10–2, Sa 9.30–2, So 11–2 Uhr, tagsüber Café und Restaurant.*

Hinkommen: *U 1/U 3 bis Stephansplatz, Straßenbahn D, 1, 2, 71 bis Kärntner Ring/Oper.*

Loos Bar (American Bar) – die Legende

Keine 30 Quadratmeter misst diese Wunderbar in der Seitengasse der Kärntner Straße, die 1908 von keinem Geringeren als – man ahnt es – Adolf Loos entworfen wurde. Der Blick auf das Design reicht jedoch meist nur nach oben, denn hier ist es voll, eng, verraucht und laut – genau wie es in einer legendären Bar sein muss. Bunt gemischtes Publikum, nicht teuer.

Loos Bar, *Kärntner Durchgang 10, 1010 Wien, Tel. 01/5123283, www.loosbar.at, tgl. 12–4 Uhr.*

Hinkommen: *U 1/U 3 bis Stephansplatz.*

Onyx Bar – Treffpunkt der Reichen und Coolen

Noch eine Bar ganz oben und mit Wahnsinnsausblick auf den Stephansdom, dem man näher kaum kommen kann – die Onyx Bar befindet sich in Bestlage im sechsten Stock des DO&CO-Hotels im Haas-Haus direkt gegenüber des Wiener Wahrzeichens. Gestyltes Publikum und ein ebensolches Ambiente mit loungigen Sitzecken, exklusiver als andere Bars der Innenstadt und auch ein wenig teurer (und mit gigantischer Whisky-Auswahl!).

Onyx Bar, *Stephansplatz 12, 1010 Wien, Tel. 01/24188, www.docohotel.com, tgl. 11–2 Uhr.*

Hinkommen: *U 1/U 3 bis Stephansplatz.*

Robertos American Bar – noch ein Hotspot in der Innenstadt

Wenn es in der Loos Bar schon eng wird, ist die Bar von Roberto – einer der besten seiner Zunft in Wien – gestopft voll, vor allem zu fortgeschrittener Stunde. Die Bar des ehemaligen Loos-Barkeepers ist einer der angesagtesten Orte der Inneren Stadt, die Cocktails sind selbstredend ausgezeichnet und die Wiener lieben diese Bar. Auch beliebter Aperitivo-Treff, es darf geraucht werden.

Robertos American Bar, *Bauernmarkt 11–13, 1010 Wien, Tel. 01/5350647, www.robertosbar.com, tgl. ab 14 Uhr.*

Hinkommen: *U 1/U 3 bis Stephansplatz.*

Eden Bar – Old School mit Stil

Die traditionsreiche Bar gibt es schon seit über 100 Jahren. Ein Leihsakko kann man am Eingang der Eden Bar vom netten Garderobier bekommen, ohne darf man nämlich nicht hinein – der Dresscode für Herren gilt. Innen dann etwas gesetztere Bar-Atmosphäre mit Liveband und Dancefloor, das Publikum ist nicht mehr ganz so blutjung. Immer wieder Musik- und Kabarettaufführungen.

Eden Bar, *Liliengasse 2, 1010 Wien, Tel. 01/5127450, www.edenbar.at, Do–Sa 22–4 Uhr, zu Veranstaltungen früher geöffnet (Juli/Aug. geschl.).*

Hinkommen: *U 1/U 3 bis Stephansplatz.*

Die Rote Bar – noch eine Legende

Die berühmte Rote Bar im Volkstheater versteckt sich ein wenig, der Eingang liegt unauffällig links des Haupteingangs zum Theater. Oben im ersten Stock gelangt man dann in einen ganz wunderbar mit Patina belegten Saal mit mächtigem Kronleuchter, Tresen und Bühne im „*shabby imperial*"-Style. Häufig Konzerte, Lesungen und die Burlesque-Shows des „Cirque Rouge" – es gibt kaum einen passenderen Ort dafür.

Die Rote Bar, *Neustiftgasse 1 (Eingang Burggasse), 1070 Wien, Tel. 0699/1501501, www.volkstheater.at, tgl. 22–2 (zu Veranstaltungen früher), Sa bis 4, So nur bis 1 Uhr.*

Hinkommen: *U 2/U 3 bis Volkstheater.*

Und danach: eine Wurst beim Bitzinger

Wer nach der ausgiebigen Bar-Tour noch ein wenig Hunger verspürt, ist am Albertinaplatz genau richtig. Beim „Standl" vom Bitzinger trifft man sich bis 4 Uhr morgens auf eine Käsekrainer, deren beachtlicher Fettanteil sich bei der Absorbierung von Alkohol und damit Minderung eines etwaigen Katers als äußerst hilfreich erweist. Ein weiterer beliebter nächtlicher Würstelstand befindet sich am Hohen Markt.

Die Rettung bei nächtlicher Heißhungerattacke

Wien kurios – und manchmal auch ein wenig morbid …

74 Es lebe der Zentralfriedhof – und alle seine Toten

Das Grab von Falco ist fast schon eine Pilgerstätte

Wurde ein Gottesacker jemals schöner und freundlicher besungen, als in Wolfgang Ambros' Friedhofs-Hymne? „*Am Zentralfriedhof ist Stimmung, wia's sein Lebtag no net woa*", werden wahrscheinlich die meisten mitsingen können. Uns Lebenden erscheint ein Besuch des Wiener Zentralfriedhofs hingegen eher stimmungsvoll und erholsam.

Der 1874 eingeweihte Wiener Zentralfriedhof ist mit 250 Hektar umfriedeter Fläche die zweitgrößte Begräbnisstätte Europas (nach Hamburgs Friedhof Ohlsdorf), Nekropolis quasi: Etwa drei Millionen Menschen haben hier ihre letzte Ruhe gefunden, wobei sich heute etwa 330.000 Grabstellen in verschiedenen Gruppen über den Friedhof verteilen. Obschon naturgemäß die Mehrheit der hier Ruhenden zu Lebzeiten dem katholischen Glauben anhing, ist der Zentralfriedhof ein interkonfessioneller Begräbnisraum. Hier ruhen auch Juden, Buddhisten, Muslime, orthodoxe Christen und sogar Protestanten.

Der Haupteingang befindet sich bei Tor 2, am besten erreichbar mit dem sprichwörtlichen 71er. Rechter und linker Hand sind die Aufbahrungshallen 1 und 2, unter Letzterer ist das **Bestattungsmuseum** beheimatet (S. 170). Eine weite Allee führt vom Haupteingang durch

Who is who und wo – eine kleine Auswahl an Ehrengräbern

Ludwig van Beethoven, Tondichter: Gruppe 32A, Nr. 29;
Basilio Calafati, Schausteller: 30C, Reihe 6, Nr. 10;
Theophil Hansen, Architekt: 14A, Nr. 20;
Hans Hölzel (**Falco**), Sänger und Musiker: 40, Nr. 64;
Alfred Hrdlicka, bildender Künstler: 31B, Reihe 13, Nr. 20;
Ernst Jandl, Schriftsteller 33G, Nr. 29;
Bruno Kreisky, Bundeskanzler a. D.: 32C, Nr. 21B;
Adolf Loos, Architekt: Gruppe 0, Reihe 1, Nr. 105;
Hans Moser, Sänger und Schauspieler: 32C, Nr. 27;
Johann Nepomuk Nestroy, Dramatiker und Schauspieler: 32A, Nr. 6;
Johann Strauss (**Sohn**), Komponist, Hofkapellmeister, Walzerkönig: 32A, Nr. 27;
Franz Werfel, Dichter: 32C, Nr. 39;
Udo Jürgens, Sänger und Entertainer: 33G, Nr. 85.

Die Grabstätten sind in Gruppen zusammengefasst und manchmal mit Reihe, immer aber mit Nummer versehen.

Allee zur Friedhofskirche

die alten Arkaden und vorbei an zahlreichen, mehr oder minder aufwendigen, meist aber kunstvollen Ehrengräbern schnurstracks auf die Friedhofskirche und die neuen Arkaden zu. Die **Kirche zum heiligen Karl Borromäus**, im Volksmund nach dem hier beigesetzten ehemaligen Bürgermeister auch „Luegerkirche" genannt, ist neben Otto Wagners Kirche am Steinhof (S. 102) das zweite große Jugendstilgotteshaus in Wien. Entworfen wurde die 1911 eingeweihte Kirche mit der imposanten Kuppel von Max Hegele.

Der Wiener Zentralfriedhof darf übrigens auch mit dem Auto befahren werden (Ticket: 3 €) – im angemessen andächtigen Schritttempo versteht sich. Es ist natürlich besinnlicher und erholsamer, den Zentralfriedhof zu Fuß zu erkunden. Denn der Wiener Zentralfriedhof ist weit mehr als nur eine Begräbnisstätte oder ein Kulturraum des Gedenkens. Der Zentralfriedhof ist auch ein Natur- und ein Lebensraum, eine weitläufige Parklandschaft mit Blumenwiesen, dichten Sträuchern und hohem Baumbestand, Ahorn, Eichen, Kastanien, Linden, Buchen etc. Nicht nur das obligatorische Eichhörnchen fühlt sich im Biotop Totenacker wohl. Ein bemerkenswerter Artenreichtum belebt den Zentralfriedhof: Waldkauze und Turmfalken, Igel, Hasen und der bedrohte Feldhamster, Füchse und sogar Rehe sowie diverse seltene Vogelarten wie Neuntöter oder Grünspecht. Besonders stimmungsvoll ist der alte jüdische Friedhof mit pittoresker, efeuumrankter Patina, der sich zwischen Tor 1 und Tor 11 erstreckt.

Info

Hinkommen: Klar, mit dem 71er, also: der Straßenbahn 71 (oder 6) bis Zentralfriedhof, 2. Tor.

Information: **Wiener Zentralfriedhof**, Haupteingang: Tor 2, Simmeringer Hauptstraße 234, 1110 Wien, Tel. 01/5346928405, www.friedhoefewien.at, Nov.–Feb. 8–17 Uhr, März/Okt. 7–18 Uhr, April–Sept. 7–19 Uhr.

Rundfahrt: Der friedhofseigene **Bus** (Linie 106) fährt 9–15.30 Uhr (Sa bis 16.30 Uhr) alle halbe Stunde eine Rundtour über den Friedhof (Dauer 25 Min.). Eine Rundfahrt kann man auch im **Fiaker** unternehmen (Standplatz am Haupteingang Tor 2, www.fiaker-wulf.at, April–Okt. tgl. 10–17 Uhr, Di Ruhetag).

Essen & Trinken: Beliebt ist der **Würstelstand** vor dem Haupteingang (zuletzt im Winter geschl.).

In der Nähe: Bestattungsmuseum (S. 170)

75 Bestattungsmuseum am Wiener Zentralfriedhof – Impressionen zur letzten Reise

Düster ist es. Düster wie in einer Gruft. Manche mögen das stimmungsvoll nennen. Thematisch stimmig ist es allemal. Willkommen im Bestattungsmuseum. Passenderweise befinden sich die musealen Reflexionen der letzten Reise nahe dem Haupteingang des Wiener Zentralfriedhofs (Tor 2) – unter der Aufbahrungshalle 2.

Wer hätte gedacht, dass es am Ende noch so viele Fragen zu beantworten gäbe. Die düster eleganten Ausstellungsräume bieten so manche interessante und auch überraschende Information rund um die Geschichte des letzten Geleits. Das Bestattungswesen wurde in Wien im 19. Jh. privatisiert. Dabei müssen freiem Wettbewerb und Konkurrenzkampf irgendwann jegliche dem Anlass angemessene Würde abhanden gekommen sein, sodass die Stadt Wien sich genötigt sah, die beiden größten Bestattungsunternehmen 1907 zu erwerben und die „Gemeinde Wien – Städtische Leichenbestattung" zu gründen – ein Unternehmen, das es heute noch unter dem Namen „Bestattung Wien" gibt (als Teil der Wiener Stadtwerke).

Eines jener fusionierten Bestattungsunternehmen war die 1867 gegründete „Entreprise des Pompes Funèbres", die im Museum durch einen Kleinen Fourgon, einen

Der Josephinische Gemeindesarg, vulgo „Sparsarg"

Natürlich dreht sich die Ausstellung des Bestattungsmuseums am Ende auch um die letzte Mobilie für eines jeden hiesiges Dasein. Es sind zwar nicht viele Särge ausgestellt, doch diese könnten unterschiedlicher nicht sein: vom klassischen Holzsarg bis zum futuristischen Ellipsoid. Darunter befindet sich auch das wohl kurioseste Exponat des Museums: Der Gemeindesarg Josephs II. Eigentlich setzte sich die Bestattung in einer mehr oder minder kunstvoll gezimmerten Holzkiste erst im 17. Jh. endgültig durch. Dennoch war die Empörung groß, als Joseph II., der der Aufklärung zugetane Habsburger, eben diese Beerdigungsform in Österreich verbieten ließ. Er erließ 1784 eine neue Begräbnisordnung. Der zufolge war geboten, „daß alle Leichen in einem leinenen Sack ganz bloß ohne Kleidungsstücken eingenähet, sodann in die Todtentruhe geleget, und in solcher auf den Gottesacker gebracht werden sollen". Vom gemeindeeigenen Sarg aus war der Verstorbene dann mittels eines Klappmechanismus in sein Grab zu entlassen. Das sparte Material und Kosten, denn der Klappsarg konnte wiederverwendet werden, und letztlich auch Platz, da die Verwesung schneller vonstatten ging. Doch die Bevölkerung, wie so oft unzugänglich für rationale Argumentation, empfand die pietätlose Neuerung als Zumutung, verunglimpfte den Josephinischen Gemeindesarg als „Sparsarg" und brachte die neue Bestattungsmode wieder zum Kippen.

Sparsarg zum Aufklappen

Leichenwagen aus dem 19. Jahrhundert

Leichenwagen aus dem 19. Jh., präsent ist. Am Leichenwagen als Teil des Kondukts wird auch deutlich, wie fließend die Übergänge zwischen persönlicher Trauer (Partezettel, Trauermode) und dem letzten Geleit als Inszenierung sind – wobei man sich natürlich die Frage stellt, wer da standesgemäß in Szene gesetzt wird: der Verstorbene oder die Hinterbliebenen. Die öffentlichkeitswirksamste Inszenierung eines Trauerzugs stellt fraglos das Staatsbegräbnis dar, zumal wenn bei einer Begräbnisfeierlichkeit ein Habsburger geleitet wird. Foto- und Filmaufnahmen dokumentieren die Trauerzüge der letzten Habsburger, von Sisi über Franz Ferdinand und Franz Joseph – vom Trauerzug über die Ringstraße gibt es bereits Filmaufnahmen – bis hin zu Zita und Otto. Weitere Themen sind u. a. die Geschichte der Wiener Friedhöfe im Allgemeinen und des Wiener Zentralfriedhofs im Besonderen.

Weniger Probleme mit technischen Neuerungen (als die Wiener mit dem Klappsarg) werden wir haben, wenn wir uns abschließend mittels eines Touchscreens über die Ehrengräber auf dem Wiener Zentralfriedhof informieren.

Info

Hinkommen: Straßenbahn 71 und 6 bis Zentralfriedhof, 2. Tor.
Information: **Bestattungsmuseum am Wiener Zentralfriedhof**, Zentralfriedhof Tor 2, unter der Aufbewahrungshalle 2, Simmeringer Hauptstraße 234, 1110 Wien, Tel. 01/76067, www.bestattungsmuseum.at, Mo–Fr 9–16.30 Uhr, März–Sept. sowie Mitte bis Ende Okt. auch Sa 10–17.30 Uhr, Eintritt 6 €, erm. 5 €, bis 19 Jahre frei, Audioguide 6 €. Mittlerweile gibt es auch einen Shop, in dem Souvenirs mit morbidem Charme („Friedhöfe Wien. Hier liegen Sie richtig!") angeboten werden.
In der Nähe: Wiener Zentralfriedhof (S. 168)

76 Kapuzinergruft – die letzte Ruhestätte der Habsburger

Etwas gruselig ist es schon hier unten, zusammen mit den sterblichen Überresten von 150 Mitgliedern der Habsburgerfamilie, vor allem, wenn man alleine ist. Was allerdings nicht allzu oft vorkommt, denn die „Kaisergruft bei den Kapuzinern" ist beliebt bei den Wien-Besuchern.

Prachtvoll verzierte Zinnsarkophage in der Kapuzinergruft

Durch insgesamt neun Gruften führt der Rundgang, ausgehend von der „Gründer-Gruft" und der „Leopolds-Gruft" aus dem 17. Jh. bis hin zur modernen „Gruft-Kapelle". Viele der prunkvollen Zinnsarkophage sind filigran und kunstvoll mit symbolträchtigen Figuren verziert, deren eindeutigste vielleicht der Totenkopf mit Krone. Die vielen Kindersärge – teils auch in den Wandnischen – erinnern and die enorme Kindersterblichkeit früherer Jahrhunderte, gegen die auch die medizinisch bestens versorgte Kaiserfamilie nichts ausrichten konnte.

Wuchtigster und auch prachtvollster Sarkophag ist der Doppelsarkophag von Maria Theresia (1717–1780) und ihrem Mann Kaiser Franz I. Stephan (1708–1765). In der „Maria Theresien-Gruft" ruht übrigens auch das einzige Nicht-Habsburger-Familienmitglied, die Reichsgräfin Karoline von Fuchs-Mollard (1675–1754), Gouvernante und enge Vertraute von Maria Theresia, auf deren Wunsch die Gräfin hier bestattet wurde. Am Blumenschmuck sofort erkennbar ist der Sarkophag mit Kaiserin Elisabeth (1837–1898) neben ihrem Mann Kaiser Franz Joseph (1830–1916) und dem Sohn Kronprinz Rudolf (1858–1889) in der ansonsten schmucklosen Gruft.

Hier ruhen Maria Theresia und ihr Mann Kaiser Franz I. Stephan in einem Doppelsarkophag

1618 schenkte die fromme Kaiserin Anna den Kapuzinermönchen ein Grundstück am Mehlmarkt (Neuen Markt), die hier bis 1633 eine Kirche mit Gruft errichteten. Es folgten zahlreiche Erweiterungen, u.a. die barocke Karlsgruft von 1720 durch Kaiser Karl VI. (1685–1740) und durch Maria Theresia im Jahr 1753, die ihren mächtigen Sarkophag bereits 1754 anfertigen ließ (was aber nicht unüblich war). Ihr nüchterner Sohn Kaiser Joseph II. (1741–1790) ließ die Gruft zwischenzeitlich schließen, ab dem frühen 19. Jh. entstanden dann aber nochmal sechs Gruft-Neubauten, deren letzte 1962, die sogenannte „Neue Gruft".

Habsburger Herzen

Die Habsburger wurden traditionell in drei Teilen bestattet: Die Herzen in geschlossenen Silberkelchen in der sogenannten „**Herzgruft**" in der Augustinerkirche der Hofburg (ist sonntags nach der Messe zu besichtigen), die – Achtung, eklig – Eingeweide, Augen und Gehirne in Kupferurnen in der **Herzogsgruft** von St. Stephan (S. 55) und die weiteren sterblichen Überreste eben hier in der Kapuzinergruft. Ersterer Brauch soll auf Ferdinand VI. zurückgehen, der noch vor seinem Tod mit nur 20 Jahren verfügte, sein Herz solle zu Füßen der Gottesmutter in der Kapelle der Augustinerkirche („Loretokapelle") ruhen.

Die Entnahme der Eingeweide hatte eher den praktischen Grund, die Verwesung herauszuzögern und schlimme Geruchsentwicklungen zu vermeiden, denn die Leichen wurden mehrere Tage im Stephansdom oder der Hofburgkapelle aufgebahrt, dann erst einbalsamiert und in einem verschlossenen Holzsarg in ihrem Sarkophag in der Kapuzinergruft bestattet. Die Schlüssel dazu in zweifacher Ausfertigung werden bei den Kapuzinermönchen und in einem Schrank in der **Schatzkammer** (S. 128) aufbewahrt.

Die letzte Bestattung in der Kapuzinergruft fand am 16. Juli 2011 statt, als Otto (von) Habsburg und seine Gattin Regina hier beigesetzt wurden. Dabei war auch das **Habsburger Bestattungsritual** mit der berühmten „**Anklopfzeremonie**" letztmalig zu sehen: Der Zeremonienmeister klopft dreimal an die Tür der Kapuzinerkirche und bittet um Einlass – zuerst unter Nennung aller großen Titel des/der Verstorbenen, was vom Kapuzinerkustos mit den Worten „Kennen wir nicht" abgelehnt wird, dann unter Nennung nur des Namens und einiger weniger (und weniger bedeutender) Titel, mit der gleichen Absage. Erst mit der Formel „Wer begehrt Einlass?" – „Ein sterblicher, sündiger Mensch" wird die Pforte geöffnet. Nach der Bestattung von Otto und Regina (von) Habsburg wird es hier keine weiteren Beisetzungen mehr geben, die Kapuzinergruft ist bis auf den letzten Platz gefüllt.

Info

Hinkommen: U 1/U 3 bis Stephansplatz, Straßenbahn D, 1, 2 und 71 bis Opernring.
Information: **Kapuzinergruft**, Tegetthoffstr. 2 (beim Neuen Markt), 1010 Wien, Tel. 01/512685388, www.kapuzinergruft.com, tgl. 10–18 Uhr, Eintritt 7,50 €, erm. 6,50 €, Familien 16,50 €.
Essen & Trinken: **Reinthaler** gleich um die Ecke bietet Wiener Hausmannskost zu guten Preisen. Gluckgasse 5, 1010 Wien, Tel. 01/5123366, Mo–Fr 9–23 Uhr.

77 Der Narrenturm – Schrecken und Fortschritt im Guglhupf

Die Besichtigung des Narrenturms ist wahrlich nichts für schwache Nerven, denn zu sehen gibt es durchaus die eine oder andere Unansehnlichkeit den menschlichen Körper betreffend. Da beruhigt es doch ungemein, sich in die Obhut der gut gelaunten, weiß bekittelten Medizinstudenten/-innen zu begeben, die jeweils zur vollen Stunde durch das erste Obergeschoss des Narrenturms führen.

Zur Zeit seiner Erbauung war der Narrenturm – wegen seiner kreisrunden Form mit Loch in der Mitte auch **Guglhupf** genannt – eine Revolution. Geisteskranke aller Art sperrte man zuvor in Zuchthäuser und abgelegene Hinterhöfe, psychische Erkrankungen kamen in der damaligen Medizin wie auch in Volkes Glauben noch nicht vor. Ende des 18. Jh. wurden Kaiser Joseph II., dem sozialen Reformator, die erbärmlichen Zustände der Armen und Kranken zu viel und er ließ eine Krankenanstalt, ein Gebärhaus und eine Irrenanstalt errichten.

Das im Sommer 1784 eingeweihte **Allgemeine Krankenhaus** (AKH) ging als eines der größten und modernsten seiner Zeit in die Geschichte ein, der bereits zuvor (am 14.4.1784) eröffnete Narrenturm wurde zur weltweit ersten psychiatrischen Klinik. Das kreisrunde Gebäude verfügt über fünf Stockwerke mit je 28 Zel-

Der Narrenturm beherbergt eine pathologisch-anatomische Sammlung

len, die von je zwei Patienten bewohnt wurden. Ganz oben befand sich das sogenannte *Oktogon*, das Privatgemach des Kaisers, in dem er sich häufig aufgehalten haben soll (was er da gemacht hat, entzieht sich der Dokumentation). Die Fenster der Zellen waren immer offen – man vermutete in der schlechten Luft Krankheitsüberträger, was zumindest für die „Wiener Krankheit“ Tuberkulose durchaus zutraf –, ebenso die Türen, die (friedlichen) Patienten konnten sich also relativ frei bewegen. Geheizt wurde über die mit heißen Kohlen befüllten Kästen in den Gängen, sanitäre Anlagen gab es nicht.

Als „Rosenkreuzer“ war Joseph II. ein Anhänger von Mystik und Alchemie, die 28 Zellen pro Stockwerk waren kein Zufall sondern entsprachen dem Mondkalender, eingeliefert wurden Patienten nur zum Vollmond und behandelt wurde nach der „Säftelehre“, die die Menschen in Sanguiniker, Choleriker, Phlegmatiker und Melancholiker einteilte und entsprechend zur Ader ließ (wirkt dank des hohen Blutverlustes immer „beruhigend“) oder Brechmittel zuführte – wobei die Melancholie durch starke Übelkeit zumindest kurzfristig ausgesetzt wurde.

Die Modernität des Narrenturms war jedoch alsbald von gestern, bereits 1869 wurde er geschlossen, ab dem frühen 20. Jh. beherbergte er ein Schwesternwohnheim des AKH, Dienstwohnungen für Ärzte, Handwerker und diente als Lager. Bis 1993 war der Narrenturm (zuletzt noch von einem Arzt) bewohnt, dabei aber bereits ab 1971 in Teilen als Museum zugänglich. Mit über 40.000 Präparaten, Moulagen (originalgetreuen Wachsnachbildungen) und anderen Objekten ist die pathologisch-anatomische Sammlung im Narrenturm die weltweit größte ihrer Art.

Die **Führung** durch den ersten Stock erweist sich als überaus hilfreich, da besondere Exponate medizinisch erläutert und in den historischen Zusammenhang gesetzt werden. So erfährt man z.B., dass der am meisten eingeatmete Fremdkörper die Nähnadel ist oder wie man vor Robert Koch der Tuberkulose beizukommen versuchte.

Die **Schausammlung** im Erdgeschoss (nur ohne Führung) widmet sich ebenfalls der Tuberkulose (Robert Koch vor seinem Mikroskop), zeigt aber auch den Nachbau einer Apotheke, eine Alchemistenkammer sowie eine alte Pathologie, umrahmt von unzähligen Feuchtpräparaten und Moulagen der verschiedensten Krankheitsbilder.

Info

Hinkommen: Straßenbahn 43 oder 44 bis Skodagasse, die Alser Straße ein Stück hinunter und in den großen Hof der Uni (Hof 1) einbiegen, dann durch Hof 2 und 3, bis man den Narrenturm (Hof 6) vor sich sieht.
Information: **Pathologisch-anatomische Sammlung im Narrenturm**, Uni Campus Hof 6, Spitalgasse 2, 1090 Wien, Tel. 01/52177606, Mi 10–18, Do/Sa 10–13 Uhr, meist zur vollen Stunde Führungen (Dauer ca. 45 Min.). Eintritt 4 €, bis 19 Jahre frei, Führung 6 €, erm. 4 €.
Essen & Trinken: Wer nach dem Besuch des Narrenturms eine Stärkung braucht, findet in kurzer Laufdistanz gleich mehrere Cafés: z. B. das **Café Français** in der Währinger Straße 6–8 (S. 85) oder das **Café Florentin 1090** in der Berggasse 8.
In der Nähe: Votivkirche (S. 84), Sigmund Freud Museum (S. 66)

78 Sechs Jahrhunderte Zeit – das Uhrenmuseum

Ein Kleinod unter den vielen faszinierenden Museen der Stadt. Die chronometrischen Preziosen ticken in einem der ältesten Wiener Stadthäuser. Bei der Präsentation der kostbaren Uhren aus sechs Jahrhunderten verzichtet das stimmungsvolle Museum vollständig auf die üblichen musealen Spielereien. Kein Touchpad, keine virtuelle Mechanik lenken von den Exponaten ab, die vielgestaltigen Zeitmesser sprechen für sich. Natürlich sind die Uhren chronologisch angeordnet – wo, wenn nicht hier, sollte man Zeit ernst nehmen? Über drei Etagen erstreckt sich eine der bedeutendsten Uhrensammlungen Europas. Ein Schwerpunkt der Sammlung stammt aus dem Biedermeier, da damals die große Stunde der Wiener Uhrmacherkunst schlug – man denke an die schlichte Eleganz der Wiener *Laterndluhren*.

Die Sammelleidenschaft zweier Privatleute war die Antriebsfeder, die die Entstehung des Uhrenmuseums in Gang setzte. Der Mathe- und Physiklehrer **Rudolf Kaftan** sammelte in seinem Leben Tausende von Uhren und empfahl sich dadurch als erster Leiter des von ihm initiierten und 1921 eröffneten Museums. Hinzu stieß die vorzügliche **Taschenuhrsammlung** der Schriftstellerin **Marie von Ebner-Eschenbach**. Letztere war nämlich keineswegs lediglich eine bedeutende Literatin. Sie war auch Ehrenmitglied der *Wiener Uhrenmacher-Genossenschaft*, dank ihrer profunden und auch praktischen Kenntnisse des Uhrmacherhandwerks! Ihre Taschenuhrsammlung, kleine tickende Kunstwerke, stellt ein besonderes Highlight des Museums dar.

Beim Lesen dieser Uhr sind astronomische Grundkenntnisse hilfreich

Taschenuhrsammlung von Marie von Ebner-Eschenbach

Alles andere als filigran steht dagegen das schwergewichtigste Exponat gleich im ersten Raum: das eiserne **Turmuhrwerk von St. Stephan** (1699). In der Welt der Uhren muss es aber nicht immer ticken, wie der Raum mit den **Sonnen- und Sanduhren** beweist. Diese wurde bis ins 18. Jh. eingesetzt, um die mechanischen Uhren zu überprüfen. Hier findet sich u.a. eine elegante Taschensonnenuhr, die dank des eingebauten Kompasses ausgerichtet, also „eingesüdet" werden kann. Manche Chronometer messen mehr als nur die Tageszeit: **Astronomische Uhren** bilden auch Himmelsbewegungen ab und vermitteln detailreiche Kalenderangaben. Besonders wertvoll ist die Astronomische Kunstuhr von David a Sancto Cajetano (1762–1769), eindrucksvoll auch die bauernschrank-große astronomisch-chronologische Bodenstanduhr (Anfang 19. Jh.).

Unter den zahlreichen bemerkenswerten Zeitmessern, all den Wand-, Stand-, Tisch- und Taschenuhren, findet sich auch so manche Kuriosität. Sehr charmant ist die Betthimmeluhr, eine kugelrunde Uhr, die – am Himmelbett angebracht – dank ihrer gebogenen Zeiger im Liegen und im Stehen lesbar ist (weniger charmant, da für die meisten Menschen eine Qual, ist der Wecker, hier ein historisches Exemplar aus dem 16. Jh.). Es gibt auch eine Handvoll **Bilderuhren**, also Gemälde, in die eine Uhr integriert ist: Eines der Gemälde zeigt Franz I. im Arbeitszimmer, die Uhr über dem Fenster ist echt. Und Karl I. von England schlägt vor seiner Hinrichtung eine Turmuhr die Stunde. Als Ergänzung zu einem Besuch im Globenmuseum (S. 178) finden sich hier auch ein paar **Globenuhren**, darunter das Chronoglobium (Anfang 19. Jh.) und auch ein paar sehenswerte **Uhr-Automaten-Kombinationen** finden sich in der Sammlung (darunter die große kunstvolle Bergwerksuhr von 1891).

Das Uhrenmuseum befindet sich an einem hübschen kleinen Platz hinter der Kirche am Hof, die auch unter dem sperrigen Namen „Kirche zu den neun Chören der Engel" bekannt ist.

Info

Hinkommen: U 3 bis Herrengasse, U 1 und U 3 Stephansplatz, Bus 1 A und 3 A bis Schwertgasse oder Hoher Markt, Bus 1 A, 2 A und 3 A bis Brandstätte.
Information: **Uhrenmuseum**, Schulhof 2, 1010 Wien, Tel. 01/5332265, www.wienmuseum.at, Di–So 10–18 Uhr, Eintritt 7 €, erm. 5 €, bis 19 Jahre frei.
In der Nähe: Jüdisches Museum (S. 29), Neidhart Fresken (S. 56), Römermuseum (S. 50), Schottenstift (S. 52)

79 Das Globenmuseum – Weltenreise im Palais Mollard

Dass ein Globus mehr ist, als eine Weltkarte, die auf eine Kugel geklebt ist, weiß jeder, der schon einmal versucht hat, einen Fußball in Geschenkpapier einzupacken. Wer aber meint, mit dem akkuraten Zusammenbasteln passend geschnittener Segmentstreifen habe sich das Thema Globus erschöpft, wird in diesem Museum eines Besseren belehrt.

Es ist ein einzigartiges Museum, das unweit der Hofburg im Palais Mollard in der Herrengasse residiert, das einzige weltweit, das sich ausschließlich dem Thema Globus widmet. Begonnen hat alles dank des Engagements des Wiener Geografen Robert Haardt. Durch die Zusammenführung von dessen Privatsammlung mit Beständen der Österreichischen Nationalbibliothek konnte 1956 eine Ausstellung von 63 Globen eröffnet werden. Heute verfügt das Globenmuseum mit über 700 Objekten, von denen 250 im Museum ausgestellt sind, über die größte Globen-Sammlung der Welt.

Globen transportieren historisches Wissen. Sie stellen den geografischen Horizont ihrer Zeit dar. Der älteste Globus der Welt, Martin Behaims „Erdapfel" von 1492, ist im Museum als Replik vertreten (das Original steht in Nürnberg). Der älteste Globus des Museums, ein Erdglobus von Gemma Frisius, stammt aus dem Jahr 1536. Wenig jünger ist der sehr gut erhaltene, prächtige Globus von Gerard Mercator. Stellt der Behaim-Globus eines der letzten Kartenwerke vor der Entdeckung Amerikas dar, konnte Frisius und sein Schüler Mercator schon auf das geografische Wissen zurückgreifen, das von Amerika-Fahrern wie Amerigo Vespucci nach Europa gebracht wurde. Magellans Expedition schließlich, die erste Weltumsegelung, hatte endgültig bewiesen, dass die Erde rund und das Produkt Globus zukunftsträchtig war.

Mercators Globus bekam bereits einen zweiten, einen Himmelsglobus zur Seite gestellt. Später wurden Globen häufig paarweise hergestellt. Mercators Erdglobus entstand 1541, der Himmelsglobus 1551. Bei letzterem Globentyp muss der Betrachter ein wenig Fantasie aufbringen: Beim Himmelsglobus handelt es sich in gewisser Weise um eine umgestülpte Darstellung. Der Betrachter muss sich also vorstellen, in der Mitte des Himmelsglobus zu stehen, um die abgebil-

Im Palais Mollard ist eine einzigartige Sammlung von Globen zu bewundern

deten Sternenbilder „über sich“ zuzuordnen. Dem besonders schönen Globenpaar, von dem es heißt, es seien die wertvollsten Stücke des Museums, hat sich jüngst ein dritter zugesellt: ein virtueller Mercator-Globus. Dank des digitalen Faksimiles kann man Mercators Kartenbild nicht nur sehr nah heranzoomen, sondern auch heutige Kartenbilder darüber legen und vergleichen.

Als dieser Globus geschaffen wurde, war Nordamerika noch Terra incognita

Einen besonderen Raum nehmen auch die Globen des Venezianers Vincenzo Coronelli ein. Zwei großformatige Paare seiner barocken Prachtgloben stehen im Prunksaal der Nationalbibliothek, ein kleineres, besonders schönes Paar ist im Museum zu sehen (alle Ende des 17. Jh.). Auch historische, globenverwandte Instrumente sind ausgestellt: Tellurien z. B., Instrumente, mit denen die Bewegung der Erde um die Sonne und des Mondes darstellbar ist (wobei als Sonne eine Kerze mit Hohlspiegel dient).

Es finden sich darüber hinaus ungewöhnliche Globentypen: Reliefengloben, thematische Globen oder Globusuhren sowie Mond- und Planetengloben. Besonders schön sind die transportablen, die „Reise-Globen“: Da gibt es einen kleinen, aufklappbaren Taschenglobus (London 1759), sieben Zentimeter im Durchmesser, mit der Welt auf der Außenhülle und als Himmelsglobus im Inneren, einen handlichen Faltglobus (um 1825) oder auch den „Pneumatisch Portativen“ (also aufblasbaren) „Erd-Globus“ von 1831 – samt Blasebalg und Gebrauchsanleitung.

Info

Hinkommen: U 3 bis Herrengasse, Bus 1 A und 2 A bis Herrengasse.
Information: **Globenmuseum**, Palais Mollard, Herrengasse 9, 1010 Wien, Tel. 01/53410710, www.onb.ac.at, Di–So 10–18, Do bis 21 Uhr, Juni–Sept. auch Mo 10–18 Uhr, Eintritt 4 €, erm. 3 €, bis 19 Jahre frei
Essen & Trinken: **Minoritenstüberl**, Minoritenplatz 5, 1010 Wien, Tel. 01/5335281, www.andi-alex.at, Mittagstisch Mo–Fr 11.30–13.30 Uhr, Sa/So Ruhetag. Man darf sich nicht davon irritieren lassen, dass man zum Mittagessen in eine Ministeriumskantine geht (Ministerium für Bildung und Frauen). Das Gebotene übertrifft die übliche Kantinespeisung bei Weitem. Die Tagesgerichte, die der (u. a. aus dem österreichischen Fernsehen) bekannte Koch Andi Wojta ausgibt, sind ausgezeichnet und überaus beliebt, nicht nur bei Ministerialen …
In der Nähe: Hofburg (S. 18), Prunksaal der Nationalbibliothek (S. 138), Schatzkammer (S. 128)

80 Kunstvoll, aber unecht – das Fälschermuseum

Die Kunstfälschung ist so alt wie die Kunstgeschichte und befeuert bis heute mutmaßlich einen Markt, auf dem Millionen umgesetzt werden – zumindest solange dieser oder jener Schwindel nicht auffliegt. Das Fälschermuseum gegenüber dem Hundertwasserhaus im 3. Bezirk ist voll von dieser Art aufgeflogenen Schwindels. Die Kunstwerke an den Wänden, wenn auch vielleicht nicht millionenschwer, sind die Attraktion des kleinen Museums: viele davon überaus kunstvoll, manche überraschend, andere überraschend ungelenk, alle gefälscht. Hinter den Kunstwerken und Manuskriptseiten aber verbergen sich zahlreiche Geschichten voller Gier und Betrug, Kunstsinnigkeit und Leichtgläubigkeit sowie oftmals so fantasiereiche wie kriminelle handwerkliche Präzision und Sorgfalt.

Zunächst erfährt der Besucher, dass Fälschung nicht gleich Fälschung ist: Die Kopie eines Werkes nämlich ist noch lange keine Fälschung, es sei denn, der Urheber der Kopie unterschreibt mit dem Namen des Künstlers, der das ursprüngliche Werk schuf. Erst mit der Signatur wird die Kopie zur Fälschung. Nun gilt es erneut zu unterscheiden: Bei der Identfälschung wird ein bestimmtes Werk eines Künstlers kopiert, signiert und als das Original ausgegeben. Häufiger dagegen ist die Stilfälschung: Ein Werk wird beispielsweise im Stil von William Turner geschaffen und dann als „originaler Turner" auf dem Dachboden der Erbtante „gefunden".

Die Werke im Fälschermuseum sind teils kunstvoll, teils eher ungelenk, erzählen aber immer spannende Geschichten

Natürlich malt ein Meisterfälscher nicht einfach drauflos. Vorher besorgt er sich aus der Epoche des zu fälschenden Künstlers Leinwände oder Gemälde von kunsthistorisch minderem Rang, von denen er die Farbe löst, sowie Farben und Pinsel, wie sie zu jener Zeit in Gebrauch waren. Vielleicht fälscht er Stempel und Urkunden gleich mit – oder sogar Fotos, auf denen das Gemälde vermeintlich im Kontext einer Sammlung zu sehen ist. Er versieht zudem Leinwand, Holz oder Farbauftrag mit scheinbar altersbedingten Spuren. Schnell wird klar, dass eine gut gemachte Fälschung **ein rechtes Meisterwerk** sein kann: handwerklich allemal, das wahre Fälschergenie offenbart sich jedoch vor allem in der kriminellen Energie des Tarnens und Täuschens.

Neben der Theorie der Fälschung und der Einführung in die kunstvolle Kopie wird der Besucher kenntnisreich mit der Geschichte des Kunstbetrugs vertraut gemacht und erfährt dabei so **manche kuriose Geschichte**: dass sich beispielsweise Michelangelo in frühen Jahren als begabter Fälscher hervorgetan haben soll, dass der niederländische Meisterfälscher Han van Meegeren Hermann Göring einen gefälschten Vermeer angedreht hat, oder dass auch mal ein Schwindel aufflog, weil der vermeintliche Picasso noch feucht war – tja, die Gier. Zu den schillerndsten Figuren der internationalen Fälscherszene gehörte zweifellos der Brite Tom Keating, ein begnadeter Fälscher in vielen Stilen (Rembrandt und Renoir, Sisley, Turner und viele mehr), der „Zeitbomben" in seinen Gemälden platzierte: Er setzte Botschaften („fake") unter die Gemälde, die beim Röntgen sichtbar wurden, oder er bearbeitete die Fälschungen derart, dass sie bei der Reinigung zerstört wurden.

Den Kern des Museums bilden die Arbeiten von **Edgar Mrugalla**, ebenfalls in vielen Stilen höchst begabt, der nach eigenen Angaben 2.500 Gemälde und Grafiken gefälscht haben soll – eines davon schaffte es sogar in den Louvre (mindestens eines …). „Ich habe viel falsch gemacht, vor allem Bilder", kommentierte der Meisterfälscher seine Karriere süffisant. Mit dem „falschen Kujau" hält das Fälschermuseum – neben „echten" Seiten aus den Hitler-Tagebüchern – eine weitere Kuriosität parat. Jeder wird sich an Konrad Kujau erinnern, der mit seinen an das Magazin Stern verkauften Hitler-Tagebüchern die Welt narrte (und, geben wir es zu, nicht erst seit Helmut Dietls Film „Schtonk" auch faszinierte und amüsierte). Kujaus Bekanntheitsgrad geschuldet, wurden inzwischen seine Fälschungen ihrerseits gefälscht – Bilder, vermeintliche Hitler-Briefe und Tagebuchseiten. Der Markt für Fälschungen scheint groß genug, dass es sich lohnt, selbst Fälschungen zu fälschen.

Info

Hinkommen: U 3/U 4 bis Wien Mitte, Straßenbahn 1 vom Ring (fährt weiter zum Prater), Straßenbahn O vom Praterstern zum Hauptbahnhof.
Information: **Fälschermuseum Wien**, Löwengasse 28, 1030 Wien, Tel. 01/7152296, www.faelschermuseum.com, Di–So 10–17 Uhr (im Winter leicht eingeschränkt), Eintritt 6 €, erm. 5,50 €, Kinder (11–18 Jahre) 3,50 €.
Essen & Trinken: Stadtwirt **71d** (S. 161), Rochusmarkt **66c** (S. 151).
Einkaufen: Rochusmarkt (S. 151).
Drumherum und in der Nähe: Der 3. Bezirk mit Hundertwasserhaus und Sofiensälen (S. 44)

81 Das Kriminalmuseum – Einblick in die Abgründe der menschlichen Seele

Es riecht ein wenig muffig, in dem uralten Gemäuer, der ehemaligen Heim- und Werkstatt von Seifensiedern in der Leopoldstadt. Das Licht ist schummrig, die Infotafeln und Darstellungen schon recht vergilbt. Irgendwann steigt man hinab in den Keller und immer tiefer und tiefer in die Abgründe der menschlichen Seele: Dieses Gruselkabinett heißt **Wiener Kriminalmuseum** und kommt im Verbund mit dem **Museum der Bundespolizeidirektion Wien** einher.

Wir haben die Mordtaten und Todesarten, die Tatwaffen und Mordmotive, die Straffolgzugs- und Hinrichtungsmöglichkeiten und vor allem all die Schädel, Totenmasken oder sonstigen Zeugnisse der Täter-Physiognomien nicht gezählt, doch schnell wird dem Betrachter klar: Der Mensch, der kann abscheulich sein.

Am Anfang geht es noch recht amüsant und possierlich zu, wenn beispielsweise zum Strafvollzug das *Narrenkötterl* herangezogen wird, ein Todesurteil gegen eine ansässige „Weibsperson" als „wohlverdient" spezifiziert wird oder „eine höchst grausige Mordgeschichte in neun Bildern" zu sehen ist.

Man sollte sich aber nicht täuschen: Nicht die Taten werden im Laufe des chronologisch angelegten Rundgangs grausamer. Vielmehr wird die Tat-Dokumentation immer anschaulicher. 1665 beispielsweise muss ein Mordfall Wien in Angst und Schrecken versetzt haben. In der Leopoldstadt wurde die zerstückelte Leiche eines Mädchens gefunden. Die Leiche wurde wieder zusammengefügt und öffentlich

Das Kriminalmuseum ist im sogenannten Seifensiederhaus in der Leopoldstadt untergebracht

ausgestellt, um die Identität des bedauernswerten Geschöpfes zu erfahren – der Mord wurde übrigens nie aufgeklärt. Dem heutigen, krimierfahrenen Publikum bescheren Bericht und grob gezeichnete Darstellung höchstens noch einen wohligen Schauer. Mit dem 19. Jh. aber wurden die Polizei- und Zeitungszeichner immer expliziter in der Darstellung des Tathergangs, bis schließlich Tatortfotos, Orginaltatwaffen und ausführliche Polizeiberichte keine schauerlichen Fragen offen lassen.

Historische Verbrechen werden anschaulich dokumentiert

Obschon das Kriminalmuseum die allzumenschliche Lust am Makabren und – es lässt sich kaum leugnen – eine gehörige Portion Schaulustigkeit und Sensationslust bedient, erfüllt es durchaus auch seine musealen Pflichten. So werden zwischen den spektakulärsten Kriminalfällen (der berühmteste vielleicht das Attentat auf Kaiser Franz Joseph 1853) auch historisch interessante Linien gezogen und die Entwicklung von Polizei- und Justizwesen vom Alten Wien bis ins 20. Jh. skizziert. Man erfährt beispielsweise, dass die in der frühen Neuzeit zuständigen Sicherheitsdienste, Rumorwache und Stadtguardia, zuweilen durchaus um Rechte und Pflichten konkurrierten.

Auch die Entwicklung der Kriminalistik wird beleuchtet, einschließlich ihrer Sackgassen. Bereits im 18. Jh. begann man damit, Tatwerkzeuge als Beweise aufzuheben, im Fachjargon: asservieren – eine Praxis, die natürlich heute noch gepflegt wird. Dass man aber Gesichtszüge und Täterhirne auf eine Prädisposition zur Gewalttätigkeit untersucht, hat sich weniger durchgesetzt. Und immer wieder tauchen hochinteressante Geschichten auf, die jedem verzweifelten Krimi-Autor mit schwerer Schreibblockade mühelos auf die Sprünge helfen würden.

Irgendwann aber wendet man sich dann doch mit Grausen ab von all der Abscheulichkeit und Mordlust in der Welt. Wir verlassen die Kammern des Schreckens, haben genug vom wohligen – oder vielleicht auch nicht ganz so wohligen – Grusel. Draußen an der frischen Luft eines mehr oder minder freundlichen Tages empfehlen wir zur Erholung des Gemüts einen Spaziergang im nahe gelegenen Augarten.

Info

Hinkommen: U 2 bis Taborstraße, Straßenbahn 2 bis Taborstraße.
Information: **Wiener Kriminalmuseum**, Große Sperlgasse 24, 1020 Wien, Tel. 0664/3005677, www.kriminalmuseum.at, Di–So 10–17 Uhr, Eintritt 6 €, erm. 3 €.
Essen & Trinken: **Skopik & Lohn** **72b** in der Leopoldsgasse (S. 163), **am nordpol 3**, Nordpolstraße 3 (S. 113).
In der Nähe: Augarten (S. 112)

82 Der Friedhof der Namenlosen – ein melancholisches Idyll

Wien morbide, nun gut, das klingt mittlerweile ein wenig nach verblasstem Mythos – auch wenn es sich hier und da noch findet, das morbide Wien. Die Kapuzinergruft (S. 172) beispielsweise verbreitet einen recht maroden Charme, ebenso die Gruft unter dem Stephansdom (S. 54). Auch auf den Friedhöfen der Stadt ist man naturgemäß mit der Begrenztheit der menschlichen Existenz konfrontiert. Doch wird man auf dem berühmten Wiener Zentralfriedhof (S. 168) den Gruselfaktor der fürstlicher Grüfte wohl vermissen. Die weltberühmte friedhöfliche Parklandschaft ist in ihrer Weitläufigkeit längst auch Naherholungsgebiet mit Promifaktor *(ah geh, da liegt der Moser ...)*. Auf dem Friedhof der Namenlosen hingegen umfängt den Besucher vor allem eine tiefe, tiefe Melancholie.

Hier allerdings hätte man einen Ort des schwermütigen Innehaltens vielleicht am wenigsten erwartet. Denn der Friedhof der Namenlosen befindet sich in unmittelbarer Nachbarschaft zum Alberner Hafen. Der „Hafen Albern" ist ein Industriehafen. Entsprechend trostlos gestaltet sich die Anfahrt. Hinter Simmering geht es durch vorstädtisches Industriegebiet. Stahl und Baustoffe werden hier verladen. Riesige Getreidespeicher bilden eine nüchterne Silhouette. Sogar die lange Straße zum Hafen der Gemeinde Albern, die seit 1938 der südliche Ausläufer des 11. Bezirks Simmering ist, heißt fantasielos und irgendwie geschichtsvergessen „Alberner Hafenzufahrtsstraße." Versteckt hinter der Hafenanlage liegt nahe am Wasser und am Rand der Donauauen der Friedhof der Namenlosen.

Auf dem Friedhof liegen die armen Seelen bestattet, deren Leichen aus der Donau gefischt wurden. Einst gab es hier, in etwa bei Stromkilometer 1918, einen Wasserwirbel, der regelmäßig Treibholz anschwemmte – und in dem verfingen sich auch immer wieder Wasserleichen.

All die Lebensmüden und Verzweifelten, deren letzter Ausweg die Donau war, all die Ermordeten, heimtückisch im Fluss ertränkt, und all die Unfallopfer, die von der Strömung mitgerissen

Auf dem Friedhof der Namenlosen

Wen die Donau wieder freigegeben hat, der fand hier die letzte Ruhe

keinen Halt mehr fanden – sie alle fanden ihre letzte Ruhe, wenn sie denn vom mächtigen Fluss wieder freigegeben wurden, auf dem Friedhof der Namenlosen. Von dem ältesten Teil des Friedhofs ist nichts erhalten, eine Gedenkplakette an der Auferstehungskapelle erinnert an die 478 „Opfer des Stroms". Nach 1900 wurden die Leichen auf der anderen Seite des Damms an der heutigen Stelle des Friedhofs beigesetzt. Bis ins Jahr 1940, denn unterdessen war der Hafen reguliert worden, die Strömung änderte sich, das Treibgut blieb aus – und mit ihm die Wasserleichen. Dass der Friedhof der Namenlosen über die Jahrzehnte erhalten blieb, ist dem Einsatz des ehemaligen Totengräbers Josef Fuchs zu danken, der sich bis zu seinem Tod 1996 um die Gräber kümmerte. Mittlerweile ist der Friedhof, von dem es heißt, dass es der einzige sei, auf dem ausschließlich Ertrunkene lägen, denkmalgeschützt.

Eine eigentümliche Stimmung geht von dem kleinen, von einer Mauer umfassten Friedhof auf. Große Bäume spenden Schatten, grün sprießt es auf den Gräbern und überall wachsen bunte Blumen. Ein paradiesischer kleiner Garten, möchte man meinen, stünden nicht die schmiedeeisernen Kreuze in Schwarz und Silber über den Gräbern. „Namenlos" und „Unbekannt" steht zumeist auf kleinen Tafeln geschrieben. Mit den Namen ist die Erinnerung an die Ertrunkenen vergessen, mithin ihre Geschichte verloren. Nur hier und da ist eine Wasserleiche namentlich bekannt, wie der bedauernswerte Bub, der „ertrunken von fremder Hand" aus der Donau geborgen wurde.

Info

Hinkommen: Mit der Straßenbahn 71 Richtung Zentralfriedhof oder mit der U 3 jeweils bis Enkplatz, dann in den Bus 76 A bis zur Haltestelle Alberner Hafenzufahrtsstraße.

83 Die Spinnerin am Kreuz – Richtstätte am Bildstock

Ziegel vom Wienerberg

Der unsichtbare, unverzichtbare Rohstoff der Ringstraße, die Abermillionen von Lehmziegel, stammt aus den Lehmgruben des Wienerbergs. Vor allem Arbeiter aus Böhmen und Mähren zog es im 19. Jh. in die Ziegeleien, weswegen deren Arbeiterschaft „Ziegelböhm“ genannt wurden. Die Arbeitsbedingungen waren unmenschlich, 15 Stunden am Tag, sieben Tage die Woche, Kinderarbeit gang und gäbe, schlechte Bezahlung – reich wurde nur der Ziegelfabrikant. Auch der Böhmische Prater, der kleine Bruder des Wiener Praters, entstammt dieser Zeit.

Ein wenig deplatziert steht der prächtige spätgotische Bildstock mit dem eigentümlichen Namen am Straßenrand: **Spinnerin am Kreuz**. Einstmals, als sich die Stadt noch nicht derart raumgreifend über den Wienerberg erstreckte, war die 16 Meter hohe Sandsteinsäule eine weithin sichtbare Wegmarke – wie auf alten Stadtansichten zu sehen ist. Die Spinnerin am Kreuz stand an prominenter Stelle, erhöht auf dem Hügelrücken, und markierte die Grenze Wiens. Es heißt, dass der Wanderer, der auf der wichtigen Handelsstraße in Richtung Süden unterwegs war, von hier einen letzten (oder ersten Blick) auf Wien hat werfen können. Noch heute erinnert der Straßenname Triester Straße an den Mittelmeerhafen, der das Fernziel dieser Route war.

Den ungewöhnlichen Namen erklärt die Sage mit einer rührenden Geschichte. Es begab sich zu den Zeiten der Kreuzzüge, dass die Nachricht vom Fall Jerusalems an die Sarazenen einen Wiener Jungvermählten dazu bewog, sich dem Kreuzzug seines Herzogs Leopold des Glorreichen anzuschließen und ins Heilige Land zu ziehen, um Jerusalem zurückzuerobern. Die junge unglückliche Braut verabschiedete ihren Kreuzfahrer an einem alten Wegekreuz auf dem Wienerberg – und gelobte, das alte Holzkreuz mit einem schmucken Steinkreuz zu ersetzen, wenn nur ihr Gemahl unversehrt vom Kreuzzug heimkehrte. Reich scheint sie nicht gewesen zu sein, denn von nun an saß sie Tag für Tag unter dem Kreuz auf dem Wienerberg und spann Wolle. Aber ach, der Gatte kehrte nicht heim. Ein Jahr ging ins Land, da dauerte das Leid der armen Frau einen

Die Spinnerin am Kreuz

Steinmetz so sehr, dass er begann, eine prächtige Bildsäule zu bauen – bezahlen durfte die Wartende später. Ein zweites Jahr ging ins Land und der Bildstock ragte hoch auf und war fertig, aber ach, von ihrem Gatten jedoch fehlte jede Nachricht. Unterdes war auch der Herzog wieder heimgekehrt, aber ohne ihren Gemahl im Gefolge. Die nicht mehr so junge Braut aber gab nicht auf, sie betete und spann – und war längst bekannt als *Spinnerin am Kreuz*. Die Geschichte nahm ein gutes Ende. Nach drei Jahren kehrte ihr Mann schließlich heim, geschunden und erschöpft nach Jahren in Gefangenschaft und langer Reise, aber am Leben.

Von dieser sagenhaften Säule ist aber leider nichts mehr übrig. Sie wurde Mitte des 15. Jh. zerstört und kurze Zeit später von Hans Puchsbaum, Chef der Dombauhütte, als die spätgotische Bildsäule wieder errichtet, die heute noch an der Triester Straße steht. Nun ja, beinahe. Denn die *Spinnerin am Kreuz* wurde mit unschöner Regelmäßigkeit demoliert. Hatten expansive Religionskriege den Bau der Bildsäule initiiert, suchten eben solche sie wieder heim, nur in umgekehrter Richtung: Wiederholt beschädigten vordringende Türken die *Spinnerin am Kreuz*, wieder und wieder wurde sie renoviert. Die Figuren unter dem eleganten Helm wurden zur Zeit des Barock erneuert und sind heute durch Kopien ersetzt.

Der Wasserturm Favoriten am Wienerberg

Die *Spinnerin am Kreuz* hat aber noch eine andere Seite, weniger rührend, als die Sage von der treuen, geduldigen Braut, weniger standhaft als die wechselhafte Geschichte des Bauwerks. Nahebei stand nämlich eine Richtstätte – wie die Bildsäule an exponierter Stelle, hoch auf dem Wienerberg gelegen und zur Abschreckung weithin sichtbar. Vom 14. bis ins 19. Jh. wurde dort öffentlich hingerichtet – die bedauerlichen Delinquenten starben am Galgen oder grausamer unter dem Rad.

Die letzte öffentliche Hinrichtung in Österreich fand 1848 statt, als ein 23-jähriger Raubmörder bei der *Spinnerin am Kreuz* gehängt wurde. Als Ende der 1920er-Jahre die Fundamente für den Gemeindebau mit Namen George-Washington-Hof, der sich weiträumig hinter der Spinnerin am Kreuz erstreckt, ausgehoben wurden, entdeckte man zahllose Skelette der Gehenkten, deren sterbliche Überreste nahe der Richtstätte verscharrt wurden.

Info

Hinkommen: Mit der Straßenbahn 1 bis Windtenstraße (Richtung Stefan-Fadinger-Platz).

Aktivitäten

84 Sightseeing im Zweispänner – Fiaker in Wien

Sie gehören zum Wiener Stadtbild, sind Wahrzeichen wie Riesenrad und Stephansdom, allerdings mobiler Natur: die Fiaker. Auch der Klang der Stadt folgt dem Rhythmus der Hufe. In den pittoresken, verwinkelten Gassen „*... geht's nur allweil trapp, trapp, trapp ...*", wie es in dem berühmten, unvergessenen „Fiakerlied" von Gustav Pick heißt. Für viele Touristen stellt die Fahrt im Fiaker den romantischen Höhepunkt des Wien-Besuchs dar. Anderen dienen die hübschen alten Zweispänner vor allem als nostalgisches Fotomotiv vor der herrlichen Kulisse der Wiener Altstadt.

Einspänner und Fiaker im Kaffeehaus

Vom **Einspänner** heißt es, dass er beliebt bei Fiakern war, da der Mokka (im Glas) dank der dicken Haube Schlagobers lange warm blieb, verrührt aber auch schnell zu trinken war – je nachdem, wie lange Kundschaft auf sich warten ließ. Der **Fiaker** hingegen ist ja bekanntlich ein Zweispänner – und das gilt auch im Kaffeehaus: Unter den Schlagobers gesellt sich also ein Schuss Obstbrand oder Rum zum Mokka.

Der Fiaker ist ursprünglich ein französischer Import mit irischen Wurzeln. Nach dem **hl. Fiacrius**, einem irischen Mönch, der im 7. Jh. zum Einsiedeln nach Frankreich kam, ist eine Straße in Paris benannt. Diese *Rue Saint-Fiacre* soll der älteste Standort für Lohnkutschen sein (ab Mitte des 17. Jh.). Die gewerbsmäßige Personenbeförderung setzte sich auch in Wien durch – mitsamt dem Namen für Kutsche und Kutscher: **Fiaker**. Bald wurden die zahlreich entstehenden Fuhrunternehmen in diversen Fiakerordnungen reglementiert, lizenziert und nummeriert. Bereits 1726 wurde beispielsweise vorgeschrieben, dass die Fiaker nur zweispännig fahren durften. Die Hochzeit der Fiaker herrschte während der zweite Hälfte des 19. Jh. Heute werden die Zweispänner zu besonderen Anlässen und vor allem touristisch genutzt. Entsprechend fordert die *Fiaker- und Pferdemietwagen-Fahrdienstprüfungsverordnung*, gemäß § 8.5. „Grundkenntnisse über die wichtigsten Sehenswürdigkeiten in Wien, mit Schwerpunkt I. Wiener Gemeindebezirk".

Heute teilen sich 28 Fiaker-Unternehmen in Wien die romantisch gestimmte

Fiaker am Michaelerplatz

Warten auf Fahrgäste neben dem Stephansdom …

Kundschaft. Die Standplätze befinden sich in einer langen Reihe beim Nordturm des Stephansdom, am Michaelerplatz bei der Hofburg, in der Jungferngasse vor dem Petersplatz, beim Burgtheater am Universitätsring sowie gegenüber der Albertina. Die Preise sind teilweise vorgeschrieben: Für die „Große Stadtrundfahrt" – Stephansdom, Hoher Markt, Herrengasse, Michaelerplatz, Heldenplatz, Burgtheater und durch die Gassen zurück, etwa 40 Minuten – darf man 80 € berappen (maximal 4 Personen dürfen mitfahren), für die „Kleine Stadtrundfahrt", die 20-minütige Tour durch die Gassen der Inneren Stadt, 55 €. Die 60-Minuten-Runde kostet in der Regel 110 €. Auf Nachfrage werden auch Sondertouren, z. B. in den Prater oder Rundfahrten in Schönbrunn angeboten. Auch der Wiener Zentralfriedhof lässt sich bei einer Fiaker-Rundfahrt erkunden.

Wenn Ihnen nun nach einer romantischen Runde im Zweispänner ist, vertrauen Sie sich den Wiener Fiakern getrost an – im Fiakerlied heißt es schließlich: „*A Kutscher kann a jeder wer'n, aber fahren kinnans nur in Wean*".

Info

Information:
Große Stadtrundfahrt 80 €/Kutsche, **Kleine Stadtrundfahrt** 55 €. **Standplätze** Stephansplatz, Michaelerplatz, Augustinerstraße, Jungferngasse, Universitätsring, ganzjährig tgl. 10–22 Uhr. Am Wiener Zentralfriedhof: 30-min. Rundfahrt 50 €/Kutsche, 60-min. Rundfahrt 80 €, April–Okt. tgl. 10–17 Uhr, Di Ruhetag, Standplatz am Haupteingang Tor 2.

Fiaker-Rundfahrten: Die Routen sind festgelegt und führen auf dem größten Teil der Strecke durch den nicht ganz so stark befahrenen 1. Bezirk (Innere Stadt), nur ein kurzes Stück geht es über den viel befahrenen Ring.

85 „Alles Walzer"– Ballsaison in Wien

Wien ist die Hauptstadt der Musik, da liegt es nur nahe, dass die Donaumetropole auch die Hauptstadt der Bälle ist. Über 400 Bälle zählt man jedes Jahr in der Stadt, die Ballsaison beginnt mit den großen Silvesterbällen und -galas und erlebt ihren Höhepunkt ab etwa Mitte Januar bis Faschingsdienstag.

Die Tradition der Wiener Bälle reicht bis weit ins 18. Jh. zurück. Schon Maria Theresia soll Redouten (Maskenbälle) geliebt haben, zur Weltstadt der Bälle stieg die Donaustadt auf, als der Wiener Kongress 1814/1815 zu den Klängen des Wiener Walzers sprichwörtlich tanzte, und auch in den 1820er-/1830er-Jahren feierte man ausgiebig zum Takt von Johann Strauss Vater. Unterbrochen wurde das bunte Treiben von der 1848er-Revolution, erst 1862 fand wieder ein Ball statt (im Theater an der Wien), und 1877 genehmigte Kaiser Franz Joseph eine erste Soirée im Opernhaus, 1921 fand hier die erste Opernredoute der Republik Österreich statt.

2010 wurde der „Wiener Ball" ins Immaterielle Kulturerbe der UNESCO aufgenommen, 2012 wurde dieser Titel aber wieder aberkannt, da man den Wiener Korporations-Ball (seit 2013: Akademikerball) der schlagenden Verbindungen als nicht vereinbar mit den Zielen und Idealen der UNESCO befand.

Die traditionsreichen Wiener Bälle folgen einem jährlich wechselnden Motto, die Erlöse gehen an einen guten Zweck. Die Eröffnung ist in einem strikten Protokoll festgelegt, beginnend mit dem Einzug der Debütanten/-innen und der Ehrengäste,

Auf dem traditionsreichen Zuckerbäckerball

es folgen diverse Reden, dann die Balleröffnung durch besagte Debütanten/-innen und die Ansage „*Alles Walzer*“ des Kapellmeisters, die den Ball schließlich für alle Gäste eröffnet. Die rauschende Ballnacht geht bis fünf Uhr früh, unterbrochen von der Mitternachtsquadrille und meist auch einer Tombola. An den zahlreichen Bars kann man sich mit Getränken und Snacks stärken, es werden kleine Spielcasinos mit Roulette aufgebaut, außerdem Billard, Tischfußball, Weinverkostungen und Showeinlagen, je nach Ball wird auch ein Award verliehen.

Der Dresscode

Für alle Wiener Bälle gibt es einen Dresscode: Für Männer heißt das Frack, Smoking oder Gala-Uniform, auf einigen wenigen Bällen genügt auch der schwarze Anzug mit Masche (Fliege), aber niemals mit Krawatte. Damen tragen Ballrobe oder (boden-) langes Abendkleid. Modifiziert wird der übliche Dresscode beim *Life Ball* – hier kann die „Elegante Abendgarderobe“ bzw. „Fantasievolle Kostümierung“ bekanntermaßen relativ weit interpretiert werden – und beim *Wiener Jägerball*, auf dem Festtagstracht, Abenddirndl und Jagduniform ausgeführt werden.

Zu den Highlights der Wiener Ballsaison zählen im Januar u. a. der traditionsreiche **Zuckerbäckerball** und der **Jägerball** in der Hofburg, wie auch der **Blumenball** im Rathaus. Dem umstrittenen **Akademikerball** der rechtspopulistischen FPÖ Ende Januar in der Hofburg setzt die Stadt seit 2015 gleich am nächsten Tag im Rathaus den **Wissenschaftsball** entgegen: „eine Gegenveranstaltung für Geist und Weltoffenheit“, schrieb das Handelsblatt – das Tanzparkett kann in Wien auch zur politischen Bühne werden. Einer der beliebtesten Bälle ist der **Ball der Wiener Kaffeesieder** mit rund 6.000 Gästen in der Hofburg im Februar, gefolgt vom **Wiener Opernball** am Donnerstag des Faschingswochenendes: Mit über 10.000 Gästen nicht nur der größte, sondern dank Red-Carpet-Promi-Auflauf und jährlich wechselnder Celebrity-Ehrendame am Arm von Bauunternehmer Richard „Mörtel“ Lugner auch weltberühmt. Für den **Ball der Wiener Philharmoniker** öffnet der Musikverein im Januar seine Pforten, der **Bonbonball** Ende Februar findet im ehrwürdigen Ambiente des Konzerthauses statt.

Highlight der Frühlings- und Sommerbälle ist zweifelsohne im Mai/Juni der **Life Ball** zugunsten der Aids-Hilfe im Rathaus, mit immenser internationaler Prominenz, riesigem Red Carpet auf dem Rathausplatz und kostenloser Modenschau hochkarätiger Designer – die Stadt steht Kopf an diesem Abend. Der **Concordia-Ball** des Journalisten- und Schriftstellerclubs setzt mit seinen rund 2.500 Gästen einen Glanzpunkt im Juni, ebenso wie die **Fête Impériale** in der Spanischen Hofreitschule.

Info

Information: Eine Ballkarte kostet etwa 90–150 €, zum Opernball sind es 315 €. Tischplätze, ganze Tische oder Logen sind natürlich teurer. Der jährlich neu erscheinende Ballguide mit allen Terminen und Informationen liegt in der Tourist-Information und in vielen Hotels aus. Generell sollte man sich rechtzeitig um Karten bemühen. Infos: www.ballkalender.com und www.wien.info.

86 Ein echtes Volksbad – das Amalienbad

Favoriten, der 10. Wiener Bezirk, liegt ein ganzes Stück südlich vom Zentrum hinter dem neuen Hauptbahnhof. Seinen Namen hat er vom alten Habsburger Schloss Favorita (heute: Theresianum), das sich aber wiederum ein gutes Stück Richtung Zentrum im 4. Bezirk in Wieden in der Favoritenstraße befindet. Mit dem noblen Glanz der Ringstraße und der Inneren Stadt hat der „10. Hieb", wie der historische Arbeiterbezirk gelegentlich auch genannt wird, nichts zu tun, man befindet sich in nicht gerade der allerschicksten Ecke der Stadt. Offiziell gegründet wurde Favoriten 1874, es folgte ein rasanter Zuzug vor allem von Arbeitern aus Böhmen, die in der Ziegelfabrik am nahe gelegenen Wienerberg ein Auskommen fanden. Das Zentrum des heute einwohnerstärksten Wiener Bezirks bildet der weitläufige **Reumannplatz** mit der einmündenden Fußgängerzone (Favoritenstraße). Von hier in leicht erhöhter Lage reicht der Blick über die Stadt bis hinüber zum Kahlenberg (S. 212).

Das **Amalienbad** am Reumannplatz ist ein mächtiger Klotz in ergrautem Weiß, irgendwie sozialistisch anmutend – was so falsch nicht ist: Gebaut wurde dieses Vorzeigebad 1923–1926 zu Zeiten des „Roten Wien", benannt zu Ehren der Gemeinderätin und Frauenrechtlerin Amalie Pölzer (1871–1924). Der Platz selbst heißt nach dem ersten sozialdemokratischen Wiener Bürgermeister Jakob Reumann (1853–1925). Zur Zeit seiner Eröffnung galt das Amalienbad als größte

Herrlich altmodisch: das Amalienbad

Schwimmhalle Europas, deren Dach innerhalb kürzester Zeit geöffnet werden konnte. Schwere Bombenschäden im Zweiten Weltkrieg machten das Bad lange Zeit kaum benutzbar, erst nach einer kompletten Sanierung (1986 vollendet) erstrahlt es heute wieder im alten Glanz.

Was von außen nüchtern und trutzig wirkt, verwandelt sich schon beim Betreten der Eingangshalle in feinsten Art-déco-Stil mit Mosaiken und Fliesen. Die Schwimmhalle selbst ist hell und elegant mit umlaufenden Balkonen und Sprungturm – ein wunderbar altmodisches Bad, das noch dazu selten zu voll ist. Hier kann man nicht nur im 33,30-Meter-Becken seine Bahnen ziehen, sondern auch in diversen Saunen und im Dampfbad schwitzen, im Whirlpool entspannen, in den Sommermonaten ein Sonnenbad nehmen oder sich in der Gastronomie stärken. Angeschlossen ist auch ein Therapiezentrum.

Nüchtern von außen: Amalienbad am Reumannplatz

Info

Hinkommen: Der Reumannplatz ist die Endstelle der U 1 ab Innenstadt oder Straßenbahn O ab Wien Mitte/Landstraße (Richtung Raxstraße) bis Quellenplatz, dann links in die Quellenstraße und wenige Fußminuten zum Reumannplatz.

Information: **Amalienbad**, Reumannplatz 23, 1100 Wien, Tel. 01/6074747, www.wien.gv.at, Di 9–18, Mi und Fr 9–21.30 Uhr, Do 7–21.30, Sa 7–20, So 7–18 Uhr, Sauna (Aufpreis) und Sonnenbad (Mai–Sept.) jeweils etwas kürzer. Eintritt Erw. 5,90 € (inkl. Kästchen), Kinder bis 14 Jahre 2 €, 15–18 Jahre 3,20 €, unter 6 Jahren frei, Kurzzeitkarte Erw. 4,40 € (2,5 Std.), Kabine 2,60 €.

Essen & Trinken: **Meixner's Gastwirtschaft**, Buchengasse 64/Ecke Herndlgasse, 1100 Wien, Tel. 01/6042710, www.meixners-gastwirtschaft.at. Hinter dem Amalienbad bietet ein wunderbares bodenständiges Gasthaus feine Küche: überwiegend Wiener Klassiker, aber nicht nur, prompter Service, Mittagsgerichte unter 10 €, abends leicht gehobene Preise. Sa/So geschl.

Eissalon Tichy, Reumannplatz 13, Tel. 01/6044446. Das Eckhaus mit rot-weißer Markise auf der anderen Seite des Reumannplatzes ist kaum zu übersehen. Berühmt ist Tichy für seine Eismarillenknödel, eine Erfindung des Hauses. Mitte März bis ca. Ende Okt. tgl. 10–23 Uhr geöffnet.

Der **Viktor-Adler-Markt** (S. 151) mit kleinen Restaurants und Imbissbuden befindet sich nur ein Stück die Favoritenstraße hinunter auf der linken Seite.

In der Nähe: OstLicht (S. 136)

88 Wiener Wintertraum – Eislaufen in der Stadt

Eisläufer kennen das: Der Winter gibt mal wieder nicht viel her. Es will einfach nicht kalt genug werden und die Baggerseen und Stadtparkweiher wollen nicht zufrieren. Dann bleibt nur der Gang ins nächstgelegene Eishockeystadion, um zu trostloser Musik im Kreis zu laufen. Nicht so in Wien! Eislauf-Verein und der Wiener Eistraum garantieren Schlittschuhläufern wahre Winterträume.

Der **Wiener Eislauf-Verein** 88a blickt auf eine traditionsreiche Geschichte zurück. Zur Gründung im Jahr 1867 wurde beim heutigen Bahnhof Wien-Mitte ein Natureisplatz angelegt. Anfang des 20. Jh. zog der Verein an den Heumarkt um, wo 1912 eine 4.000 Quadratmeter große Kunsteisbahn eröffnet wurde, die in den 1920er-Jahren bis auf 10.000 Quadratmeter vergrößert wurde. Heute ist es eine Kunsteisfläche von noch immer beachtlichen 6.000 Quadratmetern, auf der die Wiener ihrem liebsten Wintersport nachgehen – man vergegenwärtige sich die Lage: einen Steinwurf vom Ring entfernt, zwischen Stadtpark bzw. dem InterContinental Hotel und dem Wiener Konzerthaus gelegen. Entsprechend ist das Gelände ein Vermögen wert. Darauf eben kein von Stararchitekten wagemutig gestaltetes Hotel oder einen repräsentablen Büroturm zu errichten, muss man sich auch erst mal leisten können.

Der **Wiener Eistraum** 88b Ein prächtigeres urbanes Freiluftambiente als auf dem Rathausplatz wird sich beim Eislaufen nirgends finden in der Welt: Die winterlich kahlen Bäume, noch festlich geschmückt und stimmungsvoll beleuchtet, die prächtig illuminierte Rathausfassade (S. 100) bilden eine grandiose Kulisse. Wenn der Weihnachtsmarkt saisonbedingt weggeräumt ist, zieht der Wiener Eistraum auf den Rathausplatz. Direkt vor dem Rathaus erstreckt sich dann eine weite Kunsteisfläche und zum Ring hin ein zweite, kleinere. Verbunden sind die Eislaufplätze mittels gewundener Eispfade, die sich in vielen Schleifen über den Rathausplatz schlängeln.

Im Eislauf-Verein und beim Eistraum vor dem Rathaus kann man auch Eisstockbahnen mieten. Oder wie wäre es mit einem Eistanzkurs? Wenn es dann richtig kalt wird im Wiener Winter, dann kann man

Wiener Eistraum am Rathausplatz

Ein Rundkurs bietet viel Fläche zum Eislaufen

auch auf der zugefrorenen Alten Donau eislaufen. Aber Achtung! Auf eigene Gefahr! So mancher Schlittschuhläufer ging schon unfreiwillig baden. Auf dem Rathausplatz oder im Eislauf-Verein kann das nicht passieren.

Info

Hinkommen: **Eislauf-Verein**, U 4 bis Stadtpark, Straßenbahn D, 1 und 71 bis Schwarzenbergplatz sowie Straßenbahn 71 bis Heumarkt, Bus 4 A bis Akademietheater. **Wiener Eistraum am Rathausplatz**, U 2 und Straßenbahn 2 bis Rathaus, Straßenbahn D, 1 und 71 bis Rathausplatz/Burgtheater.

Information: **Wiener Eislauf-Verein** 88a, Lothringerstraße 22, 1030 Wien, Tel. 01/7136353, www.wev.or.at. Saison: Ende Okt. bis Anfang März, Sa–Mo 9–20, Di–Fr 9–21 Uhr, Eintritt 7,30 € (So 8,40 €), erm. 6,30 € (bzw. 6,80 €), Kinder 3–5 Jahre 3,10 € (3,60 €).

Wiener Eistraum am Rathausplatz 88b, Rathauspatz, 1010 Wien, Tel. 01/ 4090040, www.wienereistraum.com. Saison: Mitte Jan. bis Anfang März, zuletzt auch Mitte Nov. bis Anfang Jan. auf kleinerer Fläche. Tgl. 10–22 Uhr, Eintritt 8 €, erm. 5,50 €.

Schlittschuhverleih: Das nötige Sportgerät hat man natürlich in der Regel nicht im Reisegepäck. Dann kann man sich die Schlittschuhe im Eislauf-Verein und am Rathausplatz beim Wiener Eistraum leihen, 6,50–7 € pro Person, ermäßigt 4,50 €.

Essen & Trinken: **Eislauf-Verein**, Gmoakeller (S. 160);

Wiener Eistraum am Rathausplatz: Rund um die Eislaufbahnen verteilen sich zahlreiche Buden, das Café Landtmann liegt gegenüber.

In der Nähe: **Wiener Eislauf-Verein**, Stadtpark (S. 110), MAK (S. 132), 3. Bezirk (S. 44)

Wiener Eistraum am Rathausplatz, Rathaus (S. 100), Burgtheater (S. 32), Parlament (S. 62), Votivkirche (S. 84)

89 Wien von unten – auf den Spuren des Dritten Manns

Natürlich erklingt eine Zither, wenn man hinabsteigt in die Unterwelt Wiens, ein wenig blechern vielleicht aus kleinen Boxen, aber unverkennbar: die weltberühmte Melodie von Anton Karas, das Thema des „Dritten Manns". Und wie Orson Welles alias Harry Lime steigen wir durch den markanten Sterndeckel am Karlsplatz hinab in die Wiener Kanalisation.

Wien nach dem Krieg – das „Zeitalter des Schwarzen Marktes". Nichts fängt die Atmosphäre der in vier Sektoren geteilten Stadt besser ein als „Der Dritte Mann". Der britische Thriller um düstere Schiebergeschäfte ist natürlich längst in den viel gesehenen Kanon filmischer Klassiker aufgestiegen. Auf der Suche nach dem Dritten Mann stolpert Holly Martins und mit ihm der Zuschauer durch das Nachkriegs-Wien. Von den bis heute fleißig bepilgerten Drehorten – darunter der Wiener Zentralfriedhof, Harry Limes vermeintliche (und tatsächliche) Begräbnisstätte oder auch das Palais Pallavicini am Josefsplatz als Wohnort Limes – sind zwei besonders exponiert, auch dramaturgisch: Die Story gipfelt in der Begegnung Martins mit Lime im Riesenrad (S. 38) – man erinnere sich an Harrys berühmte Kuckucksuhren-Rede –, bevor es im Untergrund, in der Wiener Kanalisation, zum Showdown kommt.

Einen guten Einstieg ins Thema bietet das **Dritte Mann Museum** 89a gleich beim Naschmarkt. In insgesamt 15 über mehrere Gebäude verteilten Räumen (man wird von Abteilung zu Abteilung geführt) sind unzählige Zeitdokumente aus dem zer-

Der Dritte Mann, The Third Man (1949)

Das Drehbuch stammt von Graham Greene; Regie führte Carol Reed; in den Hauptrollen sind Joseph Cotten als Holly Martins, Alida Valli als Anna Schmidt sowie Orson Welles als Harry Lime zu sehen – nicht zu vergessen in einer markanten Nebenrolle Paul Hörbiger als Portier Karl. Hinter der Kamera stand Robert Krasker, die Musik stammte von Anton Karas. Der Dritte Mann wurde 1949 in Cannes mit der Goldenen Palme ausgezeichnet und 1950 bei den British Academy Film Awards als bester britischer Film. Robert Krasker erhielt für seine expressionistische Kameraführung 1951 einen Oscar.

Poster-Wand im Dritte Mann Museum

störten Nachkriegs-Wien – und einige auch aus der Zeit vor dem Krieg – zu sehen. Darüber hinaus finden sich hier Requisiten aus „Der dritte Mann" sowie die originale Zither von Anton Karas und die rudimentäre Studio-Gondel des Wiener Riesenrads. Ein zweiminütiger Ausschnitt aus der Originalversion des Films ist auf einem Projektor von 1936 zu sehen. Die gelungene Kombination aus Filmgeschichte und Stadtgeschichte sorgt dafür, dass man in diesem interessanten Museum Stunden verbringen kann.

Mit der „**3. Mann Tour**" 89b geht es dann wirklich hinab in die Wiener Kanalisation, zum Drehort der berühmten Verfolgungsjagd des Filmklassikers. Allzu geruchsempfindlich sollte man dabei allerdings nicht sein, schließlich begeht man ein städtisches Abwassersystem. Und zunächst geht es bei der Führung auch weniger um den Dritten Mann, als um die Geschichte der Wiener Kanalisation, die Überbauung des Wienflusses und die Arbeit der Kanalarbeiter, wobei man beispielsweise erfährt, warum Strumpfhosen im Schlick eine Plage sind. Dann folgt der Drehort des Showdowns, wo stimmungsvoll eine filmische Zusammenfassung des Klassikers präsentiert wird. Nach einer weiteren (geruchsintensiven) Station steigt man schließlich hinab in das mächtige Gewölbe, durch das der Wienfluss plätschert. Orson Welles übrigens war wenig angetan von der *Location*, für weite Teile der Verfolgungsjagd durch die Wiener Kanalisation, heißt es, habe er sich doubeln lassen.

Info

Hinkommen: Zum Museum: U 4 bis Kettenbrückengasse, zur Kanal-Tour: U 1, U 2, U 4 bis Karlsplatz, Straßenbahn 1 und 62 bis Karlsplatz, zum 3.-Mann-Tour-Walk: U 4 bis Stadtpark.

Information: Das **Dritte Mann Museum** 89a befindet sich in der Pressgasse 25, 1040 Wien, Tel. 01/5864872, www.3mpc.net, nur Sa 14–18 Uhr geöffnet (7.01.–28.02. geschl.), Eintritt 8,90 €, erm. 6,90 €, jeden Sa um 14 Uhr findet eine Führung statt (10 € inkl. Eintritt).

„**3. Mann Tour – Kanal**" 89b, Karlsplatz-Girardipark (Kassa im Bus), 1010 Wien, Tel. 01/40003033, www.drittemanntour.at, www.viennawalks.com. Mai–Okt. Do–So 10–19 Uhr, Führung zu jeder vollen Stunde (Dauer 45 Min.), Erwachsene 10 €, erm. 5–8 €, Reservierung erforderlich, das Ticket ist mind. 20 Min. vor Beginn abzuholen.

„**3. Mann Tour – Walk**", Treffpunkt beim Stadtpark, Johannesgasse vor dem Eingang zur U 4, Tel. 01/7748901, www.viennawalks.com. Diese Tour führt zu diversen Drehorten des Films, Mo und Fr 16 Uhr, Dauer etwa 2–2,5 Std., Erwachsene 18 €, erm. 15,50 €, Schüler bis 18 Jahre 8,50 €.

Essen & Trinken: Café Museum 5f, Operngasse 7, 1010 Wien, Tel. 01/24100620, www.cafemuseum.at. Das legendäre Kaffeehaus liegt gegenüber dem Einstieg in die Wiener Unterwelt in der Operngasse. Ursprünglich von Adolf Loos (und wie zu erwarten recht nüchtern) eingerichtet, erhielt das Kaffeehaus bald den Spitznamen *Café Nihilismus*. Nach mehreren Umgestaltungen durch die Jahrzehnte zeigt sich das Café Museum, in dem u. a. Gustav Klimt und Oskar Kokoschka, Robert Musil, Georg Trakl und Leo Perutz, Otto Wagner und Adolf Loos verkehrten, heute gemütlich-plüschig.

In der Nähe: Wien Museum (S. 72), Karlskirche (S. 58), Secession (S. 126), Naschmarkt (S. 26)

90 Die exotische Menagerie – Tiergarten Schönbrunn, Palmenhaus und Wüstenhaus

Der Schönbrunner Tiergarten – integriert in den weitläufigen Schlosspark – ist der älteste Zoo der Welt. Gebaut wurde er 1752 im Auftrag von Kaiser Franz I. Stephan (dem Gatten Maria Theresias) als **Menagerie** aus zwölf Tiergehegen sowie zwei Höfen für Enten und Hühner. Um 1759 gesellte sich der zentrale Pavillon zu der Zooanlage. Deren Bestand wurde im Lauf der Zeit immer exotischer, über artgerechte Haltung machte man sich damals keine Sorgen – Elefanten, Eisbären, Raubkatzen und Giraffen, die ab den 1750er-Jahren hierher geschafft wurden, waren zum Anschauen da. Im noch bestens erhaltenen **Pavillon** (heute Restaurant Kaiserpavillon) sollen der Kaiser und Maria Theresia übrigens oft gefrühstückt haben. Ab 1779 wurde der Tiergarten dann auch fürs Volk geöffnet. Insgesamt gibt es auf der heute 17 Hektar großen Anlage mehr als 700 Tierarten, die jährlich rund 2,5 Millionen Besucher anlocken.

Eisbär im Schönbrunner Tiergarten

Unter den vielen Attraktionen des Tiergartens befinden sich u. a. das alte (kleine) Palmenhaus, heute ORANG.erie, durch das sich Orang-Utans hangeln, die Eisbären im „Franz Josef Land“ und – jüngst hinzugekommen – der Giraffenpark mit großzügigem Wintergarten sowie die Flusspferd-Anlage samt Planschbecken.

Kaiserliche Wagenburg

Die Kaiserliche Wagenburg (zwischen Hietzinger Tor und Schloss auf der linken Seite) befindet sich im Gebäude der ehemaligen Winterreitschule von Schloss Schönbrunn. Der heutige Fuhrpark umfasst – je nach Sonderausstellung, die im Wechsel stattfinden – rund 100 Kutschen und (gleich am Eingang) das kaiserliche Automobil. Besondere Exponate der ohnehin schon prachtvollen Kutschen-Kollektion ist der unglaublich prunkvolle „Imperial-Wagen“, in dem Sisi am 8. Juni 1867 zu ihrer ungarischen Krönung vorfuhr, wie auch die von Eseln gezogenen Kinderkaleschen für Gisela und Rudolf. Im Obergeschoss ist eine kleine Ausstellung Sisis Leidenschaft für das Reiten gewidmet, u. a. sind Porträts ihrer 25 Pferde zu sehen. Abschluss der Ausstellung bildet der Schwarze Leichenwagen, in dem die Kaiserin am 17. September 1898 auf ihrem letzten Weg zur Kapuzinergruft gebracht wurde (www.kaiserliche-wagenburg.at, tgl. 9–17, Nov.–April bis 16 Uhr, Eintritt 9 €, bis 19 Jahre frei).

Exotische Gewächse im Großen Palmenhaus

Durch den kleinen Wald hinauf (hier befinden sich die Wolf- und Luchsgehege) kommt man zum Tirolergarten mit dem **Tirolerhof**, einem Bauernhaus aus dem 18. Jh., das in Tirol abgetragen und hier wieder aufgebaut wurde (heute Gasthaus mit Biergarten), und Freigehege für die heimische österreichische Tierwelt.

Auf dem Weg zum Haupteingang des Zoos (Eingang/Ausgang Hietzing) ist das **Große Palmenhaus**, eine mächtige Glas-Eisen-Konstruktion (111 Meter lang und bis zu 25 Meter hoch) nicht zu übersehen. Gebaut wurde es, um die exotische Pflanzensammlung des Weltreisenden Kaiserbruders Maximilian in angemessenem Rahmen unterzubringen. 1879 ging der Auftrag für das Glashaus an Franz Xaver Segenschmid, 1882 wurde es von Kaiser Franz Joseph feierlich eröffnet. Beim Betreten des bis unters Dach mit exotischen Sträuchern und Bäumen bewachsenen Palmenhauses wähnt man sich sofort in (sub-)tropischen Gefilden – was nicht zuletzt auch mit dem Beschlagen von Brillen und Kameras einhergeht. Dieser Eindruck verstärkt sich noch, wenn man sich nach rechts ins Warmhaus mit den Wasserpflanzen und Orchideen begibt. Das Kalthaus auf der anderen Seite beherbergt Pflanzen aus gemäßigteren Zonen – Azaleen, Kamelien, Farne etc. Zahlreiche Sitzbänke laden im Palmenhaus zum Verweilen ein, es herrscht eine angenehme Ruhe.

Das gegenüberliegende *Sonnenuhrhaus* von 1904/1905 heißt heute **Wüstenhaus** und beherbergt einen weiteren kleinen Zoo: exotische Pflanzen und Schildkröten, umherfliegende Vögel, Wüstenspringmäuse und in Terrarien Klapperschlangen, Echsen, Kröten und den Nacktmulch.

Info

Hinkommen: U 4 bis Hietzing.
Information: Tiergarten, Hietzinger Tor, 1130 Wien, Tel. 01/87792940, www.zoovienna.at, April–Sept. tgl. 9–18.30 Uhr, Nov.–Jan. bis 16.30 Uhr, März/Okt. bis 17.30 Uhr, Feb. bis 17 Uhr, Eintritt 20 €, erm. 10 €, bis 6 Jahre frei; **Palmenhaus:** Mai–Sept. tgl. 9.30–18 Uhr, im Winter bis 17 Uhr; **Wüstenhaus:** Mai–Sept. tgl. 9–18 Uhr, im Winter bis 16.30 Uhr. Eintritt Palmen- und Wüstenhaus jeweils 6 €, erm. 4,50 €, unter 6 Jahre frei. Kombiticket für alle drei 26 €, erm. 14,50 €, bis 6 Jahre frei.
Essen & Trinken: Plachutta ist eines der bekanntesten Restaurants in Wien, berühmt für seinen Tafelspitz. Das Stammhaus befindet sich unweit des Hietzinger Tors in der Auhofstraße 1, 1130 Wien, Tel. 01/87770870, www.plachutta.at.
In der Nähe: Schloss Schönbrunn und der Schlossgarten (S. 96)

91 Wiener Spaziergänge – Stadtführungen für Individualisten

Der Donnerbrunnen am Neuen Markt

Wien ist voller Geschichten – tragische und komische, lüsterne und herzzerreißende, Legenden und Volksglauben, unglaubwürdige und erschreckend wahre. Auf alle Fälle aber weit mehr, als jemals in einen Reiseführer, und sei er noch so umfangreich, hineinpassen würden. Abhilfe schaffen die überaus kompetenten Fremdenführer und -führerinnen mit ihren „**Wiener Spaziergängen**", die Interessierte fachkundig und überaus kurzweilig durch die Stadt führen. Die eineinhalb bzw. meist zwei Stunden der Tour vergehen wie im Flug und danach ist der Kopf voller Geschichten und Anekdoten zur Stadt und ihren illustren Bewohnern. Beispielsweise darüber, wer der Wiener Basilisk war und wie man ihn loswurde, wo Helmut Qualtinger – der berühmte „Herr Karl" – wohnte oder aber wo sich Arthur Schnitzler zu seiner „Traumnovelle" inspirieren ließ.

Den „Verein Wiener Spaziergänge" gibt es schon seit 30 Jahren, an die 30 staatlich geprüfte Fremdenführer/-innen widmen sich den verschie-

Straßennamen in Wien

Der **Hohe** (= wichtigste) und der **Neue Markt** erklären ihre Namen von selbst, ebenfalls der **Fleisch**-, **Bauern**- und **Kohlmarkt** (Letzterer übrigens für Holzkohlen), in den **Tuchlauben** wurden Tuche verkauft, in der **Wollzeile** hatten die Wollhändler ihren Sitz. Der heutige **Graben**, das Herz der Stadt, war tatsächlich der Außengraben vor den Mauern des Römerlagers *Vindobona*, der **Tiefe Graben** ein Flusslauf: Hier floss der Ottakringer Bach auf seinem Weg in die Donau, bis er 1426 trockengelegt wurde. Der **Stock-im-Eisen-Platz** bezeichnet einen über und über mit Nägeln beschlagenen Fichtenstamm (heute hinter Glas) am Palais Equitable (am Stephansplatz), der sich nachweislich schon im 16. Jh. hier befand. Vermutlich ist er Ergebnis eines Handwerksbrauchs, nach dem jeder neu angekommene Geselle hier einen Nagel einschlagen musste. **Ballhausplatz** (heute Sitz des Kanzleramts) und **Ballgasse** – eine schöne kleine Gasse beim Franziskanerplatz – gehen nicht auf pompöse Tanzveranstaltungen, sondern auf das Ballspiel zurück, und von der **Blutgasse** hinter dem Stephansdom weiß man, dass tatsächlich Blut durch sie hindurch floss, unklar ist allerdings, ob menschliches (der hier erschlagenen Templer) oder tierisches von den ehemaligen Schlachthäusern. Die **Freyung** benennt tatsächlich eine Befreiung, nämlich die des Schottenklosters von der städtischen Gerichtsbarkeit, und die **Marc-Aurel-Straße** schließlich erinnert an den römischen Kaiser, der am 17. März des Jahres 180 wahrscheinlich hier in *Vindobona* starb.

Heutige Flaniermeile Graben

densten Themen, sodass selbst außerhalb der Saison täglich mehrere Touren angeboten werden. Als Einstieg empfehlen sich die thematisch etwas weiter gefassten Touren wie „Wien auf den ersten Blick", „Entdecken Sie das alte Wien" oder „Spaziergang durch die Wiener Seele", darüber hinaus kann man sich aber auch ausführlich über Geschichte und Skandale der Habsburger aufklären lassen, das jüdische Wien zu Zeiten Sigmund Freuds wieder aufleben lassen, Pikantes über die erotisch-moralischen Erlebnisse der Josefine Mutzenbacher erfahren oder aber die supermoderne Architektur im Wien des 21. Jh. erkunden. Dazu kommen immer auch noch jahreszeitlich und/oder an besondere Events gebundene Themenführungen wie etwa zur Wiener Ballsaison.

Info

Hinkommen: Die Führungen beginnen meist an einem zentralen Platz in der Innenstadt (ist bei der jeweiligen Führung präzise angegeben – z. B. Hoher Markt, Vermählungsbrunnen.
Information: Die Führungen – es sind zumindest in den Sommermonaten täglich mehrere –dauern in der Regel 1,5–2 Stunden und finden bei einer erreichten Mindestteilnehmerzahl von drei Personen immer statt (auch bei Regen). Erwachsene 16 €, mit Wien-Karte 14 €, Kinder bis 14 Jahre 8 €. Monatsprogramme liegen in der Tourist-Info am Albertinaplatz aus oder sind unter www.wienguide.at aufgelistet, Information auch unter Tel. 0660/6619517 oder 0664/2604388. Reservierungen sind nur für Gruppen nötig.

Ausflüge

92 Naturparadies vor den Toren der Stadt – die Lobau im Nationalpark Donau-Auen

„Millionenstadt mit Nationalpark“ – so in etwa wirbt Wien mit seinem Naturparadies, und das ist nicht gelogen, denn ein Teil des weitläufigen Nationalparkareals liegt tatsächlich innerhalb der Stadtgrenzen, wenngleich ein gutes Stück abseitig und somit eigentlich doch schon vor den Toren Wiens.

Eingangstor zum Nationalpark im Osten ist das **Nationalparkhaus wien-lobAU** mit seiner kindgerecht aufbereiteten, kleinen Ausstellung zu den Besonderheiten des Parks. Dazu gehören ein hübscher kleiner Garten und ein Fischteich. Von hier aus starten mehrere **Wander- und Fahrradwege** in die Lobau. Schnellster Zugang in die Wildnis ist der Wanderweg zur

Naturidylle in der Lobau

Vom Kraftwerk zum Nationalpark Donau-Auen

Seine Existenz verdankt der Nationalpark einem Donaukraftwerk, genauer gesagt: einem nicht gebauten Donaukraftwerk. 1983 wurden nämlich eine Staustufe und ein Wasserkraftweg auf Höhe von Stopfenreuth/Hainburg geplant. Mit deren Bau wären die Begradigung der Donau und die Zerstörung der Donau-Auen einhergegangen. Deutliche Proteste durch Umweltschützer formierten sich 1984, die in einer Großdemo, der Besetzung der Stopfenreuther Au, einem rustikalen Polizeieinsatz und einer fast 40.000 Menschen zählenden Anti-Kraftwerks-Demonstration am 19. Dezember 1984 in Wien gipfelte. Ein Volksbegehren mit über 350.000 Unterzeichnern kippte die Kraftwerkspläne endgültig, bald darauf wurden die österreichischen Grünen gegründet – das Volk hatte entschieden.

Knapp zehn Jahre später, 1996, wurde der **Nationalpark Donau-Auen** gegründet, der sich heute auf einer Fläche von rund 93 Quadratkilometern und einer Länge von rund 38 Kilometern von der Lobau bis an die Grenze der Slowakei erstreckt und somit eine der letzten großen **Auenlandschaften** Europas bildet. Etwa ein Drittel der Nationalparkfläche befindet sich auf dem Wiener Stadtgebiet.

Die Auenwälder, Wiesen, Sumpflandschaften, Seiten- und Altarme der Donau sowie natürlich auch der Fluss selbst bieten heute Lebensraum für eine einzigartige Flora und Fauna. Über 800 Pflanzenarten kommen in dem Gebiet vor. Zu den aufsehenerregendsten Bewohnern der Donau-Auen gehören sicherlich der majestätische **Seeadler** und der seltene **Schwarzstorch**. Man zählt hier an die 100 Vogelarten, darunter auch einige bedrohte, außerdem rund 30 Säugetierarten, 60 Fischarten sowie über 20 Reptilien- und Amphibienarten. Von den fünf rein österreichischen Nationalparks ist der Nationalpark Donau-Auen der kleinste.

Der Nationalpark Donau-Auen ist von Wien aus gut zu erreichen

Dechantlacke (kleiner Badesee, viele Nackerte) und zum hölzernen **Josefsteg** über das sumpfige Gebiet, von dem aus der **Naturlehrpfad Obere Lobau** in einem Rundweg (ca. 1–1,5 Std.) wieder hierher zurückführt. Mit etwas Glück sieht man hier noch eines der raren Exemplare der Europäischen Sumpfschildkröte oder stößt zumindest auf Spuren des fleißigen Bibers, wahrscheinlicher sind aber Sichtungen einiger der zahlreich vorkommenden Wasservögel.

Info

Hinkommen: U 2 ab Karlsplatz bis Donaustadtbrücke, hier Umsteigen in Bus Nr. 92 B (fährt alle halbe Stunde) Richtung Ölhafen bis Raffineriestraße/ Biberhaufenweg, dort in den Biberhaufenweg, gleich rechts zum Nationalparkhaus. Zwei Haltestellen weiter geht es zur Panozzalacke, ein weiterer beliebter Badespot (mit Imbiss).

Information: **Nationalparkhaus wienlobAU**, Dechantweg 8, 1220 Wien, Tel. 01/400049495, www.donauauen.at, März–Ende Okt. Mi–So 10–18 Uhr.

Führungen: Führungen durch den Nationalpark werden zahlreich angeboten, zu Fuß, mit dem Kanu oder mit dem Fahrrad, die meisten allerdings ab **Nationalpark-Zentrum Schloss Orth** (Ende März–Sept. tgl. 9–18, Okt./Nov. bis 17 Uhr, im Winter geschl.), Näheres hierzu unter www.donauauen.at („Besucherinfo“).

Achtung: **Mückenschutz** nicht vergessen, hier gibt es unzählige Schnaken *(Gelsen)*, außerdem kann man sich so auch die häufig in den feuchten Auenwäldern vorkommenden Zecken vom Hals halten (es hilft auch lange, helle Kleidung, auf der man die Tiere gut sehen und entfernen kann).

93 Zum Heurigen I – Grinzing und Nußdorf

Schrammelmusik und weinseliges Beisammensein im romantischen Hof unter Weinreben – dazu bester „Heuriger" Wein im Henkelglas und eine deftige Jause: Kaum ein Wien-Klischee hält sich so standhaft wie das der Heurigenkultur in Heiligenstadt, Nußdorf und Grinzing, den Stadtteilen am nordwestlichen Stadtrand. Und so sind die Straßenbahnen und Busse nach Grinzing und Nußdorf denn auch allabendlich gut gefüllt mit Weingästen aus der Stadt, von denen es die meisten ins alte Zentrum von Grinzing zieht, wo sich zwischen Cobenzlgasse und Himmelstraße die größte Dichte an stets gut besuchten Heurigenlokalen befindet.

Die alten, ehemals eigenständigen Weinhauerdörfer Grinzing und Nußdorf sowie das schon früh etwas industrieller geprägte Heiligenstadt sind heute Teil des 19. Wiener Gemeindebezirks **Döbling**, der gemeinhin als einer der Nobelbezirke der Stadt gilt. Tatsächlich gibt es hier aber nicht nur Villen mit Pool, sondern auch Gemeindebau (prominent: der Karl-Marx-Hof, S. 82) und einfaches Wohnen in kleinen, alten Weinbauernhäusern, was den Reichtum ein wenig relativiert. Die Orte an den Hängen des Kahlenbergs lebten über viele Jahrhunderte vom Weinbau. Im 19. Jh. avancierte man dann zur beliebten Sommerfrische, von Nußdorf aus führte zwischen 1874 und 1922 sogar eine Zahnradbahn hinauf zum Kahlenberg. Ludwig van Beethoven lebte und komponierte hier Anfang des 19. Jhs. in nicht weniger als vier verschiedenen Häusern (Kahlenberger Straße 26, Eroicagasse 2, Pfarrplatz 2 und Probusgasse 6).

Ein Spaziergang könnte beispielsweise vom Beethovengang in **Nußdorf** (Endstelle Straßenbahn D) durch die Kahlenberger Straße und Eroicagasse zum Pfarrplatz führen – einer der stimmungsvollsten Plätze entlang der (unteren) Grinzinger Straße. Von hier zweigt auch die Probusgasse ab.

Das „Heurigenzentrum" liegt allerdings weiter oben in **Grinzing** (relativ weit ab Pfarrplatz, daher am besten den Bus Nr. 38A nehmen), an der Himmelstraße und der Cobenzlgasse bis etwa Peter-Alexander-Platz. Besonders sehenswert in Grinzing – neben dem beschaulichen alten Ortskern selbst – ist auch die hübsche Pfarrkirche im Zentrum in der Himmelstraße. Von hier führt eine Gasse (beschildert) zum Grinzinger Friedhof, auf dem fast so viele Prominente ihre letzte Ruhestätte gefunden haben wie auf dem Wiener Zentralfriedhof: Thomas Bernhard, Heimito von Doderer,

Einkehr im Heurigen Mayer am Pfarrplatz

Gustav Mahler und Alma Mahler-Werfel, Attila Hörbiger, Peter Alexander und viele andere.

Ein echter „Heuriger" ist übrigens an seinen eingeschränkten Öffnungszeiten zu erkennen: Manche Heurige haben nur am Wochenende geöffnet, und wer wann offen hat, ist meist auf einer Tafel an exponierter Stelle im Ort nachzulesen. Darüber hinaus weist natürlich der **Föhrenbusch** über dem Eingang darauf hin, dass gerade „ausg'steckt" ist. Die Erlaubnis, eigenen Wein und Obstmost auszuschenken, geht auf Kaiser Joseph II. ins Jahr 1784 zurück. Dazu erhielten die **Weinhauer** (Winzer) die Erlaubnis, auch selbst erzeugte Speisen anzubieten. Ein „Heuriger" Wein darf diesen Namen bis zum 11. November des Folgejahres tragen, danach ist er alt.

„Ausg'steckt is": Der Föhrenbusch zeigt, dass geöffnet ist

Info

Hinkommen: Straßenbahn 38 ab Schottentor bis Grinzing Zentrum (Endstelle), Straßenbahn D ab Ring bis Nußdorf (Endstelle), Bus Nr. 38 A ab Grinzinger Straße (Umsteigen von der Straßenbahn D) hinauf nach „Grinzing" oder „Himmelstraße".

Essen & Trinken: Zu den bekanntesten und schönsten, aber nicht ganz günstigen Lokalen zählt das traditionsreiche **Mayer am Pfarrplatz** (Beethovenhaus) mit herrlichem Innenhof; fein speisen in gediegenem Ambiente kann man im zugehörigen **Pfarrwirt** nebenan (mit nicht minder herrlichem Garten). **Mayer**, Pfarrplatz 2, 1190 Wien, Tel. 01/3701287, Mo–Fr 16–24, Sa/So 12–24 Uhr; **Pfarrwirt**, Pfarrplatz 5, Tel. 01/3707373, www.pfarrplatz.at, tgl. 12–24 Uhr (für abends reservieren). Ein weiterer Klassiker ist **Zum Renner** in Nußdorf, dies ist allerdings kein Heuriger, sondern ein Gasthof mit einer sehr typischen Wiener Küche zu guten Preisen (Nußdorfer Platz 4, 1190 Wien, Tel. 01/3785858, www.zum-renner.at, Mo–Sa 11–22 Uhr). U. a. wird man auch in der Probusgasse (zweigt vom Pfarrplatz ab) und der Sandgasse unterhalb vom Grinzinger Zentrum fündig. In Nußdorf zählt **Kierlinger** (Kahlenbergerstraße 20) zu den etwas abseitigeren Heurigen. Urig, einfach und günstig geht es in Grinzing z. B. bei **Wiegel** in der Feilergasse, Ecke Himmelstraße zu.

In der Nähe: Karl-Marx-Hof (S. 82), Kahlenberg und Leopoldsberg (S. 212), Krapfenwaldlbad (S. 197), Klosterneuburg (S. 220)

94 Kahlenberg und Leopoldsberg – die aussichtsreiche Höhenstraße über Wien

Ein beliebter Wiener Sonntagsausflug führt über die Höhenstraße (mit fast 15 Kilometern übrigens die längste Straße der Stadt) zu diversen Aussichtspunkten auf Wien. Oberhalb der Weinberge genießt man einen herrlichen Blick auf die Stadt, u.a. vom Leopoldsberg (425 m) oder dem benachbarten Kahlenberg (483 m). Die Gegend ist historisches Terrain, hier wurden am 12. September 1683 bei der „Schlacht am Kahlenberg" die Türken empfindlich geschlagen.

Und auch als Ausflugsziel blickt der **Kahlenberg** auf eine lange Tradition zurück. Bis 1919 brachte sogar eine Zahnradradbahn die Ausflügler hier hinauf, der alte Waggon ist noch zu besichtigen. Die rund 300 Höhenmeter von der Stadt muss man heute zu Fuß – oder mit dem Bus – überwinden. Oben warten ein Café mit Aussichtsterrasse und sogar ein Luxushotel mit grandiosem Wien-Blick auf die Gäste. Seit einigen Jahren befindet sich hier oben auch eine kleine private Hochschule (Modul University Vienna).

Ruhiger geht es am benachbarten **Leopoldsberg** mit der gleichnamigen barocken Kirche (nicht zugänglich) zu, denn außer schöner Aussicht auf Klosterneuburg, die Donau und auf Wien gibt es hier nichts.

Da ist am **Cobenzl** (mit Restaurant/Café) schon deutlich mehr geboten. Das renommierte Weingut liegt ein gutes Stück südwestlich vom Kahlenberg und bietet ebenfalls wunderbare Ausblicke auf die Donaumetropole.

Weitreichender Panoramablick vom Leopoldsberg

Einer der beliebtesten Ausflugsorte ist der nicht weniger aussichtsreiche Wiener **Himmel** nur ein paar Hundert Meter westlich vom Cobenzl. Seit 1997 gibt es hier den „Lebensbaumkreis", an dem jeder Besucher anhand seines Geburtsdatums den eigenen **Lebensbaum** ausfindig machen kann. Daneben kann man im **Café Oktogon** die herrliche Aussicht genießen *(www.himmel.at, ganzjährig 12–22 Uhr, Mo/Di Ruhetag, im Winter nur Fr–So geöffnet)* oder ein Stück zu Fuß in den Wald zur **Sisi-Kapelle** pilgern: Sie wurde 1854 zu Ehren der Kaiserin im neogotischen Stil erbaut.

Tipp

Eine schöne Wanderung führt zunächst an der Donau entlang und dann in luftige Höhen zu den beiden Aussichtsbergen **Leopoldsberg** und **Kahlenberg**. Ab Zentrum (Kärntner Ring oder Schottentor) geht es mit der Tramlinie D bis zur Station Nußdorf (auch S-Bahn S 40 ab Spittelau, dorthin mit der U 4), durch die Unterführung und dann ein Stück auf der Donaupromenade und in Kahlenbergerdorf links ab auf den steilen **Nasenweg**, der hinauf zum Leopoldsberg führt. Auf dem Weg neben der Höhenstraße geht es von dort zum benachbarten Kahlenberg und dann oberhalb der Höhenstraße (beschildert) zum **Cobenzl**. Ab hier fahren die Busse der Linie 38 A zurück nach Grinzing/Heiligenstadt (U-Bahn- und S-Bahn-Station). Natürlich kann man vom Cobenzl auch nach Grinzing hinunterlaufen.

Unterhalb vom Himmel, auf der **Bellevue-Wiese**, befand sich früher das noble *Hotel Bellevue*, eine beliebte Wiener Sommerfrische. Hier hatte Siegmund Freud am 24. Juli 1895 einen außerordentlich intensiven Traum, dessen Analyse gemeinhin als Grundlage für seine spätere Theorie der Traumdeutung gilt. Das Hotel gibt es nicht mehr, ein Denkmal erinnert an Freud und seinen Traum.

Info

Hinkommen: Straßenbahn 38 ab Schottentor nach Grinzing (Endstelle) und ab hier mit Bus 38 A alle 10–20 Min. bis Cobenzl Parkplatz, Kahlenberg und Leopoldsberg.

Tipp: Wiener Weine kann man beim **Weingut Cobenzl** an der Höhenstraße kaufen (auch Café/Restaurant samt Terrasse und Weitblick), Am Cobenzl 96, 1190 Wien, Tel. 01/3205805, www.weingutcobenzl.at. Ab Hof-Verkauf Mo–Fr 8–12 sowie Mo–Mi 14–17, Do 14–16 Uhr, im Winter eingeschränkt.

Essen & Trinken: Das Angebot an Ausflugslokalen ist enorm, neben erwähntem **Cobenzl** und **Oktogon** erfreut sich auch die **Josefinenhütte** zwischen Leopoldsberg und Kahlenberg an der Höhenstraße größter Beliebtheit. Schöner schattiger Biergarten, mittlere Preise. **Josefinenhütte**, Josefsdorf 47, 1190 Wien, Tel. 01/3203975, www.josefinenhuette.at, März–Okt. am Wochenende, im Sommer Di–So geöffnet (April Mi–So).

Gute italienische Küche zu etwas gehobenen Preisen gibt es im **Fischerhaus** an der Höhenstraße (Rohrerwiese 223, Tel. 0664/4888154, www.fischerhauswien.com, Fr–So 12–24 Uhr).

Sonstiges: Direkt neben der Josefinenhütte befindet sich der **Waldseilpark Kahlenberg**, Juni–Sept. tgl., in der Nebensaison Do–So, Infos: www.waldseilpark-kahlenberg.at.

In der Nähe: Krapfenwaldlbad (S. 197), Heurige in Grinzing (S. 210), Klosterneuburg (S. 220)

95 Im Wienerwald am Rande der Stadt – der Lainzer Tiergarten

> **Tipp**
> Vom St. Veiter Tor rechts hinauf kommt man nach ca. 15–20 Minuten stetigen Anstiegs (und durch ein Gattertor) zum **Wienerblick**. Von hier hat man eine fantastische Aussicht auf die Stadt!

Der Lainzer Tiergarten am westlichen Stadtrand ist Naturschutzgebiet, welches eine 22 Kilometer lange Mauer umgibt. Fast 25 Quadratkilometer groß ist dieses ehemalige kaiserliche Jagdrevier, das sich westlich von Hietzing bis weit in den Wienerwald erstreckt. Vier Fünftel des Tiergartens sind Wald, dazu kommen teils aussichtsreiche Liegewiesen, Spielplätze, zwei Naturerlebnispfade (beim Lainzer Tor und beim Nikolaitor) und die berühmte Hermesvilla mit Restaurant sowie zwei weitere Gaststätten (alles ausgeschildert). Im weitläufigen Gelände des Lainzer Tiergartens kann man herrlich spazieren gehen – Begegnungen mit der heimischen Tierwelt sind dabei nicht auszuschließen.

Schon im 15. Jh. gingen die Habsburger in diesem Teil des Wienerwalds zur Jagd, in den 1780er-Jahren ließ Joseph II. das Revier dann sogar einmauern. Im unteren Bereich des Tiergartens – je etwa einen Kilometer von Lainzer Tor und St. Veiter Tor entfernt – befindet sich die **Hermesvilla**, die Kaiser Franz Joseph ab 1881 als Geschenk für seine Frau Elisabeth bauen ließ – in der Hoffnung, mehr Zeit mit seiner Gattin wenigstens nahe Wien verbringen zu können. Die gehasste Hofburg mied

Die Hermesvilla ließ Kaiser Franz Joseph für Sisi bauen

Sisi zu diesem Zeitpunkt schon, wann immer möglich. Architekt des Anwesens im Tiergarten war kein geringerer als der Ringstraßenarchitekt Carl von Hasenauer. Von ihm stammt die gesamte Villa mit Nebengebäuden, Stallungen und dem mediterranen Garten. Der Name rührt von der Hermesstatue her, die 1888 dort aufgestellt wurde.

In der Hermesvilla

Ab 1887 bewohnte Sisi das Haus, wenn auch eher sporadisch. Ob Franz Joseph, der die gesamte Ausstattung und Einrichtung der Hermesvilla veranlasst hatte, damit ihren Geschmack so wirklich getroffen hat, sei dahingestellt, das Fehlen einer zeitgemäßen Beheizung, eines Wannenbads und einer Toilette mit Spülung (!) haben die Kaiserin aber nachweislich gestört. Das letzte Mal hielt sich Sisi im Juli 1898 hier auf, zwei Monate vor ihrer Ermordung. Das Anwesen vererbte sie ihrer Tochter Marie Valerie, die es mit ihrer Familie von 1903 bis 1906/07 bewohnte. Erst 1969 wurde die im Verfall begriffene Villa renoviert und 1971 eine erste Ausstellung gezeigt.

Die **Besichtigung** der Hermesvilla führt in die Räumlichkeiten im ersten Stock, deren Ausstattung in Teilen original bzw. restauriert zu sehen ist. Die Möbel der Kaiserin gingen nach ihrem Tod an die Tochter Gisela. Die privaten Gemächer Sisis umfassen Turn- und Toilettenzimmer, Schlafzimmer und Salon (Schreibzimmer). Das Schlafzimmer wurde von Hans Makart mit Szenen aus Shakespeares „Sommernachtstraum" ausgemalt. Den Salon gestalteten die Brüder Ernst und Gustav Klimt sowie Franz Matsch, der das Deckengemälde „Der Frühling" schuf. Zu sehen sind auch die naturgemäß etwas einfacheren Gemächer des Kaisers mit Arbeits-, Schlaf- und Toilettenzimmer.

Info

Hinkommen: Mit der U 4 bis Station Hietzing, dann Bus 56 A bis Speising/ Hermesstraße und dort Umsteigen in die Buslinie 55 A zum Lainzer Tor oder ebenfalls mit der U 4 Richtung Hütteldorf bis Station Ober St. Veit, dann Bus 54 A bis St. Veiter Tor.
Information: Lainzer Tiergarten, Tel. 01/400049200, www.wald.wien.at/erholung/lainzertiergarten, in der Regel ab 8 Uhr bis Sonnenuntergang geöffnet: April–Aug. 8–20/20.30/21, Sept. bis 19/19.30, Mitte Feb.–März und Okt. bis 18/18.30, Nov.–Mitte Feb. 17/17.30 Uhr, im Winter teils eingeschränkter Zugang, Eintritt frei.

Hermesvilla, Lainzer Tiergarten, 1130 Wien, Tel. 01/8041324, www.wienmuseum.at, Mitte März bis Anfang Nov. Di–So 10–18 Uhr bzw. spätestens 30 Minuten vor Torsperre des Tiergartens, Eintritt 7 €, erm. 5 €, bis 19 Jahre frei, März bis Okt. werden Führungen angeboten.
Essen & Trinken: Hermes Café Restaurant Labstelle, in der Hermesvilla (s. oben), Tel. 01/8041323, www.hermes-villa.at, Mitte März bis Anfang Nov. Di–So ab 9 Uhr bis 30 Min. vor Schließung des Parks (spätestens aber 19 Uhr), im Winter nur Do–So 9 Uhr bis 30 Min. vor Torschluss. Auch Frühstück, nicht zu teuer, mit Terrasse.

96 Ort einer Tragödie – Mayerling

War es Mord oder Selbstmord? Und warum? Um den Tod des Thronfolgers Rudolf und seiner blutjungen Geliebten Baronesse Mary Vetsera ranken sich die Legenden, nachdem beide am Morgen des 30. Januar 1889 im **Jagdschloss Mayerling** tot aufgefunden worden waren. Von einem Förster ist die Rede, der sich unsterblich in Mary verliebt hatte und den Nebenbuhler Rudolf erschoss, woraufhin sich auch Mary das Leben nahm. Oder von einem Auftragsmörder, engagiert von Bismarck und dem (späteren Thronfolger) Franz Ferdinand, die gemeinsam gegen Rudolf mit seinen merkwürdigen liberalen Ideen vorgehen und dessen Machtübernahme verhindern wollten. Denn anscheinend soll auch ein Komplott von Rudolf selbst gegen seinen Vater, Kaiser Franz Joseph, geplant gewesen sein und dieses drohte publik und somit vereitelt zu werden – als Anlass für einen Freitod Rudolfs durchaus denkbar.

Der Teepavillon von Schloss Mayerling, das Thronfolger Rudolf 1886 erwarb

Fakt ist: Der Thronfolger war angeschlagen – vermutlich morphiumsüchtig und körperlich geschwächt durch die Geschlechtskrankheiten, die er sich bei unzähligen Bordellbesuchen zugezogen hatte. Die Ehe mit Gattin Stephanie lief schlecht, die Liebe zu der 17-jährigen Mary war voller Leidenschaft, eine gemeinsame Zukunft schien allerdings nicht möglich. So erscheint aus heutiger Sicht ein doppelter Suizid – Rudolf schoss erst Mary, dann sich selbst in den Kopf – als die wahrscheinlichste Version der „Tragödie von Mayerling". Als offizielle Todesursache des 30-Jährigen wurde wurde von der Wiener Zeitung ein „Herzanfall" angegeben, „Schlaganfall" schrieb die Presse – auf jeden Fall aber ein „natürlicher Tod", im Hinblick auf das ordentliche Begräbnis, das die katholische Kirche einem Mörder wie auch einem Selbstmörder ansonsten verwehrt hätte. Mary Vetsera wurde in aller Heimlichkeit auf dem Friedhof des benachbarten Stiftes Heiligenkreuz begraben, Rudolf in der Hofburg aufgebahrt und am 5. Februar 1889 standesgemäß in der Kapuzinergruft beigesetzt.

Um das Jagdschloss Mayerling ranken sich Legenden

Das erst 1886 von Rudolf erworbene und 1887 zum Jagdschloss umgebaute Anwesen mit Kirche in herrlicher Lage im Wienerwald wurde nach dem Tod des Thronfolgers von Kaiser Franz Joseph schnellstmöglich in ein Kloster umgewandelt. Genutzt hatte es der Kronprinz ohnehin kaum – in den wenigen Jahren ganze zehn Mal für Jagden und nur einmal zur Kur für die 1883 geborene Tochter Elisabeth, Gattin Stephanie war ganze zwei Mal hier.

Zu sehen ist heute der originalgetreu hergerichtete **Teepavillon** und die neogotische **Kirche** an dem Ort, an dem sich einst Rudolfs Schlafzimmer befand (das Bett stand dort, wo heute der Hauptaltar seinen Platz hat). Sie wurde zusammen mit dem Karmeliterinnenkloster im Sommer 1891 geweiht. Im linken Seitenraum ließ Franz Joseph an Stelle des ehemaligen Dienerzimmers eine kleine **Betkapelle** einrichten. Er selbst war hier aber nur achtmal, viermal gemeinsam mit Elisabeth (Sisi), die nach dem Tod des einzigen Sohnes bis an ihr Lebensende fast nur noch in Schwarz zu sehen war.

Rechts der Kirche gelangt man zu den Räumen der kleinen **Ausstellung**, die hier der „Tragödie von Mayerling" gewidmet ist. Zu sehen sind Fotos und zahlreiche Dokumente, einige originale Möbel und andere Einrichtungsgegenstände aus dem Jagdschloss. Eine minutiöse Darstellung der Tage vor dem 30. Januar 1889, dem Tag der Tragödie selbst und den Tagen danach lässt die tragischen Ereignisse von damals Revue passieren. Was genau aber zu dieser Tat geführt hat, wird dennoch wahrscheinlich für alle Zeit im Dunkeln bleiben.

Info

Hinkommen: Entweder vom Bahnhof Baden bei Wien (S. 224) durch das liebliche Helenental mit dem Postbus 459 nach Mayerling (Mo–Fr stündlich, Sa/So 3-mal tgl. als Rufbus unter Tel. 0810-810278) oder von Wien Hbf. mit der S 1 nach Mödling, dort ab Bahnhofsvorplatz mit Postbus 365 (Richtung Alland) nach Mayerling (Mo–Fr ca. stündlich, Sa/So ca. 5-mal tgl.).

Information: **Karmel Mayerling**, Mayerling 3, 2534 Alland, Tel. 02258/2275, www.karmel-mayerling.org, April–Okt. tgl. 9–17.30 Uhr, im Winter nur Sa/So 9–17 Uhr sowie Di/Fr 10–13 Uhr, letzter Einlass 30 Min. vor Schließung. Eintritt 7 €, Kinder 4 €, erm. 6,50 €.

In der Nähe: Baden bei Wien und Bad Vöslau (S. 224)

97 Zum Heurigen II – Gumpoldskirchen: Ausg'steckt is!

Sankt Urban, der Schutzheilige der Weinberge, der Winzer und des Weins, meint es gut mit dem malerischen Ort am Rand des Wienerwalds. Gumpoldskirchen ist ein von Weingärten umgebenes Dorfidyll. *Zierfandler*, auch *Spätrot* genannt, und *Rotgipfler* sind die heimischen Stars unter den fruchtigen Rohstoffen der Gumpoldskirchner Weinhauer: zwei Weißweinsorten, deren Rebflächen sich heute fast ausschließlich um Gumpoldskirchen erstrecken. Eine hiesige Weinspezialität ist der *Spätrot-Rotgipfler*, ein Cuvée aus beiden autochthonen, spätreifenden Rebsorten. Aber auch „gängige" Weine gedeihen hervorragend, Blauer Burgunder und Zweigelt beispielsweise, Neuburger oder auch Welschriesling.

Am besten genießt man die Weine natürlich beim **Heurigen**. Überall im idyllischen Ortskern, durch den ein kleines Bächlein plätschert, hängen die Buschen über den Toren und zeigen an, welches Weingut derzeit ausschenkt. Man sitzt in den gemütlichen Schanklokalen der Weinbauern, in malerischen Innenhöfen mit weinumrankten Mauern und Lauben oder in blühenden Gärten – und dankt Sankt Urban für den sonnigen Tag, den Heurigen oder den Wein.

Zu den markantesten Gebäuden zählt das **Rathaus**. Anmutig erhebt sich der Uhrturm (mit Turm- und Sonnenuhr) des 1559 fertiggestellten Renaissancegebäudes über schmucken Arkaden. Davor steht ein Relikt aus derberen Zeiten: der Pranger. Der fünf Meter hohe Schandpfahl wurde 1563 aufgestellt.

Hinab verläuft die **Wienerstraße**, vorbei am Marktbrunnen und zahlreichen hübschen alten Weinbauernhöfen und Bürgerhäusern. Hinauf geht es über die idyllische **Kirchgasse** zum Kirchplatz. Dort, am oberen Ortsende steht die gotische **Pfarrkirche St. Michael**. Im Kern besteht sie noch aus der Burgkirche, die im 12. Jh. noch unter den Babenbergern errichtet worden war. Das heutige Bauwerk stammt wahrscheinlich aus der ersten Hälfte des 15. Jh., wobei der Turm sich wahrscheinlich später hinzugesellte und nach dem letzten Besuch der Türken 1683 gründlich renoviert, also barockisiert werden musste. Auch der **Wassergraben**, der heute eher wie ein Dorfweiher wirkt, wurde unter dem Eindruck der Türkenkriege gegraben, allerdings bereits 1537. Neben der Kirche befindet sich das **Deutsch-Ordens-Schloss**, der Ritterorden ist seit der Mitte des 13. Jh. in Gumpoldskirchen ansässig.

Unweit von Gumpoldskirchen liegt das **Freigut Thallern**, das seit 1141 zum Zisterzienserorden Heiligenkreuz gehört und somit eines der ältesten Wein-

Der Weinort Gumpoldskirchen bietet reichlich Gelegenheit zur Einkehr

Die Pfarrkirche in Gumpoldskirchen

güter Österreichs ist. Heute befindet sich in dem Stiftsweingut auch ein Landgasthaus und die Gebietsvinothek. Und wer sich die Jause und das Achterl erst verdienen will, kann sich erst einmal auf einen der Wanderweg durch die Weinberge machen, z. B. auf den informativen **Weinwanderweg**.

Info

Hinkommen: Mit der S 3 und S 4 vom Wiener Hauptbahnhof mindestens stündlich, 11–19 Uhr halbstündlich.
Information/Vinothek: **Tourismusbüro und Ortsvinothek**, im Bergerhaus aus dem 16. Jh., Schrannenplatz 5, 2352 Gumpoldskirchen, Tel. 02252/63536, www.gumpoldskirchen.at, Mo–Fr 10–13, 14–17 Uhr (im Winterhalbjahr bis 16 Uhr), Sa 10–15 Uhr.
Gebietsvinothek Freigut Thallern, Thallern 1, 2352 Gumpoldskirchen, Tel. 02236/53477, www.freigut-thallern.at, tgl. 9–19 Uhr geöffnet.
Weinbau-Museum, im Keller des Bergerhauses, einem der ältesten Weinkeller des Ortes, der etwa 1.000 Jahre alt sein soll. Öffnungszeiten und Adresse wie Tourismusbüro (s. oben).
Essen & Trinken: **spaetrot heuriger**, Wiener Straße 1, 2352 Gumpoldskirchen, Tel. 02252/62230, www.heuriger-spaetrot.com, Do–Mo 11–23 Uhr. Ambitionierte Küche aus regionalen Produkten. Aufmerksamer Service. Natürlich wird hier der eigene Wein ausgeschenkt. Man sitzt gemütlich im sorgsam renovierten Gemäuer oder im Sommer im hübschen Innenhof und genießt beim ein oder anderen Achterl vom Gemischten Satz den Abend.
Übernachten: **Hotel Turmhof**, Josef Schöffel Straße 9, 2352 Gumpoldskirchen, Tel. 02252/6073330, www.hotel-turmhof.at, DZ 150 €. Die unbedingt empfehlenswerte Vier-Sterne-Unterkunft liegt ruhig am Rand von Gumpoldskirchen. Viele der großzügig geschnittenen Zimmer haben einen unverbauten Blick auf einen Weinberg, und doch sind es nur wenige Meter in den Ort hinein. Überaus freundliche Hotelleitung, üppiges Frühstücksbuffet.

98 Klosterneuburg – ein Ausflug in die Welt der sakralen Schätze

Rund zehn Kilometer nördlich von Wien ist Klosterneuburg (ca. 15.500 Einwohner), zwischen Weinbergen und Donau gelegen, ein beschauliches Städtchen mit hübschem Rathausplatz und einigen einladenden „Heurigen". Hauptgrund für einen Ausflug hierher ist allerdings das alles dominierende **Augustinerchorherrenstift**, dessen Gründung auf das 12. Jh. zurückgeht. Zweite Attraktion von Klosterneuburg ist das **Weingut Stift Klosterneuburg**, heute das älteste Weingut Österreichs. Und wer um den 15. November (Leopoldifest) in der Gegend ist, sollte sich das „**Fasslrutschen**" im Binderstadl nicht entgehen lassen – einmal über das alte „Tausendeimerfass" von 1704 zu rutschen, soll Glück bringen.

Der 12. Juni 1114 wird als Gründungstag des Klosters datiert. Zugrunde gelegt wird die sogenannte „**Schleierlegende**", bei der Agnes, die Gattin von Stiftsgründer Leopold III., auf dem heutigen Leopoldsberg durch einen Windstoß ihren Brautschleier verlor, und dieser erst neun Jahre später – aber gänzlich unversehrt – von Leopold an jener Stelle des heutigen Klosters aufgefunden wurde. 1136 wurde die Kirche geweiht, im 13. Jh. die Stadt befestigt und 1298 mit dem Stadtrecht ausgestattet. Der Türkenbelagerung von 1683 konnte Klosterneuburg als einziger Ort der Gegend trotzen. 1730 beschloss Kaiser Karl VI., seine Residenz hierher zu verlegen und ließ mit großem Aufwand und nach spanischem Vorbild bauen. Nach seinem Tod im Jahr 1740 wurde das Projekt durch Maria Theresia jedoch sofort gestoppt – sie hatte kein Interesse an Klosterneuburg und baute lieber in Schönbrunn. So ist Klosterneuburg heute prachtvoll, aber unvollendet.

Um die enormen Kunstschätze des Stifts entsprechend würdigen zu können, empfiehlt sich eine **Führung** (besonders empfehlenswert: die „sakrale Tour") durch

Das Stift Klosterneuburg birgt wertvolle Kunstschätze

Die Ausstellung des Museums im gotischen Kreuzgang

das Stift. Ausgangspunkt ist die unvollendete Sala terrena (1740), in der sich auch die Kasse befindet. Von hier aus geht es durch das auch ohne Führung zugängliche Museum und durch mehrere Höfe und den sogenannten Seilerkeller ins Lapidarium (römische Funde) und weiter in den gotischen Kreuzgang (13./14. Jh.). Das Refektorium zeigt sakrale Kunst des 14./15. Jh. (u. a. auch die Rückseite des berühmten Verduner Altars), das Brunnenhaus am Kreuzgang einen prachtvollen Leuchter (sogenannter Holunderbaum). In der Leopoldskapelle befindet sich der berühmte **Verduner Altar** aus dem Jahr 1181 (von Nikolaus von Verdun), im Schrein darüber ruhen die Gebeine des hl. Leopold. Sehenswert sind auch die farbenfrohen mittelalterlichen Glasmalereien. Schließlich führt der Rundgang in die zwischen 1634 und 1730 barockisierte **Stiftskirche**, auf deren Orgel übrigens schon Anton Bruckner gespielt hat.

Info

Hinkommen: Mit der Bahn S 40 ab Franz-Josefs-Bahnhof (dorthin mit Straßenbahn 1 und D ab Ring) bis Klosterneuburg-Kierling, oder U 4 bis Heiligenstadt Bahnhof und dann Bus 238 nach Klosterneuburg-Kierling.

Information: **Stift**, Stiftsplatz 1, 3400 Klosterneuburg, Tel. 02243/411212, www.stift-klosterneuburg.at, Mai–Mitte Nov. tgl. 9–18, im Winter 10–17 Uhr. Das **Tagesticket** für 13 € beinhaltet die Besichtigung der Schatzkammer, des Stiftsmuseums, der jährlich wechselnden Ausstellung sowie einen Audioguide und eine Führung. Zur Auswahl stehen u. a. die Stiftsführung (60 Min.), die Große Stiftsführung (90 Min.) und die Weinkellerführung (60 Min., inkl. Weinprobe). Die Führungen finden 1–3-mal täglich statt.

Einkaufstipp: Gute Weine und leckere Obstsäfte bietet die **Vinothek Stift Klosterneuburg** im alten Gewölbe am Rathausplatz 24, 3400 Klosterneuburg, Tel. 02243/411548, Mo–Fr 9–18, Sa 9–17, So 12–17 Uhr.

In der Nähe: Kahlenberg und Leopoldsberg (S. 212), Tulln (S. 226), Grinzing und Nußdorf (S. 210)

99 Ausflug zum Neusiedler See – das kleine Meer im Burgenland

Nicht mal eine Autostunde ist es von Wien zum größten See Österreichs. Hier an der ungarischen Grenze ist das Land platt (man befindet sich in den Ausläufern der pannonischen Tiefebene), es wird ein hervorragender Wein angebaut und der ländliche Baustil mit seinen romantischen alten Bürgerhäusern lädt zum Bleiben ein. Die Kulturlandschaft am Neusiedler See wurde 2001 von der UNESCO zum Welterbe erklärt.

Einer der schönsten Orte am See ist **Rust** mit seinem malerischen Hauptplatz und den unzähligen Storchennestern auf den niedrigen Dächern – 21 Storchenpaare samt Nachwuchs zählte man 2018. Vor allem im Frühling und Frühsommer herrscht ein ständiges Kommen und Gehen, schaffen die Storcheneltern Futter aus der wasserreichen Umgebung heran, lugen die noch recht zerzausten Jungvögel aus den Nestern … Die Ruster sind sich ihrer Attraktion bewusst und renovieren im Winter die Storchennester für ihre gefiederten Sommergäste. Aber auch ohne Blick nach oben bietet der Ort wunderschöne und beschauliche Ansichten – allein die vielen idyllischen Innenhöfe der Weingüter. Was fehlt, ist ein wenig mehr See: Rust liegt in der gleichnamigen Bucht, die Weite des Neusiedler Sees bleibt hinter dem Schilfbewuchs am Ufer verborgen, zum Jachthafen sind es ab Rathausplatz im Zentrum über einen Kilometer.

Mehr See und einen fantastischen Sonnenuntergang kann man an der „Mole West" in **Neusiedl** am Nordufer des Sees genießen. Die angesagte Terrassenbar, Lounge und Restaurant liegt nicht im Ort selbst, sondern am Hafen etwas außerhalb vom Zentrum. Am ganzen See gibt es wahrscheinlich keinen besseren Ort, um bei einem Aperitif in einem der bequemen Sessel abzuhängen, den Segelbooten bei der abendlichen Rückkehr zuzusehen und träge in die untergehende Sonne zu blinzeln – das Kontrastprogramm zur Millionenstadt.

Vogelparadies Neusiedler See

Der 320 km² große Neusiedler See (mehr als die Hälfte davon nimmt Schilffläche ein) mit einer durchschnittlichen Tiefe von nur 1,20 Metern bietet etwa 350 verschiedenen Vogelarten Rückzugsraum und einen reich gedeckten Tisch. Seit 1993 gehören der Süd- und Ostteil des Sees und der Uferregionen zum grenzübergreifenden **Nationalpark Neusiedler See – Seewinkel**, zusammen mit dem ungarischen **Fertő-Hanság Nemzeti Park**. Das Infozentrum befindet sich auf der österreichischen Seite in Illmitz am Ostufer, Tel. 02175/3442, www.nationalpark-neusiedlersee-seewinkel.at.

Storchennachwuchs in Rust am Neusiedler See

Sonnenuntergang an der Mole West in Neusiedl

Info

Hinkommen: Mit dem **Auto** sind es rund 50 km nach Neusiedel am Nordufer des Sees, auf der A 4 geht es vorbei am Flughafen und die letzten paar Kilometer über die Landstraße; nach Rust (66 km ab Innere Stadt) auf der A 2 (dann A 3) Richtung Ungarn/Eisenstadt. Mit dem **Zug** ab Wien Hauptbahnhof mind. stündlich nach Neusiedl, nach Rust mit Umsteigen auf den Bus in Schützen am Gebirge oder in Eisenstadt.
Information: Neusiedl am See Tourismusverband, Untere Hauptstraße 7, 7100 Neusiedl am See, Tel. 02167-2229, www.neusiedlamsee.at. **Tourismusverband Rust**, Conradplatz 1 (Rathaus), 7071 Rust, Tel. 02685-502, www.rust.at.
Essen & Trinken: Wirtshaus im Hofgassl, Rathausplatz 10, 7071 Rust, Tel. 02685/60763, www.hofgassl.at. Direkt am Rathausplatz von Rust liegt dieses stilvolle Restaurant mit einem wunderschönen grünen Innenhof. Sehr feine Fleisch- und Fischgerichte (z. B. Zander aus dem Neusiedler See) zu etwas gehobenen Preisen, auch Vegetarisches, gute Weinauswahl überwiegend aus der Region (und einige aus eigenem Anbau). Mittags und abends geöffnet, Mo/Di Ruhetag (während der Festspielsaison nur Mo), Jan./Feb. geschl.
Mole West, Seegelände 9, 7100 Neusiedl am See, Tel. 02167/20205, www.mole-west.at. Am Segelhafen von Neusiedl werden günstige Mittagsmenüs geboten, ansonsten Klassiker der österreichischen Küche, Burger, Tapas, Asiatisches und Fisch. Etwas gehobenes Preisniveau. Cocktails um 8 €. April–Sept. tgl. 9–24 Uhr, im Okt. Di–So, im Winter nur Do–So, Weihnachten/Jan. geschl.
Tipp: Am Hafen in Neusiedl kann man Boote ausleihen, Elektroboot 18–28 €/Std., Tretboot 12 €, Stand-up-Paddling Board (SUP) 11 €. **Marina West**, Seegelände 9, 7100 Neusiedl am See, Tel. 0664/4112727, www.marina-west.at, während der Saison tgl. 9–18 Uhr.

100 Thermen – Baden bei Wien und Bad Vöslau

Bereits die alten Römer pilgerten an den Rand des Wienerwalds, um sich zu erholen. Um die müden Glieder in warmes, schwefelhaltiges Wasser zu halten. Um von mineralhaltigen Heilquellen zur inneren Reinigung zu nippen. In den folgenden Jahrhunderten versiegten weder Schwefelthermal- noch die Heilquellen, und auch die Besucherströme sprudelten immer wieder fröhlich heran. Den Wellnessrohstoff verdanken die traditionsreichen Kurorte einer geologischen Besonderheit an der Bruchzone zwischen Wiener Becken und Wienerwald.

14 heiße, heilsame Schwefelquellen entspringen in **Baden bei Wien**. Das Zentrum des schmucken Biedermeierstädtchens zeigt sich recht kompakt, weite Wege sind nicht zu gehen. Vom Zentrum, heute Fußgängerzone um die Pestsäule von 1718, zum gepflegten Kurpark oder zur **Römertherme** ist es jeweils nur ein Katzensprung. Im Zentrum der hiesigen Kurtradition, die heute Wellness heißt, vereinen sich uralte, schwefelgelbe Heilbadpraktiken mit der Attraktivität einer modernen Wasser- und Wellnesslandschaft.

Ein weiteres Badener Bad ist das **Thermalstrandbad**. In dem herrlichen Jugendstilbad befinden sich zwar auch ein Schwefelbecken, vor allem aber Österreichs größter Sandstrand, eine weitläufige Badeanlage – vom 20 °C kühlen Sportbecken bis zum 34 °C heißen Schwefelplanschbecken – sowie diverse Spaßbadattraktionen und Sportmöglichkeiten.

Zur Kurseligkeit gesellt sich beim Kurpark auch das **Badener Casino**. Zu viel Entspannung ist ja schließlich auch nix. Da kann man dann gepflegt den Puls in die Höhe treiben, wenn einem – falschen Zahlen und Karten geschuldet – die Jetons

Im Badener Kurpark

unter den Fingern zerrinnen. Darüber hinaus schmückt sich Baden bei Wien mit einem besonderen Eintrag in die Musikgeschichte, nicht nur, weil zahlreiche Komponisten dem mondänen Ruf des Kurorts folgten. Während einem seiner Aufenthalte in Baden bei Wien arbeitete Ludwig van Beethoven 1823 an der Neunten Sinfonie. Hier soll er die „Ode an die Freude" komponiert haben, womit Baden bei Wien zum Geburtsort der *Europahymne* wurde.

Casino Baden

Besonders schön badet es sich auch im Nachbarort von Baden: in **Bad Vöslau**. Im Thermalbad Vöslau lässt es sich vorzüglich in Mineralwasser planschen. Denn das aus 660 Meter Tiefe heraufsteigende Wasser, im Thermalbad als Ursprungsquelle gefasst, speist auch den österreichweit bekannten Mineralwasserproduzenten. Das historische Ambiente des Thermalbades mit seinen Jugendstilbauten, den Kabanen (mietbare Hütten oder Apartments im Sommerbad), der malerischen Parkanlage und natürlich den herrlichen Becken, allen voran das romantische Grüne Becken, das von der Vöslauer Urspungsquelle gespeist wird, ist einmalig und macht den Freibadbesuch zu einem entspannenden, herrlich nostalgischen Sommerfrische-Erlebnis.

Info

Hinkommen:
Von Wien Hauptbahnhof mit S 3 oder Regionalzug nach Baden bei Wien und Bad Vöslau (halbstündlich).

Information: Tourist Information Baden bei Wien, Leopoldsbad/Brusattiplatz 3, 2500 Baden bei Wien, Tel. 02252/86800600, www.tourismus.baden.at, Mai–Sept. Mo–Sa 9–18, So 9–15, Okt.–April Mo–Fr 9–17 Uhr.

Museum: Beethovenhaus, Rathausgasse 10, 2500 Baden bei Wien, Tel. 02252/86800630, Di–So 10–18 Uhr, Eintritt 6 €, erm. 3 €.

Bäder und Thermen:
Baden bei Wien:
Römertherme, Brusattiplatz 4, 2500 Baden bei Wien, Tel. 02252/45030, www.roemertherme.at, geöffnet tgl. 10–22 Uhr.
Thermalstrandbad Baden, Helenenstraße 19, 2500 Baden bei Wien, Tel. 02252/86800800, geöffnet Mai–Sept. tgl. 8.30–19 Uhr (in der Hochsaison bis 19.30 Uhr, Sept. bis 18.30 bzw. 18 Uhr).
Bad Vöslau:
Thermalbad Vöslau, Maital 2, 2540 Bad Vöslau, Tel. 02252/76266, www.thermalbad-voeslau.at, geöffnet Ende April–Sept. tgl. 8–19 Uhr (Juli–Mitte Aug. bis 20 Uhr, Juni und Mitte–Ende Mai bis 19.30 Uhr).

Glücksspiel: Casino Baden, tgl. 15–3 Uhr, Kaiser-Franz-Ring 1, 2500 Baden, Tel. 02252/44496, www.baden.casinos.at.

101 Tulln an der Donau – die Geburtsstadt Egon Schieles

Egon Schiele Museum und Schiele-Geburtswohnung, Schiele-Garten und Schiele-Weg, Tulln steht ganz im Zeichen seines berühmtesten Sohns, **Egon Schiele** (1890–1918), der hier seine Jugend verbrachte, bevor er sich daran machte, zu einem der bedeutendsten Maler des Expressionismus zu werden.

Tulln und der Nibelunge nôt

Auch Tulln, das uralte Städtchen an der Donau, ist zu (sehr) frühen literarischen Ehren gekommen. *Ein stat bî Tounouwe lît in Ôsterlant / diu ist geheizen Tulne* – in der Stadt an der Donau trifft Kriemhild mit ihrem zukünftigen Gatten, dem Hunnenkönig Etzel, zusammen. Seit 2005 setzt ein eindrucksvoller Brunnen das gewaltige literarische Ereignis, mit dem das blutige Finale des Nibelungenliedes eingeläutet wird, an der Tullner Donaulände in Szene (22. Aventiure).

Dabei gibt es in Tulln auch anderes zu entdecken. Tulln ist eine der ältesten Städte des Landes. Bereits die Römer bewachten von einem Reiterkastell aus den Donaulimes, später war hier ein Stützpunkt der Donauflotte. Im Zentrum steht mit **Sankt Stephan** eine im Kern romanische Kirche mit gotischem Chor und barocken Türmen, beistehend erhebt sich über einem elfeckigen Grundriss ein eindrucksvoller romanischer **Karner**. Mit der **Garten Tulln** wurde die niederösterreichische Landesgartenschau von 2008 verstetigt. Auf der anderen Seite der Stadt erstreckt sich das beliebte **Aubad**. Verbunden werden die Grünanlagen an der Donau durch die weite Donaulände – mitsamt Nibelungenbrunnen, römischem Salzturm und Marc-Aurel-Denkmal. Und Messestadt ist Tulln auch noch.

Nichstdestotrotz kommt man an Egon Schiele nicht vorbei. Egon Schiele wurde am 12. Juni 1890 im Bahnhofsgebäude von Tulln geboren, nicht etwa auf der Durchreise, sondern als Sohn des Bahnhofvorstands, also eine der hochgestellten Standespersonen der Stadt Tulln. Mit Audiotexten (von Egon Schiele selbst, der Mutter, den Schwestern etc.) wird in der **Wohnung der Schieles** das geistige und soziale Klima, in dem Egon Schiele die ersten Jahre verbrachte, vermittelt. Vom Bahnhof aus lässt sich auf dem **Schiele-Weg** ein Rundweg durch das Zentrum unternehmen, bei dem man auch zum eigentliche **Egon Schiele Museum** gelangt. Das befindet sich mit eleganter Schiele-Statue davor an der Donaulände – im ehemaligen Bezirksgefängnis samt Zelle, die heute genutzt

Egon Schiele stammt aus Tulln an der Donau

An Tullns Hauptplatz erhebt sich eine Pestsäule von 1693

wird, um auf Schieles 24-tägige U-Haft in Neulengbach zu verweisen (verurteilt wurde der Künstler schließlich zu drei Tagen Arrest, wegen „Verletzung der Sittlichkeit und Schamhaftigkeit"). 2018 wurde das Museum komplett neu gestaltet. Heute stehen vor allem Biografie und Frühwerk des jung verstorbenen Genies – Schiele starb 28-jährig an der Spanischen Grippe – im Vordergrund.

Info

Hinkommen: Mit der S-Bahn (S 40) oder dem Regionalexpress vom Franz-Josefs-Bahnhof nach Tulln.

Information: **Egon Schiele Museum**, Donaulände 28, 3430 Tulln, Tel. 02272/64570, www.schielemuseum.at, April–Okt. Di–So 10–17 Uhr, Eintritt 5,50 €, erm. 4,50 €. Die **Geburtswohnung** Schieles im Bahnhof ist tgl. 9–20 Uhr (im Winter 9–17 Uhr) zugänglich, 2 €-Münze bereithalten.

Die Garten Tulln, Am Wasserpark 1, 3430 Tulln, Tel. 02272/68188, www.diegartentulln.at, Mitte April–Anfang Okt. tgl. 9–18 Uhr, Eintritt 13,50 €, erm. 12,50 €, Kinder (6–17 Jahre) 7 €.

Essen & Trinken: Auch kulinarisch ist Tulln unbedingt einen Besuch wert, allen voran die **Gastwirtschaft Floh** im Nachbarort Langenlebarn: Überragende, mit zwei Hauben gekrönte Küche, kulinarische Köstlichkeiten aus Produkten der Umgebung, überragend auch die Weinkarte, für das Gebotene geradezu günstig. **Gastwirtschaft Floh**, Tullnerstraße 1, 3425 Langenlebarn, Tel. 02272/62809, www.derfloh.at, Fr–Mo 9–23 Uhr (auch Frühstück), Küche mittags und abends (Fr–Sa bis 22, Do 17–23 Uhr (Küche bis 22 Uhr), So/Mo bis 21 Uhr).

Aber auch in Tulln lässt es sich hervorragend essen, z. B. im zentral bei der Fußgängerzone gelegenen **Zum Goldenen Schiff**. Lassen Sie sich vom gutbürgerlichen Ambiente des traditionsreichen Wirtshauses nicht irritieren, die feine österreichische Küche ist hervorragend! Günstige Mittagsmenüs. **Zum Goldenen Schiff**, Wiener Straße 10, 3430 Tulln an der Donau, Tel. 02272/62671, www.zumgoldenenschiff.at, mittags und abends geöffnet, Sa/So geschlossen.

Anhang

Wien in Zahlen

Geografische Lage	48° 14' 54" nördlicher Breite; 16° 21' 42" östlicher Breite (Stephansplatz)
Länge der Stadtgrenze	136,5 km
Größte Ausdehnung	Nord-Süd 22,8 km; Ost-West 29,4 km
Stadtgebietsfläche	414,87 km²
Bezirke	23, der größte ist die Donaustadt (22. Bezirk), der kleinste ist die Josefstadt (8. Bezirk)
Brücken	ca. 1.700, davon 10 Donaubrücken, 32 Donaukanalbrücken und 40 Wienflussbrücken
Höchster Berg	Hermannskogel (542 m)
Tiefster Punkt	Lobau (151 m)
Höchstes Gebäude	252 m (Donauturm)
Einwohner	1.888.776 (2018), jedes Jahr kommen etwa 25.000 hinzu
BRP	Rund 90 Mrd. (2016). Das Bruttoregionalprodukt Wiens macht etwa 25,5 % des österreichischen BIPs aus.
Arbeitslosenquote	ca. 11,7 % (2018)
Öffentliches Verkehrsnetz	Gesamtstreckenlänge: 1.153 km (2018)
Linien des öffentlichen Nahverkehrs	5 U-Bahnlinien, 29 Straßenbahnlinien und 109 Buslinien mit insgesamt 5.359 Haltestellen befördern tgl. 2,6 Mio. Fahrgäste
Fiaker	194 Fiaker- und Pferdemietwagenberechtigungen (2013)
Grünflächen	189 km², davon 17 km² als Parkanlagen (989 städtische Parkanlagen)
Rebflächen	6,6 km², kultiviert von 190 Winzern, ergeben etwa 2,4 Mio. Liter Wein (2014)
Kinderspielplätze	1.721 (2018)
Hundezonen	180 (2018)
Besucher	über 7 Millionen (2017)
Übernachtungen	ca. 15,5 Millionen (2017)
Kaffeehäuser	etwa 2.500, in denen täglich etwa 200.000 Melanges getrunken werden
Bälle	über 400 pro Jahr
Internationale Organisationen	mit Sitz in Wien: UNO (seit 1979, nach New York und Genf), OSZE, OPEC, IAEO (Internationale Atomenergiebehörde)
Öffentliche Universitäten	neun
Studierende	194.154 (2017/2018)

Geschichtlicher Abriss

Altstein-zeit	Funde belegen erste Siedlungen im Wiener Becken, das spätestens ab der Jungsteinzeit durchgängig besiedelt war.
um 800 v. Chr.	Bronzezeitliche Siedlung u. a. auf dem Leopoldsberg.
um 400 v. Chr.	Kelten besiedeln den Wiener Raum und errichten eine Höhenburg, wahrscheinlich auf dem Leopoldsberg.
6 n. Chr.	Römische Legionen marschieren durch das Wiener Becken.
9 n. Chr.	Die Römer haben genug von den Barbaren aus dem Norden („*Varus, gib mir meine Legionen zurück*"-Schlacht im Teutoburger Wald). Die Donau wird zur Grenze des Weltreichs, das Wiener Becken ist Teil der römischen Grenzprovinz *Panonnia* (ab 106 n. Chr. *Pannonia Superior*).
54 n. Chr.	Erste römische Siedlung, ab 89 n. Chr. Bau eines Kastells (beim heutigen Schottenkloster).
97 n. Chr.	Vindobona wird Legionsstandort. Zur Sicherung des Donaulimes sind hier bis zu 6.000 Soldaten stationiert (seit 114 n.Chr. die X. Legion, die *legio X Gemina*). Um das Legionslager entsteht eine prosperierende Stadt, Anfang des 3. Jh. *Municpium*. In der Blütezeit (Ende 2./Anfang 3. Jh.) leben bis zu 30.000 Menschen in Vindobona.
180 n. Chr.	Marc Aurel, Philosoph und römischer Kaiser stirbt in Vindobona.
Anf. 5. Jh.	Vindobona wird im Zuge der Völkerwanderung von Ostgoten zerstört, später kommen die Hunnen. Die römischen Legionen ziehen sich zurück. In den Wirren der folgenden Jahrhunderte räubern sich Langobarden, Awaren, Baiern und Ungarn durch das Land.
um 800	Mit St. Ruprecht wird die älteste Kirche Wiens gegründet.
955	Kaiser Otto I. siegt bei der Schlacht auf dem Lechfeld über die Ungarn und sichert dem Heiligen Römischen Reich das östliche Grenzgebiet, Teil des Herzogstums Baiern.
976	Die Babenberger bekommen *Ostarrichi* zum Lehen. Erster Markgraf Österreichs (*marcha orientalis*, östliche Mark) ist Luitpold/Leopold I. (um 940–994). Beginn der etwa 270 Jahre währenden Herrschaft der Babenberger.
1139	Der bedeutendeste Babenberger Leopold III. (1095–1136), Jahrhunderte später von Kaiser Leopold I. zum Landespatron gekürt (1663), erhält Bayern zum Lehen.
1156	Österreich wird zum Herzogtum befördert *(Privilegium minus)* als Ausgleich für den Verlust Bayerns. Heinrich II. Jasomirgott (1107–1177) macht Wien zu seiner Residenz, bereits ein Jahr zuvor hatte er iro-schottische Benediktiner nach Wien bestellt, um das Schottenstift zu gründen.
1192	Leopold V. (1157–1194) nimmt Richard I. von England, genannt Löwenherz, mit dem er sich nach der Einnahme Akkons (1191, Dritter Kreuzzug) zerstritten hatte, gefangen. Die Episode brachte England jede Menge Stoff für Ivanhoe- und Robin-Hood-Romantik ein, Leopold hingegen jede Menge Lösegeld, mit dem er Wiens Stadtbefestigung ausbaut.

1221	Unter Leopold VI., genannt der Glorreiche (1176–1230), erhält Wien das Stadt- und Stapelrecht. Wien blüht auf, wirtschaftlich und kulturell. Mit dem gotischen Neubau des alten (romanischen) Stephansdoms entsteht eine Großbaustelle mitten in der Stadt. Wien entwickelt sich zur Handelsmetropole an der Donau. Auch der Grundstein zur Alten Burg (Schweizer Trakt der Hofburg) soll unter Leopold VI. gelegt worden sein.
1246	Leopolds Nachfolger agierte weniger glorreich, verdiente sich aber seinen eigenen Beinamen redlich: Mit Friedrich II., genannt der Streitbare (1211–1246), stirbt der letzte Babenberger in der Schlacht.
1253–1278	Böhmisches Zwischenspiel: Ottokar II. Přemysl (um 1230–1278) ist König von Böhmen und Herzog von Österreich.
1278	Habsburg übernimmt. Rudolf I. (1218–1291), seit 1273 erster römisch-deutscher König aus der Schweizer Grafen-Familie, schlägt in der Schlacht auf dem Marchfeld Ottokar II. Rudolf beauftragt seine Söhne Albrecht und Rudolf über das Herzogtum Österreich zu herrschen. Eine Dynastie ist geboren. Sie wird bestehen, bis der letzte regierende Habsburger, Karl I., des Throns verwiesen wird – also epochensprengende 640 Jahre später.
1288	Aufstand der Wiener Patrizier gegen Albrecht I. (1255–1308).
1355	Herzog Albrecht II. (1298–1358) erklärt die Unteilbarkeit der habsburgischen Länder (Albertinische Hausordnung).
1365	Obwohl Herzog Rudolf IV. (1339–1365) gerade einmal 25-jährig stirbt, wird er mit dem ehrvollen Beinamen „der Stifter" versehen. Rudolf gründet u. a. die Alma Mater Rudolphina, die Universität von Wien, und lässt das Langhaus des Stephansdoms neu bauen. Er „stiftet" aber auch eine Fälschung, das *Privilegium maius*, das Österreich auf eine Stufe mit den Kurfürsten stellt, und befördert sich en passant zum „Erzherzog" – ein Titel, den es vorher noch nicht gab.
1421	Wiener Geserah: Bei der brutalen Verfolgung österreichischer Juden, angeordnet von Herzog Albrecht V. (1397–1439), werden Hunderte Wiener Juden gefoltert, zwangsgetauft, vertrieben und ermordet.
1438	Albrecht V. wird als Albrecht II. römisch-deutscher König. Mit nur kurzer Unterbrechung sollten die Habsburger von nun an bis zu seinem Untergang das Reich regieren. Wien wird Residenzstadt. In Wien leben schätzungsweise 25.000 Menschen.
1452	Friedrich III. (1415–1493) wird als erster Habsburger nicht nur zum König, sondern auch zum Kaiser gekrönt. Er regiert 53 Jahre das Heilige Römische Reich, länger als jeder andere Habsburger, allerdings nicht sonderlich glücklich.
1469	Wien wird endlich Bischofssitz, der Stephansdom Bischofskirche.
1485	Der ungarische König Matthias I. Corvinus (1443–1490) besetzt Wien, und macht es sich in der Donaumetropole bis 1490 kommod. Der Kaiser flieht. Erst nach dem (erbenlosen) Tod des Ungarnkönigs kehrt des Kaisers Sohn Maximilian I. nach Wien zurück.
1493	Maximilian I. (1459–1519), der letzte Ritter, wird Erzherzog von Österreich (1508 Kaiser des Heiligen Römischen Reiches). *„Tu felix Austria, nube!"*, „Lass doch die anderen Kriege führen, Du glückliches Österreich, heirate!" Mit Maximilian, der Europas beste Partie, Maria von Burgund ehelicht, beginnt eine (politisch) glückliche Heiratspolitik, die den Habsburgern ein Weltreich in die Hände spielt.

1521	Unter Maximilians Enkeln und Nachfolgern kommt es zur Erbteilung: Ferdinand I. (1503–1564) erhält die Erblande, also Österreich sowie Böhmen, Kroatien und Ungarn, sein älterer Bruder Karl V. (1500–1558) den Rest, also das spanische Weltreich. Bereits in den 1520er-Jahren gelangt die Reformation nach Wien und stößt auf offene Ohren. Bis zur Mitte des 16. Jh. ist die Mehrheit der Wiener, einschließlich des Adels, protestantisch.
1529	Die Türken stehen das erste Mal vor Wien – doch muss Sultan Süleyman der Prächtige nach kurzer Belagerung wieder abziehen. Wien ist gerettet, doch die Vorstädte sind zerstört und die Notwendigkeit moderner Verteidigungsanlagen wird offensichtlich.
1548	Wien wird zu einer Festung ausgebaut. In den nächsten 150 Jahren, bis die Türken ein weiteres Mal nach Wien kommen, entstehen die trutzigen Bastionen um die Innere Stadt, umgeben von einer weiten, unverbauten Freifläche, dem Glacis.
1571	Kaiser Maximilian II. (1527–1576), dem Protestantismus zugewandter Sohn Ferdinands, gewährt freie Religionsausübung, die allerdings bereits 1577 wieder kassiert wird – damit sind protestantische Gottesdienste in Wien verboten. Die Gegenreformation nimmt Fahrt auf.
1583	Kaiser Rudolf II. (1552–1612) verlegt seine Residenz nach Prag.
1612	Kaiser Matthias (1557–1619) kehrt nach Wien zurück, seine fromme Gemahlin Kaiserin Anna stiftet die Kapuzinerkirche und initiiert den Bau der Kapuzinergruft, der zukünftigen Grablege der Habsburger. In Wien leben knapp 30.000 Menschen, im Laufe des Jahrhunderts wird die Bevölkerung stark ansteigen.
1618–1648	Den Dreißigjährigen Krieg übersteht Wien, als kaiserliche Residenz immerhin ein attraktives Ziel, trotz mehrfacher Belagerung relativ glimpflich (und vor allem uneingenommen). Ferdinand II. (1578–1637), kompromisslos katholischer Konfessionskriegskaiser, zieht die Daumenschrauben der Gegenreformation an.
1679	Eine schwere Pestepidemie sucht die Stadt heim. Tausende Wiener sterben. Dieie Pestsäule am Graben erinnert daran. Berühmtester Überlebender ist der liebe Augustin.
1683	Die Türken stehen erneut vor Wien. Bis zu 200.000 osmanische Soldaten unter Großwesir Kara Mustafa belagerten die von etwa 20.000 Wienern gehaltene Stadt. Wien steht kurz vor einer verheerenden Niederlage, als das kaiserliche Entsatzheer unter Führung des polnischen Königs Johann III. Sobieski eintrifft. Nach der Schlacht am Kahlenberg am 12. September ziehen sich die Osmanen geschlagen zurück.
um 1700	Kaiser Leopold I. (1640–1705) ist zwar eher eine unmilitärische Person, er hat jedoch glänzende Strategen wie Prinz Eugen von Savoyen an seiner Seite, dem es gelingt, die Türken vollends zurückdrängen. In Wien leben etwa 113.000 Einwohner. In den folgenden Jahrzehnten beginnt der Wiederauf- und Ausbau der Stadt. Wien erstrahlt als glanzvolle barocke Residenzstadt. Die Stararchitekten ihrer Zeit sind Johann Lucas von Hildebrandt und Johann Bernhard Fischer von Erlach (sowie dessen Sohn Joseph Emanuel Fischer von Erlach). Es entstehen u.a. Schloss Belvedere, die Spanische Hofreitschule, der Prunksaal der Nationalbibliothek, das Palais Schwarzenberg. Auch die seit Jahrhunderten vor sich hin wachsende Hofburg erfährt maßgebliche Erweiterungen. Darüber hinaus wird der Linienwall gebaut, eine Verteidigungsanlage etwa entlang des heutigen Gürtels, die auch die Wiener Vorstädte umschloss.

1713	Letzte Pestepidemie in Wien. Kaiser Karl VI. (1685–1740) gelobt die Karlskirche zu bauen. Da die männliche Linie der Habsburger zu erlöschen droht, legt Karl VI. mit der *Pragmatischen Sanction* u.a. die weibliche Erbfolge fest und sichert damit den Fortbestand der Dynastie (s. auch S. 94).
1740	Maria Theresia (1717–1780) wird zwar Kaiserin genannt, doch Kaiser ist lediglich ihr Gatte Franz Stephan von Lothringen, mit dem sie das Haus Habsburg-Lothringen gründete. Es herrscht indes nicht der Kaiser, sondern die Erzherzogin Maria Theresia. Ihre Regentschaft ist geprägt von tiefgreifenden Reformen, darunter dem Aufbau eines modernen Beamtenstaates.
1754	Der ersten Volkszählung zufolge leben 175.000 Menschen in Wien (samt Vorstädten).
1765	Franz I. Stephan stirbt. Maria Theresia macht ihren Sohn Joseph II. (1741–1790) zum Mitregenten.
1766	Joseph II. macht den Prater öffentlich zugänglich, 1775 den Augarten.
1774	Einführung der allgemeinen Schulpflicht; 1776 Abschaffung der Folter.
1780	Tod Maria Theresias. Joseph II. ist nun Alleinregent. Der aufgeklärte Monarch intensiviert die Reformbemühungen.
1781	Kaiser Joseph II. erlässt das Toleranzpatent und ermöglicht die Religionsfreiheit; im selben Jahr wird die Leibeigenschaft der Bauern aufgehoben.
1783	Magistratsreform. Wien bekommt eine bürgerliche Stadtregierung.
1784	Joseph II. initiiert den Bau des Allgemeinen Krankenhauses mit dem Narrenturm.
1786	Uraufführung von Mozarts „Hochzeit des Figaro“ im alten Wiener Burgtheater (1. Mai).
1790	Joseph II. stirbt. Da kinderlos (zumindest ehelich), folgt ihm sein Bruder Leopold II. (1747–1792) auf den Thron – Leopold hat 16 Kinder (und musste sich von seinem Bruder als „trefflichen Bevölkerer“ verspotteten lassen). Nach seinem frühen Tod 1792 folgt der älteste Sohn Franz II. (1768–1835) auf den Thron. In Wien leben über 200.000 Menschen.
1791	Wolfgang Amadeus Mozart (1756–1791) stirbt – keineswegs verarmt, zuvor aber weit über seine Verhältnisse lebend – in Wien.
1792	Ludwig van Beethoven (1770–1827) übersiedelt nach Wien.
1793	Joseph Haydn (1732–1809) kauft sich in der Wiener Vorstadt Windmühle ein Haus.
1804	Kaiser Franz II. (Kaiser des Römischen Reiches) ernennt sich selbst als Franz I. zum Kaiser von Österreich. Hintergrund: Nachdem die Französische Revolution Europa erschüttert hatte, bedrohte Napoleon Bonaparte (1769–1821) die alte Ordnung, er hatte sich selbst zum Kaiser der Franzosen wählen lassen. Franz wollte Kaiser bleiben, auch wenn das Heilige Römische Reich unterging.
1805	Am 7. April wird Beethovens 3. Sinfonie, „Eroica“, im Theater an der Wien erstmals öffentlich aufgeführt. Im November besetzen Napoleonische Truppen kampflos die Stadt. Napoleon residiert in Schönbrunn.
1806	Franz II. setzt die Reichskrone ab. Das Heilige Römische Reich ist Geschichte.
1809	Die zweite Besetzung Wiens erfolgt nach schwerem Beschuss. Napoleon bleibt nun fünf Monate in Wien, residiert, regiert und feiert seinen 40. Geburtstag in Schönbrunn. Joseph Haydn stirbt am 31. Mai.

1814/1815	Wiener Kongress: Napoleon hat sein sprichwörtliches Waterloo erlebt und Franz I. lädt nach Wien, um Europa unter der Leitung seines Ministers Metternich neu zu sortieren. Für die Stadt wirkt der Kongress wie ein Konjunkturprogramm, bis zu 100.000 Gäste sind zu bewirten. Wien präsentiert sich als Welthauptstadt der Musik, rauschende Ballnächte und musikalische Veranstaltungen bilden das Rahmenprogramm des Kongresses.
nach 1815	Das System Metternich legt sich wie Mehltau auch über Wien: Statt Meinungs-, Versammlungs- und Pressefreiheit herrschen Polizeistaat, Spitzelwesen und Unterdrückung.
1830	Ein schweres Hochwasser sucht die Leopoldstadt heim, in dessen Folge es zu einer schweren Cholera-Epidemie kommt.
1835	Nach dem Tod Franz' I. wird sein in Regierungsdingen mäßig begabter Sohn Ferdinand I. (1793–1875), genannt der Gütige, Kaiser von Österreich. Aus Ferdinand dem Gütigen machen die Wiener ein wenig boshaft: „Gütinand, der Fertige". Es regiert natürlich nicht Ferdinand, sondern Metternich und die Geheime Staatskonferenz.
1837	Die erste Eisenbahn fährt in Wien ein, genau genommen zunächst in Floridsdorf.
1842	Die Wiener Philharmoniker werden gegründet.
1848	Im Zuge der Märzrevolution tritt Metternich zurück. Schwere Kämpfe erschüttern Wien während der Oktoberrevolution. Ferdinand I. dankt ab, zugunsten seines Neffen Franz Joseph I. (1830–1916).
1849–1856	Das Arsenal wird gebaut.
1850	Die Vororte werden eingemeindet, die Stadtbezirke geschaffen. Die Bevölkerungsentwicklung nimmt rasant zu. Lebten in Wien 1830 noch etwa 300.000 Menschen, sind es nun bereits 430.000.
1857	Franz Joseph I. gibt den Befehl, die alten, bereits teildemolierten Festungsanlagen zu schleifen und auf dem Glacis die Ringstraße zu errichten. Für ein halbes Jahrhundert legen sich Großbaustellen um die Innere Stadt. Es entstehen die prachtvollen Bauten, die bis heute Wiens „Ring" prägen. Als „erstes Haus am Ring" wird die Wiener Staatsoper 1869 eröffnet (mit Mozarts „Don Giovanni"). Es folgen u.a.: die Votivkirche (1879), das Parlament (1883), das Burgtheater (1888), das Natur- (1889) und das Kunsthistorische Museum (1889 und 1891). Offiziell eingeweiht wurde die Ringstraße am 1. Mai 1865.
1861	Das Künstlerhaus wird gegründet.
1865–1869	Bau der Rossauer Kaserne.
1870	Donauregulierung zur Verhinderung schwerer Hochwasser.
1872	Johannes Brahms (1833–1897) zieht nach Wien und wird Leiter des Wiener Singvereins.
1874	Der Wiener Zentralfriedhof wird eingeweiht.
1881	Am 8. Dezember geht kurz vor Vorstellungsbeginn das Ringtheater am Schottenring in Flammen auf, offiziell kommen 386 Menschen ums Leben, vermutlich aber über 450.
1889	Erzherzog Rudolf und seine Mätresse Mary Vetsera begehen Selbstmord.
1891	Sigmund Freud eröffnet in der Berggasse eine Ordination (Praxis).
1892	Zweite große Eingemeindung der Vororte (Bezirke 11–19). Wien ist nun eine Millionenstadt (1,3 Mio. Einwohner).

1897–1910	Karl Lueger (1844–1910), der sich vor allem durch seinen Antisemitismus hervortut und den jungen Adolf Hitler beeindruckt, wird gegen den Willen Franz Josephs I. Bürgermeister in Wien.
1894–1901	Bau der Wiener Stadtbahn unter Architekt Otto Wagner (1841–1918).
1897	Wiener Künstler, darunter Gustav Klimt, Koloman Moser und Josef Hofmann gründen die Secession.
1898	Elisabeth von Österreich-Ungarn (Sisi) wird am 10. September in Genf ermordet.
1899	Eröffnung des Central-Gaswerks in Simmering (Gasometer).
1904–1912	Bau der Postsparkasse durch Otto Wagner, die als modernstes Gebäude Europas gilt.
1907	Adolf Hitler bewirbt sich erfolglos für ein Kunststudium und lebt, phasenweise obdachlos, bis 1913 in Wien.
1910	In Wien leben 2 Mio. Menschen.
1911	Bau des „Hauses ohne Augenbrauen" von Adolf Loos (1870–1933) am Michaelerplatz, ein weiterer architektonischer Aufbruch in die Moderne.
1914	Das Attentat auf den Habsburger Thronfolger Franz Ferdinand in Sarajevo löst den Ersten Weltkrieg aus.
1916	Franz Joseph I. stirbt am 21. November in Schönbrunn, die Zeit der Habsburger neigt sich dem Ende zu.
1918	Karl I. dankt ab. 640 Jahre Habsburger Herrschaft enden. Die Monarchie ist tot. Es lebe die Erste Republik (ausgerufen am 12. November, Hauptstadt wird Wien).
1918–1934	„Das Rote Wien": Wien wird zu einer Art Modellversuch sozialdemokratischer Kommunalpolitik, denn in Wien wird rot gewählt und rot regiert, vornehmlich unter Bürgermeister Karl Seitz (1869–1950). Insbesondere der städtische Wohnungsbau findet internationale Beachtung. Der Gemeindebau, z. B. der Karl-Marx-Hof oder der George-Washington-Hof, ist bis heute ein fester Bestandteil von Wiens sozialer Kultur.
4. Mai 1919	Gemeinderatswahlen in Wien nach dem neuen, gleichen (also auch für Frauen gültigen) Wahlrecht. Jakob Reumann wird der erste sozialdemokratische Bürgermeister der Stadt.
1919/1920	Trennung Wiens von Niederösterreich, Wien wird ein eigenständiges Bundesland.
1921	Die Aufführung von Arthur Schnitzlers „Reigen" am Volkstheater verursacht einen Skandal.
1923	Karl Kraus' „Die letzten Tage der Menschheit" wird in Wien aufgeführt.
1928	Gründung des Max-Reinhardt-Seminars in Schönbrunn, der Kaderschmiede des deutschsprachigen Theaters.
1933/1934 bis 1938	Mit einem Staatsstreich setzt Bundeskanzler Engelbert Dollfuß die Demokratie außer Kraft. Es etabliert sich ein autoritäres Regime, das einen faschistischen Ständestaat zum Ziel hat (Austrofaschismus). Auch in Wien kommt es während der Februarkämpfe zu bürgerkriegsähnlichen Auseinandersetzungen. Bei einem Putschversuch österreichischer Nationalsozialisten wird Dollfuß erschossen. Sein Nachfolger ist Kurt Schuschnigg.

1938	Am 15. März tritt Adolf Hitler, nunmehr Diktator, auf den Balkon der Hofburg, verkündet den „Anschluss" Österreichs an das nationalsozialistische Deutschland und wird von einer unüberschaubaren Menschenmenge bejubelt. In der Nacht vom 9. auf den 10. November brennen in Wien die Synagogen (Novemberpogrome). Während der Nationalsozialistischen Diktatur gelingt es etwa zwei Drittel der jüdischen Bürger Wiens, das Land zu verlassen, 66.500 Menschen werden deportiert und in den Vernichtungslagern ermordet.
1944	Wien wird Ziel alliierter Luftangriffe, größter Angriff am 12. März 1945.
1945	Am 13. April nimmt die Rote Armee Wien ein. Wie Berlin wird Wien in vier Sektoren geteilt und unter alliierte Verwaltung gestellt. Mit den Gemeinderatswahlen im November wird Wien wieder rot. Bis heute gehören alle Wiener Bürgermeister der SPÖ an.
1955	Mit dem im Schloss Belvedere unterzeichneten Österreichischen Staatsvertrag (15. Mai) erhält Österreich seine volle Souveränität zurück und verpflichtet sich zur „immerwährenden Neutralität" (26. Oktober 1955).
1961	Auf Initiative des damaligen Außenministers und späteren Bundeskanzlers Bruno Kreisky (1911–1990) treffen auf neutralem Boden, in Wiens Schloss Schönbrunn, John F. Kennedy und Nikita Chruschtschow zu einem Kalten-Krieg-Gipfel zusammen.
1967	Am 8. April findet der 12. *Grand Prix de la Chanson* im Großen Festsaal der Wiener Hofburg statt.
1979	Das Vienna International Centre (VIC), besser bekannt als UNO-City, wird eröffnet und ist der dritte von heute vier offiziellen Amtssitzen der Vereinten Nationen (New York und Genf, später auch Nairobi).
1972–1988	Die Donauinsel wird aufgeschüttet. Die künstliche Insel zwischen Donau und Neuer Donau dient eigentlich dem Hochwasserschutz, eignet sich aber auch zur Naherholung und als Veranstaltungsort. Das Donauinselfest ist das größte, regelmäßig stattfindende Musikfestival weltweit.
1976	Die Reichsbrücke stürzt ein (1. August) und fordert ein Todesopfer.
1988	Am 24. November Enthüllung des Mahnmals gegen Krieg und Faschismus von Alfred Hrdlicka (1928–2009) am Albertinaplatz.
1993	Am 5. Dezember Briefbombenattentat auf Bürgermeister Helmut Zilk (1927–2008).
1994	Bürgermeister Michael Häupl (SPÖ) tritt sein Amt an.
1996	Schloss Schönbrunn wird samt Park zum UNESCO-Weltkulturerbe ernannt.
2001	Das Historische Zentrum von Wien wird zum UNESCO-Weltkulturerbe ernannt. Das MuseumsQuartier wird eröffnet.
2008	Die Fußballeuropameisterschaft wird von Österreich und der Schweiz ausgetragen, Endspielort ist Wien (Deutschland-Spanien 0:1)
2012	Der Dr.-Karl-Lueger-Ring wird in Universitätsring umbenannt.
2015	Jubiläumsjahr in Wien: 150 Jahre Ring, 450 Jahre Hofreitschule (und 200 Jahre Wiener Kongress).
23.5.2015	Der 60. *Eurovision Song Contest* findet in der Wiener Stadthalle statt.
11.10.2015	Landtags- und Gemeinderatswahl in Wien, Häupl wird mit Verlusten bestätigt.
24.05.2018	Michael Ludwig (SPÖ) übernimmt das Bürgermeisteramt von Michael Häupl, der sich – wie vorher angekündigt – zurückzieht.

Besondere Unterkünfte

Die Qual der Wahl ist enorm – man kann in Wien im imperialen k. u. k. Stil nächtigen oder hypermodern und stylish, mitten im Getümmel vis-à-vis vom Stephansdom oder ganz ruhig am grünen Stadtrand. Die Preise variieren entsprechend, für ein Zimmer im Nobelhotel am Ring gehen sie teilweise ins Astronomische.

Legenden ihrer Art sind natürlich die prächtigen Hotelpalais entlang der Ringstraße – allen voran das **Hotel Imperial**, das noch heute als Synonym für kompromisslosen Luxus gilt –, aber auch das weltberühmte **Hotel Sacher**, das **Grand Hotel**, das **Bristol** oder das **Ritz-Carlton** mit seiner herrlichen Dachterrasse. Das **Palais Coburg** an der Coburgbastei (nahe Stadtpark) zählt zu den nobelsten Häusern der Stadt mit Gourmetrestaurant von Sternekoch Silvio Nickol und beherbergt heute regelmäßig die Mächtigen dieser Welt.

Viele Hotels und Pensionen befinden sich in alten Stadtpalais, Letztere öfter auf nur einem oder zwei Stockwerken. Meist wohnt man hier im geschmackvoll renovierten Altbau. Als Faustregel gilt: Je weiter man sich von der Inneren Stadt (I. Bezirk) entfernt, desto günstiger wird es. Und: Am Wochenende sind die Zimmer oft teurer. WLAN ist im Prinzip überall kostenlos, im Hochsommer kann eine Klimaanlage angenehm sein.

Im Folgenden eine (ganz) kleine **Auswahl**:

wombats City Hostel Vienna – The Naschmarkt

Rechte Wienzeile 35, 1040 Wien, Tel. 01/8972336, www.wombats-hostels.com, DZ ca. 70 €, Übernachtung im Schlafsaal ab ca. 15–29 €/Pers., Frühstück 4,90 €. Gute Lage am Naschmarkt, U-Bahnstation „Kettenbrücke" fast vor der Tür, das Freihausviertel mit seinen Restaurants/Kneipen gleich ums Eck. Die Einrichtung ist modern und chillig (in den Zimmern eher sachlich), Waschmaschine, Schließfächer, Bar. Beliebt bei jungen Travellern aus aller Welt.

Pension Nossek

Graben 17, 1010 Wien, Tel. 01/533704111, www.pension-nossek.at, EZ 75 € (Bad/WC auf dem Flur) bzw. 85–125 € (mit Dusche/Bad), DZ mit Bad 155 €, Dreibettzimmer ab 200 €, Frühstück inkl. Zentraler kann man in Wien nicht wohnen. Zimmer und Frühstücksraum dieser freundlichen 30-Zimmer-Pension sind im schönsten Sinne altmodisch, die Bäder meist deutlich moderner. Tritt man vor die Tür, befindet man sich unmittelbar mittendrin im Getümmel, die zentrale U-Bahnstation „Stephansplatz" ist keine drei Minuten entfernt.

Hotel Stefanie

Taborstraße 12, 1020 Wien, Tel. 01/211500, www.schick-hotels.com, EZ 82–155 €, DZ 116–194 €, Frühstück inkl. Das nach eigener Aussage – älteste Hotel der Stadt Wien (aus dem Jahr 1600), wenngleich damals noch als simpler Gasthof vor den Toren der Stadt. Den heutigen Gast erwarten 120 Zimmer in gediegenem Komfort mit Teppich und teilweise Stilmöbeln, die elegant-einladende Lounge-Bar, eine ruhige Terrasse sowie die zentrale Lage in der Taborstraße, keine 300 Meter von Schwedenbrücke und Schwedenplatz entfernt. Straßenbahnstation fast vor der Haustür.

Pension Dormium

Kandlgasse 35, 1070 Wien, Tel. 01/5267340, www.dormium.at, EZ ab 59 €, DZ ab 100 €, Frühstück inkl. Im 7. Bezirk (Neubau), nahe der Stadthalle und nur wenige Minuten von der gleichnamigen U-Bahn-Station entfernt, befindet sich diese sympathische, renovierte Jugendstil-Pension mit freundlicher Leitung.

Boutiquehotel Stadthalle

Hackengasse 20, 1150 Wien, Tel. 01/9824272, www.hotelstadthalle.at, EZ/DZ 88–278 € inkl. Frühstück. Das Boutiquehotel liegt zwischen Westbahnhof und Stadthalle. Das Passivhaus (EU-Umweltzeichen) mit 79 Zimmern überzeugt mit modern und individuell eingerichteten Zimmern (teils Balkon) und grüner Innenhofterrasse, ein Dach des Komplexes ist mit Lavendel bepflanzt. Wer mit Bahn oder Rad anreist, erhält 10 % Rabatt! Fahrradgarage vorhanden.

Hotel Altstadt

Kirchengasse 41, 1070 Wien, Tel. 01/5226666, www.altstadt.at, EZ ab ca. 120 €, DZ ca. 145–205 €, Suites für 2 Pers. ab 199 €, Frühstück inkl. Ein besonders schönes Hotel mit schickem Design und zeitgenössischer Kunst, individuell gestaltete Zimmer zum Wohlfühlen. Gute Lage oberhalb des Spittelbergs (hinter dem MuseumsQuartier), zentral und ruhig, freundlicher Service, besondere Schmankerl sind am Nachmittag Kaffee, Tee und Kuchen für die Hausgäste (kostenlos).

25 hours Hotel beim MuseumsQuartier

Lerchenfelder Straße 1–3, 1070 Wien, Tel. 01/521510, www.25hours-hotels.com, kleines EZ/DZ ab 105 €, XL-Zimmer ca. 230 €, Frühstück extra. Unter dem Motto „Zirkus“ steht das Wiener Hotel der 25-hours-Kette, entsprechend bunt und fantasievoll ist die Einrichtung des 183-Zimmer-Hauses. Zielgruppe ist die junge, coole und kreative Klientel aus aller Welt, der Restaurant, Kiosk, Bar, Dachterrasse, Wellness-/Fitnessbereich, Tiefgarage und kostenloser Radverleih zur Verfügung stehen.

Kärntnerhof

Grashofgasse 4, 1010 Wien, Tel. 01/5121923, www.karntnerhof.com, EZ 85–135 €, DZ je nach Größe 109–269 €, Frühstück inkl. Stilvoll renoviertes Altstadthotel in sehr ruhiger Ecke am Heiligenkreuzerhof, in dem man auch parken kann (20 €/Tag). Nach dem Krieg war das Haus ein Bordell, doch davon ist in den stilsicher individuell eingerichteten 41 Zimmern (und drei Suiten) mit gedeckten Tapeten, Parkettboden und einladendem Mobiliar nichts mehr zu spüren. Schöne Lounge.

SO/ Vienna

Praterstraße 1 (unübersehbar am Donaukanal), 1020 Wien, Tel. 01/906160, www.accorhotels.com, EZ/DZ ca. 204–294 €. 156 Zimmer sowie 26 Suiten, in cleanem Weiß oder Schiefergrau gehalten, designed wurde das Ganze von Stararchitekt Jean Nouvel. Spa und Wellnessbereich; der Clou ist aber zweifelsohne das komplett verglaste Rooftop-Restaurant Das Loft mit grandiosem Blick auf die Stadt samt Stephansdom. Hier oben wird auch das Frühstück serviert, abends angesagte Bar.

Hotel Josefshof am Rathaus

Josefsgasse 4–8, 1080 Wien, Tel. 01/404190, www.josefshof.com, EZ ab 89 €, DZ ab ca. 119 €, Frühstück extra (15 €/Pers.). In Bestlage hinter Parlament und Rathaus, dabei aber herrlich ruhig am Anfang der Josefsgasse positioniert. Hübsches Ambiente, die einladenden Zimmer – einige im Jugendstil eingerichtet – liegen z. T. um den Innenhof. Mit Bar. Nur wenige Schritte zur Straßenbahn.

Urbanauts Street Lofts

Urbanauts Hospitality GmbH, Favoritenstraße 17, 1040 Wien, Tel. 01/2083904, www.urbanauts.at, DZ ab ca. 60 €, Apartments mit Küchenzeile ab ca. 85 €. „Hotelzimmer mit Geschichte" versprechen die Betreiber der insgesamt fünf Street Lofts, die in den aufgegebenen Ladenlokalen bzw. Ateliers u. a. einer Schneiderin, eines Schlossers und eines Trafikanten sorgfältig und überaus geschmackvoll umgestaltet wurden. Die Unterkünfte befinden sich im 4. (Wieden) und im 12. Bezirk (Meidling).

Wien für Kinder

Der **Prater** mit seinen unzähligen Karussells, Ponyreiten, Buden und natürlich dem Riesenrad, eine Fahrt im Fiaker, der Besuch interessanter Museen oder des Tierparks, Klettern im Klettergarten am Kahlenberg – Wien bietet für Kinder viele verschiedene Möglichkeiten.

Museen: Das Schloss Schönbrunn hat auch ein eigenes **Kindermuseum**; hier können sich Kinder als Hofdame oder Diener verkleiden, das Quadrilletanzen lernen oder an einer Kinderführung teilnehmen (Infos unter www.kaiserkinder.at). Das **ZOOM Kindermuseum** im MuseumsQuartier bietet je nach Altersgruppe vier verschiedene Mitmachprogramme (Di–Fr 8.30–16, Sa/So ab 9.45 Uhr, detaillierte Programme unter www.kindermuseum.at). Tipp: Je nach Interessenslage und Alter sind auch das **Naturhistorische Museum** (beliebt bei Schulklassen, S. 124) und das **Technische Museum** (mit Mitmach-Abteilung für Kinder ab zehn Jahren, S. 88) für einen Besuch mit Kindern geeignet.

Oper: In der Kinderoper in der Walfischgasse (Agrana Studiobühne) werden mehrmals wöchentlich Kinderopern (Dauer jeweils eine Stunde) aufgeführt. Aktuelle Termine und Preise unter www.wiener-staatsoper.at.

> **Zur Orientierung**
>
> Die Adresse „1., Kärntner Straße" bedeutet, dass sich diese Straße im 1. Bezirk befindet. Den Bezirk kann man auch an der Postleitzahl ablesen: 1010 ist der 1. Bezirk, 1020 der 2., 1080 der 8. usw. Bei zweistelligen Bezirken: 1100 bezeichnet den 10. Bezirk, 1110 den 11., 1120 den 12., ab dem 20. Bezirk ist es die 1200, der 21. Bezirk die 1210 und dann ist man schon fast firm mit den 23 Wiener Bezirken.

An Aktivitäten mit Kindern bieten sich im Sommer natürlich die zahlreichen **Freibäder** (S. 196) an und im Winter die **Eislaufflächen** in der Stadt (S. 198). Ganzjährig einen Besuch wert ist der **Tiergarten Schönbrunn** (S. 202). Im Schlosspark von Schönbrunn gibt es darüber hinaus einen Irrgarten (Nähe Neptunsbrunnen). Ein besonders schöner sommerlicher Ausflug führt hinauf zum Kahlenberg, wo sich zwischen Leopoldsberg und Kahlenberg ein sehr beliebter **Waldseilpark** mit netter Jausenstation nebenan befindet (S. 212).

Musikstadt Wien

Klar, Wien und Musik, das sind die Wiener Klassik und die Staatsoper, die Wiener Philharmoniker und die Wiener Sängerknaben, Wiener Walzer und Wienerlied. Doch kommen aus Wien auch weniger traditionsschwere, jüngere musikalische Impulse, die aus der deutschsprachigen Musikszene nicht wegzudenken sind: Die Liedermacher und Austropop-Legenden Georg Danzer, Wolfgang Ambros und Rainhard Fendrich etwa – und natürlich der („because er hatte Flair") unvergessene Falco. Und so ist es auch gerade heute sicherlich kein Zufall, dass von Feuilletons und vor allem Fans gefeierte Bands, Sänger und Musiker aus Wien kommen: „5/8erl" in Ehren mit ihrem einzigartigen „Wiener Soul", „Bilderbuch", „Wanda", „Nino aus Wien" und „Voodoo Jürgens" oder im Jazz „Compost 3", nicht zu vergessen die Eurovision-Song-Contest-Wi(e)nnerin Conchita Wurst. Es kann sich also durchaus lohnen, dem aktuellen Veranstaltungskalender etwas Aufmerksamkeit zu schenken.

Festivals und Events

Der Festkalender ist ganzjährig randvoll. Vor allem was Musikveranstaltungen angeht, bietet Wien ein riesiges Repertoire. Im Sommer kommen die unzähligen Open-Air-Veranstaltungen dazu, nicht zu vergessen die Ballsaison mit über 400 Bällen im Jahr.

Januar/Februar

Pünktlich um null Uhr in der Silvesternacht läutet die *Pummerin* des Stephansdoms das **Neue Jahr** ein, das einige Stunden später mit einem weiteren Paukenschlag aufwartet: dem **Neujahrskonzert** der Wiener Philharmoniker im Musikverein, die Karten (35–1.090 €) werden per Los zugeteilt, Anmeldungen hierfür nur 1.–28. Februar unter www.wienerphilharmoniker.at. Neujahrskonzerte gibt es auch im Konzerthaus (die Wiener Symphoniker spielen Beethovens 9.) und in der Hofburg.
Die **Ballsaison** – ausgehend von den Silvesterbällen – konzentriert sich auf Januar und Februar, am Donnerstag vor Fasching findet der weltberühmte **Wiener Opernball** statt. Näheres zur Wiener Ballsaison S. 192, aktuelle Termine auch unter www.ballguide.at.
Etwa vom 20. Januar bis Anfang März befindet sich der Rathausplatz im **Wiener Eistraum**, Eislaufen am Ring zwischen Rathaus und Burgtheater.
Alljährlich ab ca. 20. Februar bis ca. 20. März findet das **Internationale Akkordeonfestival** statt, mit Darbietungen im Porgy & Bess, Filmcasino u. v. a.

März/April

Die traditionellen Wiener **Ostermärkte** auf der Freyung, Am Hof und in Schönbrunn finden in den zwei Wochen vor Ostern bis einschließlich Ostermontag statt, am Ostersonntag gibt es außerdem ein großes **Osterfest im Prater**.
An einem Sonntag im April findet der **Vienna City Marathon** mit zuletzt etwa 40.000 Läufern statt (www.vienna-marathon.com).

Mai/Juni

Ab Anfang Mai bis Ende September hat die Wiener **Summerstage** ihren Platz am Donaukanal, diverse Restaurantpavillons und natürlich -terrassen, dazu Konzerte, Lesungen, Ausstellungen viele weitere Events, Termine und Programm unter: www.summerstage.at.

Zweites Maiwochenende: **Genussfestival im Stadtpark** – Schmankerln aus ganz Österreich.

Die Wiener Festwochen ab ca. 10. Mai bis ca. 20. Juni bieten ein international hochkarätig besetztes Programm aus Oper, Schauspiel, Tanz, dazu die nicht minder hoch besetzten Konzerte des **Internationalen Musikfestes** im Wiener Konzerthaus. Informationen zum Programm und Terminen unter www.festwochen.at.

Das **Donauinselfest** meist am letzten Wochenende im Juni (Fr–So) ist das größte Open-Air-Konzert Europas mit ca. 2,5 Mio. Besuchern vor mehreren Bühnen – und das Ganze kostenlos! Hier haben schon österreichische Größen wie Udo Jürgens, Falco und Rainhard Fendrich gespielt, dazu auch immer internationale Stars. Näheres unter: www.donauinselfest.at.

Das **„Wir sind Wien"-Festival** findet vom 1. bis 23. Juni im 1. bis 23. Bezirk statt. Programm unter: www.wirsindwien.com.

Zu den **Sommerbällen** – u.a. der Life Ball (www.lifeball.org) und die Fête Imperiale (www.fete-imperiale.at) s. S. 192.

Juli/August

Den ganzen Juli und August über findet das **Filmfestival am Rathausplatz** statt, freier Eintritt und 2.500 Sitzplätze, gezeigt werden Oper, Konzerte (auch Pop, Jazz etc.), Tanz und anderes. Programm ab Ende Mai unter www.filmfestival-rathausplatz.at.

Ca. 25. Juni bis 10. Juli wartet das **Jazz Fest Wien** mit internationalen Größen des Jazz auf. Programme und Spielorte unter: www.jazzfest.wien.

September/Oktober

Am zweiten Wochenende im September findet das noch junge **Streetlife Festival** in der Babenbergerstraße (hinter dem Kunsthistorischen Museum) statt. Infos: www.streetlife.wien.

Ca. 25. September bis ca. 1. Oktober: **Wiener Wiesn** am Prater – das Wiener Oktoberfest (www.wienerwiesnfest.at).

Ca. 25. Oktober bis ca. 10. November: **Viennale** – das Internationale Film Festival mit 300 Filmen in zwei Wochen, viele davon im Gartenbaukino am Ring, Programme ab Mitte Oktober unter www.viennale.at.

Österreichischer Nationalfeiertag ist der **26. Oktober**, der mit diversen Veranstaltungen vor allem um die Hofburg begangen wird.

November/Dezember

Die **Wiener Weihnachtsmärkte** starten um den 15. November bis 24. Dezember, s. S. 156.

Der **8. Dezember** ist Feiertag in Wien (Maria Empfängnis).

Mit den **Silvesterbällen** in der Hofburg endet das Wiener Veranstaltungsjahr stil- und glanzvoll.

Wiener Bühnen

Burgtheater: Wahrscheinlich die wichtigste deutschsprachige Bühne und mit Sicherheit eines der größten Schauspielhäuser Europas (S. 32). **Burgtheater,** *Universitätsring 2, 1010 Wien, Tel. 01/51444-4140.* Zur „Burg" gehören auch das **Vestibül** (in der Burg), das **Akademietheater** *(Lisztstraße 1, 1030 Wien, Tel. 01/51444-4740)* und **Das Kasino am Schwarzenbergplatz** *(Schwarzenbergplatz 1, 1010 Wien, Tel. 01/51444-4830). www.burgtheater.at. Hinkommen: Straßenbahn D, 1 und 71 bis Rathausplatz (Burgtheater); Straßenbahn D, 2 und 71 bis Schwarzenbergplatz (Akademietheater und Kasino) sowie Bus 4 A bis Akademietheater.*

Staatsoper: Das „erste Haus am Ring" wurde 1861–1869 als Hofoper von Kaiser Franz Joseph im Stil der Neorenaissance gebaut, am 12. März 1945 bei Bombenangriffen in weiten Teilen zerstört, von 1946 bis 1955 wiederaufgebaut und am 5. November 1955 zu den Klängen von Beethovens "Fidelio" feierlich als Staatsoper wiedereröffnet. Direktoren waren hier u. a. Gustav Mahler (1897-1907) und Herbert von Karajan (1956-1964). Die Oper ist oft ausverkauft, man sollte sich rechtzeitig um Karten bemühen. **Staatsoper,** *Herbert-von-Karajan-Platz, 1010 Wien, Tel. 01/514442250, www.wiener-staatsoper.at. Hinkommen: Straßenbahn D, 1, 2, 71 bis Kärntner Ring/Oper.*

Theater in der Josefstadt: Das älteste Theater Wiens mit mehr als 350.000 Besuchern und über 700 Vorstellungen pro Spielzeit, 1788 gegründet und bis heute bespielt. Hier dirigierten Beethoven und Strauss, auf der Bühne standen Raimund und Nestroy ebenso wie Paul Hörbiger und Hans Moser. Auch heute noch ist das Ensemble hochkarätig besetzt. Allein die altehrwürdig-rotplüschige Atmosphäre lohnt den Besuch. Zur Pause begibt man sich ins Biedermeier-Foyer der Sträußelsäle. Gespielt werden auch Nestroy und Bernhard, oft aber Gegenwartstheater sowie diverse Ur- und Erstaufführungen. **Theater in der Josefstadt,** *Josefstädter Straße 26, 1080 Wien, Tel. 01/42700300.* Angeschlossen sind die **Kammerspiele der Josefstadt** *(Rotenturmstraße 20, 1010 Wien), www.josefstadt.org. Hinkommen: Straßenbahn 2 und Bus 13 A bis Lederergasse (Theater in der Josefstadt); U 1, U 4 sowie Straßenbahn 1, 2 bis Schwedenplatz (Kammerspiele).*

Volkstheater: Der bürgerliche Gegenentwurf zur kaiserlichen Hof-Burgtheater, begründet 1889 u. a. vom Dramatiker Ludwig Anzensgruber. Der Intention der Gründungsväter, den Wiener Bürgern neben Volkstücken auch Klassiker und zeitgenössische Stücke näherzubringen, ist das Volkstheater auch heute noch treu. **Volkstheater,** *Neustiftstraße 1, 1010 Wien, Tel. 01/52111400, www.volkstheater.at.* **Tipp:** Die **Rote Bar** ist eine herrlich nostalgische Bar im Theater, mit einem Hauch verblasster Grandezza, zugleich Bühne für Konzerte, Kabarett, Lesungen etc. *Hinkommen: U 2, U 3 sowie Straßenbahn D, 1, 3 bis Volkstheater.*

Volksoper: Der bürgerliche Gegenentwurf zum „k.k. Hof-Operntheater" (Staatsoper), wenngleich zunächst als Sprechtheater 1898 eröffnet, erfolgte kurz nach der Jahrhundertwende die Hinwendung zum Musiktheater. Heute dient die Volksoper als Bühne für Operette, Oper, Ballett und Musical. **Volksoper Wien,** *Währinger Straße 78, 1090 Wien, Tel. 01/51444-3670, www.volksoper.at. Hinkommen: U 6, Straßenbahn 40, 41, 42, Bus 40 A bis Währinger Straße/Volksoper.*

Musikverein: Das berühmte Konzerthaus der Gesellschaft für Musikfreunde in Wien wurde im Zuge der Entstehung der Ringstraße von Theophil Hansen an prominenter Stelle gegenüber der Karlskirche erbaut (Eröffnung 1870). Im prachtvollen Großen Saal mit seiner grandiosen Akustik und fünf kleineren Sälen finden jährlich rund 800 Konzerte statt, darunter auch das berühmte Neujahrskonzert der Wiener Philharmoniker. Zweifellos eines der bedeutendsten Häuser der klassischen Musikszene. **Musikverein**, *Musikvereinsplatz 1, 1010 Wien, Tel. 01/5058190, www.musikverein.at. Hinkommen: U 1, U 2, U 4, Straßenbahn 1 und 62 sowie Bus 4 A bis Karlsplatz.*

Wiener Konzerthaus: Das elegante Konzerthaus mit seinem prachtvollen Dekor wurde 1913 eröffnet und verfügt über einen großen und drei kleinere Säle. Konzertbühne für ein weit gefächertes musikalisches Spektrum von Alter Musik und Klassik bis Jazz und Pop, darüber hinaus Lesungen, aber auch bewalzter Veranstaltungsort in der Ballsaison. **Wiener Konzerthaus**, *Lothringerstraße 20, 1030 Wien, 01/242002, www.konzerthaus.at. Hinkommen: Straßenbahn D, 2 und 71 bis Schwarzenbergplatz sowie Bus 4 A bis Akademietheater.*

Theater an der Wien: Die traditionsreiche Bühne ist heute das dritte Opernhaus in Wien. Das Theater an der Wien ist eine der ältesten und ruhmreichsten Bühnen der Stadt: 1801 eröffnet, wurden Beethovens Oper „Fidelio" uraufgeführt und die 3. Sinfonie „Eroica" erstmals öffentlich gespielt, später Uraufführungen von Stücken Johann Nestroys. Nach einer Musicalepisode wurde 2006 das Theater an der Wien als „neues Opernhaus" feierlich eröffnet. **Theater an der Wien**, *Linke Wienzeile 6, 1060 Wien, Tel. 01/588301010, www.theater-wien.at. Hinkommen: U 1, U 2, U 4 und Straßenbahn 1 bis Karlspatz.*

Ronacher und Raimund Theater: Die Musicalbühnen in Wien. Ursprünglich war das Ronacher das 1872 eröffnete „Wiener Stadttheater", bis es 1884 niederbrannte. Wiederaufgebaut machte Anton Ronacher daraus ein Varietétheater mit Ballsaal. Nach wechselhaften Bestimmungen in der Nachkriegszeit wird das Ronacher seit den 1980er-Jahren von den städtischen Vereinigten Bühnen Wiens als Musicalbühne genutzt. Selbiges gilt für das **Raimund Theater**, das von Anfang an (Gründung 1890) der leichteren Abendunterhaltung (Volkstheater, Singspiele, später Operetten) zugedacht war. **Ronacher**, *Seilerstätte 9, 1010 Wien.* **Raimund Theater**, *Wallgasse 18–20, 1060 Wien, Tel. 01/58885111, www.musicalvienna.at.*
Hinkommen: Straßenbahnlinie D und 2 bis Weihburggasse (Ronacher); U 6 bis Gumpendorfer Straße, Straßenbahn 6 und 18 bis Mariahilfer Gürtel (Raimund Theater).

theater am spittelberg: Das kleine, sympathische Theater bietet eine weltoffene Bühne für Konzerte (Wienerisches und Weltläufiges), Kleinkunst und Kabarett. *theater am spittelberg, Spittelberg 10, 1070 Wien, Tel. 01/5261385, www.theateramspittelberg.at. Hinkommen: Straßenbahn 49 bis Stiftgasse.*

Kabarett Simpl: Der ursprüngliche Name war wohl einfach zu lang. Aus dem traditionsreichen, 1912 eröffneten „Bierkabaret Simplicissimus" wurde bald der „Simpl". Kabarett vom Feinsten. *Kabarett Simpl, Wollzeile 36, Tel. 01/5124742, www.simpl.at. Hinkommen: U 3, Straßenbahn 2, Bus 3 A, 74 A bis Stubentor.*

Schauspielhaus: Das kleine Schauspielhaus am Alsergrund bietet die Bühne für zeitgenössisches, junges Theater. Nach eigenen Angaben „Autorentheater im ‚klassischen' Sinn". **Schauspielhaus Wien**, *Porzellangasse 19, 1090 Wien, Tel. 01/317010118, www.schauspielhaus.at. Hinkommen: Straßenbahn D und Bus 40 A bis Bauernfeldplatz.*

MuTh: „Musik und Theater", der 2012 eröffnete Konzertsaal der Wiener Sängerknaben befindet sich im spitzen Ende des Augartens. Außer dem berühmten Knabenchor kommen auch klassische Konzerte, Opern, Jazz- und Rockkonzerte, Theater und Lesungen auf die Bühne. ***MuTh**, Am Augartenspitz 1, 1020 Wien, Tel. 01/3478080, www.muth.at. Hinkommen: U 2, Straßenbahn 2, Bus 5 B bis Taborstraße.*

Porgy & Bess: *Die* Jazz-Location in Wien. Der Jazz- und Musikclub mitten im 1. Bezirk bietet Jazzmusikern aus Österreich und aller Welt eine Bühne. ***Porgy & Bess**, Riemergasse 11, 1010 Wien, Tel. 01/512881, www.porgy.at. Hinkommen: U 3, Straßenbahn 2, Bus 3 A, 74 A bis Stubentor.*

Praktische Informationen

Information

Tourist-Info Wien
Albertinaplatz/Maysedergasse, tgl. 9–19 Uhr;
Flughafen Wien, in der Ankunftshalle, tgl. 7–22 Uhr;
Hauptbahnhof Wien, im InfoPoint der ÖBB, tgl. 9–19 Uhr.
Auskünfte und Hotelinformation (und Buchungen) Mo–Sa 9–19 Uhr unter Tel. 01/24555, info@wien.info, www.wien.info.

Die **Vorwahl** für Wien lautet 01.

Allgemeine **Notfallnummer** der Polizei: Tel. 133

Rettung (Krankenwagen): Tel. 144.

Eintrittspreise

Die Eintrittspreise sind leider generell hoch in Wien. Die Albertina schlägt mit 16 € zu Buche, das Kunsthistorische Museum mit 15 € und das Belvedere-Ticket kommt auf 22 €. Ermäßigten Eintritt bekommen Senioren ab 60 (bzw. 65) Jahren und Studenten bis 26 Jahre. Kinder/Jugendliche bis 18 Jahre haben oft freien Eintritt. Bei Sonderausstellungen steigen z. T. auch die Eintrittspreise. Bei all dem hilft die Wien-Karte zu sparen (s. unten).

Opern- und Theatertickets

Eine Vorverkaufsstelle des größten Anbieters **Wien-Ticket** befindet sich neben der Staatsoper am Herbert-von-Karajan-Platz 1, Tel. 01/58885, www.wien-ticket.at, tgl. 10–19 Uhr. Hier sind u. a. Tickets für die Stadthalle, diverse Konzerte, Theater an der Wien, Raimundtheater, Ronacher etc. erhältlich. Karten für Burgtheater, Volkstheater und die Staatsoper selbst erwirbt man – sofern nicht bereits im Voraus online geschehen – an der Tageskasse, was oft mit Anstehen und manchmal auch vergeblichem Warten einhergeht.

Vienna CityCard (Wien-Karte) und Vienna PASS

Die **Vienna CityCard / Wien-Karte** beinhaltet eine Netzkarte für 24, 48 bzw. 72 Stunden freie Fahrt mit den öffentlichen Verkehrsmitteln der Stadt (Bus, Tram,

U-Bahn), Ermäßigungen in quasi allen großen Museen (jeweils 1–4 €), dazu Rabatte bei Konzerten und Musikveranstaltungen, Stadtrundfahrten, Ermäßigungen in bestimmten Cafés/Restaurants etc. Preis: 17, 25 bzw. 29 €, ein Kind unter 15 Jahren fährt gratis mit. Erhältlich bei den Tourist-Informationen (Albertinaplatz, Hauptbahnhof, Flughafen) oder online unter www.viennacitycard.at.

Darüber hinaus gibt es auch den **Vienna PASS**, mit dem man freien Eintritt zu zahlreichen wichtigen Wiener Sehenswürdigkeiten hat (Schloss Schönbrunn und Tiergarten, Kunsthistorisches Museum, Hofreitschule u.a.) und die HOP-ON-HOP-OFF-VIENNA-Sightseeing-Busse benutzen kann: 1 Tag 59 €, 2 Tage 89 €, 3 Tage 199 €, 6 Tage 154 € (Kinder zahlen die Hälfte). Näheres unter: www.viennapass.de.

Verkehrsmittel

Das Wiener Verkehrsnetz ist dicht: Fünf **U-Bahnlinien** sowie 28 **Straßenbahnlinien** fahren durch die Stadt und in die Außenbezirke, hinzu kommen noch etliche **Busse** (auch nachts). Das Umland wird flächendeckend von S-Bahnen bzw. Regionalbahnen angefahren. Verkehrsknotenpunkte der Innenstadt sind Schwedenplatz, Wien/Mitte, Kärntnerring/Oper mit Verbindung zum Karlsplatz und Schottentor. Das einfache **Ticket** kostet 2,40 € und gilt für eine Fahrt mit Umsteigen innerhalb des Stadtgebiets (Kernzone 100), Kinder unter 15 Jahren zahlen die Hälfte, unter 6 Jahren frei. Das 24-Stunden-Ticket kostet 8 €, eine Wochenkarte (Mo–Mo) 17,10 €. Tickets gibt es im Automaten an U-Bahn- und Tramstationen, bei Trafiken (Tabak-/Zeitschriftenläden) und gegen einen winzigen Aufschlag auch am Automaten in den neueren Straßenbahnen. Infos und Fahrpläne: www.vor.at und www.wienerlinien.at. Auch Downloads und Apps. Hotline: Tel. 01/7909100 oder 0810/222324.

City Bike Wien: An über 100 Standorten in der Stadt kann man per Kreditkarte (VISA, MasterCard) oder **City Bike Tourist Card** (gibt es bei der Radstation am Hauptbahnhof, 2,50 €/Tag) eines der etwa 1.500 zur Verfügung stehenden Citybikes ausleihen und an einer beliebigen Station wieder abgeben. Die erste Stunde ist gratis, die zweite kostet 1 €. Infos: www.citybikewien.at und www.dieradstation.cc.

Fahrradvermietungen gibt es auch im Prater, u.a. bei der Hochschaubahn (auf Höhe Schweizerhaus), 4 € pro Stunde, 16 € halber Tag, auch Mountainbikes, Kinderräder und Elektroräder (März–1. Nov. geöffnet, Tel. 01/7295888, www.radverleih-hochschaubahn.com.

Anreise

Per Flugzeug

Wien-Schwechat (ca. 20 km südöstlich der Stadt) wird von allen großen Linien und auch allen Billigfluglinien angeflogen. Vom Flughafen in die Innenstadt und vice versa gelangt man am schnellsten mit dem CAT (City Airport Train): in nur 16 Minuten nonstop nach Wien Mitte, einfache Fahrt 11 €. Ebenso lang braucht der Railjet vom Flughafen zum Hauptbahnhof (4,20 €). Der Airport Bus braucht ab/nach Morzinplatz/Schwedenplatz 20 Minuten (8 € einfach), die S-Bahn S 7 ab/nach Wien Mitte 25 Minuten (4,20 € einfach). Alle drei verkehren im Halbstundentakt (nachts eingeschränkt). Infos: www.viennaairport.com.

Per Zug

Der ICE verkehrt 5-mal täglich von Frankfurt/M. nach Wien Hauptbahnhof, alle 2 Std., Fahrtdauer 6,5 bis knapp 7 Std. Ab München geht es 6-mal täglich mit dem *railjet* direkt nach Wien Hauptbahnhof (Fahrtdauer 4 Std.), ansonsten mit Umsteigen in Salzburg (dauert ca. 20 Min. länger). Wer aus Berlin kommt, kann neuerdings 1-mal täglich ohne Umsteigen mit dem ICE nach Wien fahren (Fahrtdauer ca. 7,5 Std.). Darüber hinaus gibt es die Nachtzüge (Nightjets) der ÖBB ab Berlin, Hamburg, Düsseldorf, München und Zürich nach Wien. Weitere Infos zu den Zugverbindungen: www.bahn.de bzw. www.oebb.at.

Per Bus

Seit Aufhebung des DB-Monopols boomen Busreisen auch nach Wien. Mit dem Branchenführer „Flixbus" bestehen z. B. mehrmals täglich Verbindungen ab München (Fahrtdauer ca. 5,5 Std.), sowie von vielen weiteren großen Städten. Weitere Infos: www.flixbus.de.

Eurolines fährt von vielen deutschen Städten mehrmals wöchentlich nach Wien, teilweise über Nacht, fast täglich ab Berlin und Frankfurt/M., Ankunftsstation ist der Busbahnhof Erdberg (U-Bahnstation der U3 ins Zentrum). Weitere Infos: www.eurolines.de.

Mit dem Auto

Die Anfahrt von Frankfurt/M. dauert ca. 7,5 Std. (ca. 715 km) und führt auf der A 3 via Nürnberg und Regensburg nach Österreich, dort auf der A 8 und A 25 nach Linz und auf der A 1 (Westautobahn) nach Wien. Wer aus München kommt, fährt auf der A 94 und B 12 Richtung Passau und kommt bei Pocking auf die A 3 (München–Wien ca. 400 km, 5 Std.). Man verlässt die A 1 in Wien-Auhof Richtung Zentrum und Wien-West. Wer ganz in den Süden der Stadt will, verlässt die A 1 schon am Knoten Steinhäusl Richtung Wien-Süd/Wien-Ost und Flughafen. Autobahnvignetten für Österreich (10-Tages-, 2-Monats- oder Jahresvignetten) gibt es an allen grenznahen Raststätten und am ehemaligen Grenzübergang Suben selbst.

Parken in Wien

Schwierig bzw. teuer! Innerhalb des 1.–9. und 20. Bezirks ist das Parken Anwohnern vorbehalten, dazu gibt es einige wenige **Kurzparkzonen**, in denen man Mo–Fr 9–22 Uhr mit Parkschein (2 €/Std., max. 2 Std.) parken kann, Parkscheine gibt es beim Trafik. Hotels bieten Parkplätze-/garagen zum Preis von ca. 15–25 € pro Nacht an, das ist günstiger als die öffentlichen Parkhäuser in der Innenstadt (bis 48 €/24 Std.!). Alternative sind die Park & Ride-Plätze etwas außerhalb, u. a. an den U-Bahnstationen Ottakring oder Erdberg (beide U 3 ins Zentrum). Relativ günstig und recht zentral gelegen ist die **Garage am Museumsquartier** (2 €/Std., 14 €/24 Std.). Weitere Informationen unter www.parken.at.

Stichwortverzeichnis

Bildnachweis

Alle Bilder Sabine Becht und Sven Talaron, außer:
Adobe Stock/Fotolia/Fotokon: S. **174**; *Adobe Stock/Fotolia/frankel82*: S. **4**, **166/167**; *Adobe Stock/Fotolia/Pavel Losevsky*: S. **199**; *ballguide Fotoservice/Christoph Mühlbauer*: ZuckerBäckerball, S. **192**; *Café Sperl*: S. **159**; *Daniel Zupanc*: Tiergarten Schönbrunn, Eisbär, S. **202**; *Fälschermuseum, Wien*: S. **180**; *Florian Lierzer/Sigmund Freud Privatstiftung*: S. **67**; *Georg Soulek/Burgtheater*: Feststiege Volksgartenseite, S. **32**; *Gerhard Wasserbauer*: Dorotheum Wien, Foyer, S. **146**; *Haus der Geschichte Österreich/Herta Hurnaus*: Wunder Wirtschaft, S. **70**, Waldheimpferd, S. **70**; *HdM/Jutta Kirchner*: Haus des Meeres, Schildkröte, S. **104**; *HdM/GüntherHulla*: Haus des Meeres, Tropenhaus, S. **105**; *Jan Lackner/Presse Landtmann*: Café Museum, S. **21**; *KHM*: Kunsthistorisches Museum Wien, S. **4**, **114/115**, Pieter Bruegel d. Ä., Die Jäger im Schnee, 1565, S. **123**; *KHM-Museumsverband*: Sammlung James Cook, 1779 Weltmuseum Wien, S. **131**; *Klimt Villa*: Nordfront Klimt Villa, S. **142**, Studio Gustav Klimt, S. **143**; *Krautzer/OstLicht*: Fotogalerie, S. **136**; *Leopold Museum, Wien*: Egon Schiele, Selbstbildnis mit Lampionfrüchten, 1912, S. **118**, Leopold Museum im MuseumsQuartier, S. **119**; *Lukas Engenhart*: Kriminalmuseum, Wien, S. **182**, **183**; *MAK/Georg Mayer*: Klimt, Werkzeichnung (Detail), S. **132**; *Michael Himml*: Stift Klosterneuburg Kreuzgang, S. **221**; *Schloß Schönbrunn Kultur- und Betriebsges.m.b.H./Lois_Lammerhuber*: Sisi-Museum, S. **61**; *Spanische Hofreitschule/Stefan Seelig*: Reitschule, S. **80**, Sattelkammer, S. **81**; *Steirereck GmbH*: S. **162**; *Technisches Museum Wien*: Silberpfeil, S. **89**; *Third Man Museum*: Dritte Mann Museum, S. **200**; *Zanzinger/WestLicht*: Fotogalerie, S. **137**;

S. **60**: Kaiserin Elisabeth im Ballkleid mit diamantbesetzten Sternen im Haar, Öl auf Leinwand, Franz Xaver Winterhalter, 1865, © Bundesmobilienverwaltung, Sammlung: Bundesmobilienverwaltung, Objektstandort: Hofburg Wien, Sisi-Museum, Foto: Gerald Schedy.

Abdruck der folgenden Fotos von Becht/Talaron mit freundlicher Genehmigung von:
B&F Wien GmbH: Bestattungsmuseum, Wien, S. **170**, **171**; *Burghauptmannschaft Österreich*: Hofburg Wien: S. **18**, Heldenplatz, Wien: S. **64**, **65**, Unteres u. Oberes Belvedere, Wien: S. **3**, **48/49**, **98**, **135**; *Café-Restaurant Palmenhaus*: Palmenhaus, S. **92**; *Dompfarre St. Stephan*: Oberer Veiter Altar (Detail), S. **54**; *HBLFA für Gartenbau Schönbrunn und Österreichische Bundesgärten*: Palmenhaus, S. **203**; *Heeresgeschichtliches Museum Wien*: Sarajewo-Automobil, S. 76, Ruhmeshalle S. **77**; Kapuzinergruft, Wien: S. **172** (2x); *KHM-Museumsverband*: Stiegenhaus, Kunsthistorisches Museum, S. **122**, Schatzkammer, Wien S. **128**, **129**, Weltmuseum, Wien, S. **130**; *MAK*: S. **133**; *Museen der Stadt Wien*: Römermuseum, Wien, S. **50**, Neidhart Fresken, S. **56**, **57**, Haydn-Porträt, S. **68**, Strauss-Wohnung, S. **69**, Wien Museum, S. **72**, Uhrenmuseum, S. **176**, **177**; *Österreichische Nationalbibliothek*: Literaturmuseum, Wien, S. **121**, Prunksaal, Nationalbibliothek, Wien, S. **138**, **139**, Globenmuseum, Wien, S. **178**, **179**; *Schloß Schönbrunn Kultur- und Betriebsges.m.b.H*: Neptunbrunnen, Schloß Schönbrunn, Wien: S. **3**, **8**, Hofmobiliendepot – Möbel Museum Wien: S. **74**, **75**, Schloß Schönbrunn, Wien: S. **4**, **90/91**, Gloriette im Schlossgarten, Schloß Schönbrunn, Wien: S. **96**; *Stadt Wien: Lainzer Tiergarten*, S. **214**, **215**; *Technisches Museum Wien*: S. **88**; *Theater in der Josefstadt*: S. **33**; *Verein der Freunde und Gönner der Wiener Karlskirche*: S. **58**; *Wiener Porzellanmanufaktur Augarten GmbH*: Kaisersemmel, S. **112**.

Abdruck der Liniennetzpläne Wien mit freundlicher Genehmigung der Wiener Linien GmbH & Co KG.

Die Autoren

Sabine Becht, Amerikanistin und Kommunikationswissenschaftlerin, und **Sven Talaron**, Germanist und Historiker, sind schon seit vielen Jahren als Reisebuchautoren tätig. Ihre Schwerpunkte sind Italien (u. a. Abruzzen, Piemont, Rom, Ligurien), Österreich (Kärnten), Griechenland und Mecklenburg-Vorpommern. Für Iwanowski's Reisebuchverlag wirkten die beiden bereits an dem Titel „101 Deutsche Ostseeküste" mit. Sabine Becht und Sven Talaron wurden für ihre Reisebücher schon mehrfach (zuletzt 2018) mit dem ITB-Award sowie 2015 mit dem Premio ENIT ausgezeichnet.

Die Autoren kennen Wien zu jeder Jahreszeit. Am schönsten finden sie die Stadt im Mai und Juni, wenn es schon warm ist, alles grünt und blüht und man in den Lokalen fast überall draußen sitzen kann.

Die Autoren danken ihrem Freund und Kollegen Dr. Hans-Peter Siebenhaar und seiner Frau Maria für die vielen Tipps und die Hilfe bei der Recherche zu diesem Buch.